Outras Visões do
Rio de Janeiro Colonial

Jean Marcel Carvalho França

Outras Visões do
Rio de Janeiro Colonial

ANTOLOGIA DE TEXTOS
1582~1808

2ª edição

JOSÉ OLYMPIO
E D I T O R A
Rio de Janeiro, 2013

© *Jean Marcel Carvalho França*

Reservam-se os direitos desta edição à
EDITORA JOSÉ OLYMPIO LTDA.
Rua Argentina, 171 – 3º andar – São Cristóvão
20921-380 – Rio de Janeiro, RJ – República Federativa do Brasil
Tel.: (21) 2585-2060
Printed in Brazil / Impresso no Brasil

Atendimento e venda direta ao leitor
mdireto@record.com.br
Tel.: (21) 2585-2060

ISBN 978-85-03-01125-9

Capa: VICTOR BURTON
Foto de capa: Ilha de Villegagnon e convento da Glória. In Bradley, William.
*A Voyage to New South Wales, the Journal of Lieutenant William Bradley RN
of HMS Syrius, 1786-1792.* Sídnei: The Trustees of the Public Library of New
South Wales in association with Ure Smith Pty Ltd., 1969.
Diagramação: ALTA RESOLUÇÃO

Texto revisado segundo o novo Acordo Ortográfico da Língua Portuguesa.

CIP-BRASIL. CATALOGAÇÃO NA FONTE
SINDICATO NACIONAL DOS EDITORES DE LIVROS, RJ

F881o
2.ed.
	França, Jean Marcel Carvalho, 1966-
	    Outras visões do Rio de Janeiro Colonial : antologia de
	textos (1582-1808) / Jean Marcel Carvalho França. - 2.ed. -
	Rio de Janeiro : José Olympio, 2013.
	    336p. : 23 cm

	Inclui bibliografia ISBN 978-85-03-01125-9
	1. Rio de Janeiro (RJ) - Descrições e viagens. 2. Rio de Janeiro (RJ) - Usos e costumes. I. Título.

13-5626.	CDD: 918.153 CDU: 913(815.3)

Sumário

Nota introdutória	7

OUTRAS VISÕES DO RIO DE JANEIRO COLONIAL

Pedro Sarmiento de Gamboa	11
Anthony Knivet	21
Dierick Ruiters	34
Luís Baralho de Araújo	41
Francisco Coreal	46
A invasão francesa de 1711	49
René Duguay-Trouin	51
Guillaume François de Parscau	67
Chancel de Lagrange	131
Joseph Collet	163
Edward Kimber	169
John Bulkeley e John Cummins	174
Pierre Sonnerat	181
Sydney Parkinson	213
Joseph Dombey	217

Os fundadores da Austrália	222
John Hunter	223
William Bradley	226
George Hamilton	231
A embaixada de lorde Macartney	237
Erasmus Gower	238
Samuel Holmes	243
James Kingston Tuckey	248
George Mouat Keith	276
James Hardy Vaux	285
A escolta de dom João VI	298
Thomas O'Neill	299
Sydney Smith	308
Impressões do Rio de Janeiro	315
Marc Lescarbot	317
Joannes de Laet e Jean Blaeu	324
Guillaume Thomas François Raynal	328
Bibliografia geral	333

Nota introdutória

Este *Outras visões do Rio de Janeiro colonial* segue exatamente o mesmo espírito do *Visões do Rio de Janeiro colonial*, a saber: recuperar descrições da cidade deixadas por viajantes estrangeiros que a visitaram durante o período colonial. Trata-se, vale dizer uma vez mais, de um trabalho que vem dar continuidade àquele iniciado por Afonso de Escragnolle Taunay, Vieira Fazenda, Luiz Edmundo, Gilberto Ferrez, Cláudio Ganns, Alfredo de Carvalho, entre outros.

Apresento agora ao leitor, complementando as 35 descrições de *Visões do Rio de Janeiro colonial*, mais 27 perspectivas da cidade: a primeira, datada de 1582, descreve a modesta urbe então governada por Salvador Correia de Sá (o Velho), e a última, escrita em 1808, dá conta de um Rio de Janeiro em vias de perder os seus contornos de cidade colonial.

Os critérios adotados para a apresentação dos textos, a escolha das edições e as traduções são os mesmos do livro *Visões*. Cada narrativa é antecedida por uma nota informativa (com dados sobre a viagem e o viajante) e sucedida por um comentário acerca das edições escolhidas (quando há mais de uma) e por uma pequena bibliografia.

No que tange às edições, dei sempre preferência àquelas publicadas em vida dos autores, algumas das quais sob os cuidados deles próprios.

Abri mão desse critério somente quando uma edição posterior se mostrou mais bem-cuidada (com justificadas correções no texto da primeira edição, notas explicativas, correção de nomes próprios etc.) ou quando foi impossível ter acesso à edição mais indicada.

Por fim, quanto às traduções, cabe salientar, antes de mais nada, que a maior parte das narrativas que verti para o português não prima pelo cuidado de estilo. São escritos de soldados, marinheiros, capitães de navio e aventureiros, escritos apressados, cuja pretensão é somente registrar as impressões de um determinado lugar. Diante disso, tomei a liberdade de promover algumas mudanças na pontuação e na ordem das frases, de modo a facilitar a leitura e a compreensão dos textos. Também para facilitar a leitura, optei por corrigir, sempre que pude identificá-los, os nomes de pessoas, localidades, animais, frutas etc.

Sobre a seleção dos relatos que compõem este segundo volume, cabem dois pequenos esclarecimentos. A carta ânua assinada por Luís Baralho de Araújo, um padre jesuíta residente na Bahia, escapa um pouco à linhagem deste livro, na medida em que o seu autor não é nem viajante, nem estrangeiro. O documento, todavia, um curioso quadro da cidade em 1620, foi publicado somente duas vezes, em 1627 e 1628, e nunca foi vertido para o português. A peculiaridade do conteúdo, a raridade e o fato de ter tido uma circulação razoável entre os europeus cultos da época — o documento foi publicado numa coleção de cartas ânuas, enviadas por jesuítas de diferentes partes do mundo — pareceram-me justificar sua inclusão, ainda que meio espúria, nesta Antologia.

Outro aspecto que pode suscitar dúvidas refere-se ao tópico intitulado "Impressões do Rio de Janeiro". Os três relatos aí contidos saíram da pena de indivíduos que nunca passaram pela cidade. Não são, pois, viajantes a relatar as suas experiências na América portuguesa; são, sim, homens de letras interessados, por motivos diversos, em divulgar os conhecimentos acumulados sobre o Novo Mundo pelo Velho Mundo. Resolvi incluir tais narrativas nesta coletânea para dar ao leitor uma ideia aproximada das informações sobre a cidade que um europeu culto dos séculos XVII e XVIII tinha à sua disposição.

Gostaria, por fim, de agradecer a algumas instituições e pessoas que tornaram este livro possível. Em primeiro lugar, à Fundação de Amparo à Pesquisa do Estado de São Paulo (Fapesp), que por meio de uma bolsa de pós-doutorado viabilizou o meu trabalho de pesquisa. Muito devo também a Susani Silveira Lemos, pela leitura crítica e correção dos originais. Não posso, igualmente, deixar de mencionar o contributo indispensável do pesquisador Paulo Berger, que me forneceu referências acerca de uma série de viajantes, os quais, é certo, teriam ficado de fora desta Antologia se não fosse o seu generoso auxílio. Finalmente, gostaria de agradecer à Biblioteca do Instituto de Estudos Brasileiros da USP, pelos bons serviços prestados, e ao bibliófilo José Mindlin, que gentilmente me permitiu consultar sua biblioteca, de onde se fotografou grande parte do material iconográfico que ilustra este livro.

Pedro Sarmiento de Gamboa

Pedro Sarmiento de Gamboa, um dos mais afamados navegadores espanhóis do século XVI, nasceu em Alcalá de Henares, por volta de 1532. Filho de Maria de Gamboa, de Bilbao, e Bartolomé Sarmiento, de Pontevedra, Gamboa cresceu na cidade paterna e, não se furtando às tradições locais, cedo tomou gosto pela vida marítima. Aos 18 anos entrou para o serviço militar, engajando-se, entre 1550 e 1555, nas guerras da Europa. Nesse mesmo ano, cruzou o Atlântico e passou a viver entre o México e a Guatemala. Em 1557, o navegador deslocou-se para o Peru e aí fixou residência até 1580.

Foi um período agitado esse que Gamboa permaneceu na América do Sul. O filho adotivo de Pontevedra, além de se ter envolvido em duas querelas com o Santo Ofício (1564 e 1573), liderou a expedição que descobriu as Ilhas Salomão, encabeçou a repressão à rebelião indígena liderada por Tupac Amaru, escreveu uma História dos incas[1] *— parte do que deveria ser uma* História geral do Peru *— e comandou uma tentativa frustrada de estabelecer uma colônia no Estreito de Magalhães.*

---

[1] O manuscrito foi descoberto na Biblioteca da Universidade de Göttingen, no final do século XIX, e publicado pela primeira vez no ano de 1906, em alemão (a primeira edição em inglês é de 1907 e a primeira edição em espanhol, de 1942).

Em 1580, Gamboa, depois da malograda aventura colonizadora, retornou à Espanha. Não esmoreceu, todavia, o seu desejo de estabelecer uma estratégica colônia no extremo sul da América austral. Assim, logo que desembarcou no seu país natal, o navegador, sob os auspícios do rei, pôs-se a organizar uma nova expedição ao lugar. O comando da empresa, no entanto, não coube a Gamboa — nomeado governador das futuras povoações do estreito —, mas a Diego Flores de Valdés, um marinheiro profissional de poucos escrúpulos, que rapidamente entrou em choque com o futuro governador.

Malgrado as disputas pessoais, a 9 de dezembro de 1581 a expedição colonizadora, formada por 23 embarcações e cerca de 3 mil homens (350 colonos), partiu de Sanlúcar de Barrameda com destino ao Estreito de Magalhães. A travessia do Atlântico correu da pior maneira, e quando a esquadra lançou âncora no porto do Rio de Janeiro, a 24 de março de 1582, a disenteria e a fome tinham ceifado a vida de 150 homens e deixado, entre os sobreviventes, inúmeros enfermos e descontentes.

Na modesta urbe governada por Salvador Correia de Sá (o Velho), veio à tona toda a má-fé de Diogo Flores, e os problemas não tardaram a aparecer. Depois de sete meses (novembro de 1582) de ancoragem e muitas rusgas, a esquadra, destituída de algumas embarcações e de uns tantos homens, fez vela para o estreito. Em junho de 1583, porém, as embarcações, todas em péssimo estado e sobrecarregadas, foram forçadas a retornar ao porto carioca. Deu-se, então, a definitiva ruptura entre Flores, que retornou com parte dos homens para a Espanha, e Gamboa, que insistiu em prosseguir viagem para o estreito. A seguir, o leitor encontrará as observações que deixou o navegador acerca da primeira passagem da esquadra pelo Rio de Janeiro.

No dia 24 de março de 1582 entramos no porto do Rio de Janeiro, onde, seguindo as determinações de Sua Majestade, permanecemos ancorados até o mês de novembro do mesmo ano. Muitos dos homens, que vinham doentes do mar, morreram neste lugar; outros contraíram um mal do cérebro, bastante comum por aqui. Trata-se de uma doença muito simples de curar, quando se conhecem as suas manifestações. Passados, porém, dois ou três dias, ela torna-se incurável, e o doente, acometido por vômitos, acaba por morrer — chamam-na de *mal da terra*.

Os portugueses da cidade de São Sebastião se ofereceram para cuidar dos nossos enfermos, solicitando, para isso, que Diego Flores os socorresse com algum donativo da Fazenda Real, disponibilizado por S. M. para essas e outras necessidades. Flores deu-lhes, uma única vez, alguns poucos reais — cerca de 100 —, para sustentar 200 enfermos. O governador Salvador Correia e os habitantes, todos muito pobres, fizeram o que lhes era possível com tão pouco. Flores, em vez de colaborar, cortou parte da ração dos doentes, o que acabou por matar 150 homens e causar inúmeras deserções. Pedro Sarmiento, vendo os perigos dessa situação, tratou de alojar os colonos nas casas dos habitantes da terra, onde receberam os cuidados necessários e puderam recuperar-se rapidamente (ocorreram apenas quatro mortes). Para os oficiais da fortificação, Sarmiento mandou construir umas casas com folhas de palmeiras. Visitando e medicando diariamente esses homens, ele conseguiu, com a graça de Deus, que quase todos se recuperassem — dos 150 doentes, somente um morreu.

Durante a arribada, Pedro Sarmiento, para evitar a ociosidade dos homens — ociosidade que produz sempre maus pensamentos e nunca boas ações — e precaver-se para o futuro, mandou construir, com o aval de Diego Flores, duas casas portáteis, isto é, duas casas que fossem embarcáveis por partes e montáveis rapidamente. Sarmiento desejava utilizá-las para abrigar os víveres e a munição quando a armada chegasse ao estreito.

Para dar início aos trabalhos, o governador Salvador Correia providenciou umas toras de madeira, e Sarmiento encarregou-se de mandar serrá-las e transformá-las em tábuas. Quando uma das casas estava pronta e a outra iniciada, Diego Flores, corroído pela inveja, mandou suspender os trabalhos, dizendo que seria melhor utilizar as tábuas para fazer cochos de carregar areia. E isso apesar de o navio estar repleto de excelentes cochos de couro. Diego Flores, todavia, não levou adiante a sua ideia. No primeiro dia de trabalho, ele cansou-se e, alegando que as coisas não estavam correndo como imaginara, abandonou o serviço. Pouco tempo depois, Flores mandou perguntar a Sarmiento se não queria dar prosseguimento aos trabalhos na *Almirante*. Com o intuito de tornar as coisas mais fáceis, Sarmiento abriu mão dos seus direitos e calou-se, evitando armar uma querela com Flores — que a todo momento dava motivos para tal. Ele voltou, então, a supervisionar os trabalhos, finalizando os cochos, as taipas e as casas portáteis. Tudo foi embarcado quando a armada partiu para o estreito.

Não prestaria bom serviço a S. M. se deixasse de comentar a irresponsável dissipação da propriedade real que ocorreu durante esta arribada. Causou-me tristeza e consternação assistir ao roubo sistemático de provisões, apetrechos, munições, roupas e materiais de construção destinados às obras do estreito, não escapando à fúria dos larápios nem mesmo linhas e agulhas. A maior parte do dinheiro que S. M. enviou para a manutenção da armada foi parar em mãos erradas, o mesmo acontecendo com as mercadorias, as quais foram, depois de extraviadas, vendidas aos habitantes do Rio de Janeiro, de São Vicente e, posteriormente, da Baía de Todos os Santos. As pessoas que as compravam ficavam constrangidas em pagar valores tão diminutos e lamentavam tamanho desperdício. Artigos como vinho, facas, peças de ferro e roupas foram trocadas por pau-brasil — que seria mais tarde comercializado na Espanha.

Pedro Sarmiento, que estava hospedado em uma casa próxima ao ancoradouro, rapidamente tomou conhecimento desses crimes e passou a vigiar noite e dia para coibi-los. Por diversas vezes as sentinelas noturnas, por ele escaladas secretamente, capturaram os gatunos, quando estes voltavam de suas negociatas em terra, com o produto do roubo nas mãos. Se tivesse jurisdição sobre os delinquentes, Sarmiento certamente os teria punido, remediando o mal. Na impossibilidade de fazê-lo, avisou a Diego Flores, para que este tomasse as providências necessárias. Foi o mesmo que falar a um morto. Flores disse que havia demasiadas pessoas envolvidas no caso e que não gostaria de se comprometer. Assim, exceto por uma pobre criatura, que foi acusada mas não punida, tudo mais virou motivo de galhofa.

Pedro Sarmiento fez, em público e em privado, grande alarde sobre as irregularidades que estavam ocorrendo. Tal atitude irritou enormemente a Diego Flores, que não somente se colocou contra Sarmiento, amedrontando a sua gente e favorecendo os delinquentes, como ainda passou a dissipar as provisões em farsas e festins. Flores apoquentava os homens que agiam corretamente, afirmando que trabalhavam duro e passavam fome, sem nenhuma esperança de serem recompensados. Quando vinha às oficinas de trabalho ver os oficiais que se ocupavam das tarefas referidas, em vez de encorajá-los, dizia-lhes com veemência: *Pobres e infelizes desgraçados! Quem os enviou aqui para morrer sem nenhum proveito?* Como se isso não bastasse, ele cortou a ração diária dos homens, provocando muitas fugas para a floresta, e cedeu o melhor carpinteiro que tínhamos — carpinteiro que fazia também as vezes de traçador e engenheiro — aos monges teatinos. Sarmiento, sabendo que esse homem recebia proventos de S. M., requisitou-o de volta. Flores, porém, fez com que ele tomasse o hábito de irmão leigo e inviabilizou seu retorno.

Para comprar carne e farinha, Diego Flores enviou Diego de la Ribera e o tesoureiro da armada às cidades de Santos, São Vicente e Campos. Esses homens levaram uma significativa quantia do tesouro de S. M. — especificada no relatório enviado ao Conselho das Índias. Juntamente com o dinheiro, seguiram, ainda, uma grande quantidade de tecidos — tecidos que S. M. destinara aos homens que ficariam no estreito —, peças de ferro, ferramentas e muitas outras coisas. Não havia nenhuma necessidade de enviar tais mercadorias, pois o dinheiro que os dois negociadores levavam era mais do que suficiente. Para mais, as roupas e os apetrechos desviados, fundamentais para o cumprimento das determinações de S. M., não poderiam ser repostos, visto ser impossível adquiri-los no Rio de Janeiro.

E isso, infelizmente, ainda não foi o que de pior se passou. Alguns oficiais e capitães, o escrivão, o sargento-mor e o provedor levaram dos navios muitas lonas novas e usadas, vinhos e roupas, com o intuito de remetê-los para São Vicente, trocá-los por carne e farinha e dividir posteriormente o produto da negociata.

Como se vê, quando do pagamento da carne e da farinha que Flores mandara buscar, o tesoureiro montou uma verdadeira banca de feira, com tecidos, lonas, vinhos, peças de ferro, ferramentas e diversas outras mercadorias em exposição. Depois que Diego de la Ribera entregou-lhe as mercadorias que fora buscar, ele passou a obrigar os homens que o procuravam a adquirir lonas velhas pelo preço de novas, chegando ao cúmulo de separar as roupas novas e boas para os membros da sua companhia — que posteriormente as revendiam aos habitantes do Rio de Janeiro.

Um quarto das mercadorias adquiridas pela armada foi pago em dinheiro e o restante em vinho e outros produtos. A bem da verdade, sob o pretexto de que eram bens de S. M., os delinquentes pagaram o valor que lhes convinha. Alguns chegaram mesmo a não pagar, reagindo com tal rispidez à cobrança que os portugueses desistiram de receber. Por esse e outros meios, homens que não possuíam um único real ao desembarcar deixaram o Rio de Janeiro com sacos de dinheiro e muita mercadoria para ser comercializada na Espanha. O escrivão da armada, se resolver contar o que realmente viu, dará maiores detalhes de tudo. A mim, ele comunicou muita coisa por escrito, as quais remeti à S. M. e ao Conselho das Índias. Se S. M. mandar fazer um levantamento por todo o Brasil, estou certo de que muitos mais roubos, desvios e dilapidações serão descobertos.

Descreverei uma situação que bem ilustra o modo como as coisas foram conduzidas. No dia em que a farinha e a carne chegaram de São Vicente, Pedro Sarmiento dirigiu-se à casa de Diego Flores para fazer as contas referentes aos gastos com a mercadoria. Quando lá chegou, os presentes — Diego Flores, Diego de la Ribera, o tesoureiro, o contador, o provedor e alguns oficiais — discutiam acerca de um negócio qualquer e acusavam-se mutuamente. Ao notarem a presença de Sarmiento, calaram-se e, certos de que ele escutara algo, não lhe dirigiram a palavra. Sarmiento, que nada tinha a ver com aquelas negociatas, resolveu ir embora. Mal ele havia chegado à porta, a inflamada discussão recomeçou.

Durante esta arribada no Rio de Janeiro, o madeiramento dos navios, atacados por teredos e bromas, apodreceu e entrou em decomposição. As embarcações de S. M., porém, foram poupadas, pois seus cascos eram revestidos de chumbo. A broma, neste porto, prolifera graças ao calor, à lama e aos mangues, corroendo impiedosamente a madeira, o cordame e os pregos dos navios. A ferragem corrompeu-se a tal ponto que, de maneira surpreendente, era possível arrancar grandes pedaços dela com a mão. As pás e enxadas, mediante o menor impacto, desfaziam-se como papel.

Conservamos as naus como foi possível; cedo, todavia, elas começaram a fazer água em diversos lugares, o que aterrorizou a todos. Diego Flores mandou afundar uma dessas embarcações e desejava fazer o mesmo com a *Arriola*. O capitão Palomares, entretanto, conseguiu um adiamento dessa ordem, alegando que era possível consertar a nau e utilizá-la temporariamente — o que se mostrou depois impossível. Pedro Sarmiento avisou a todos que o navio era fraco e que os mares a serem enfrentados eram bravios, sugerindo, por fim, que os homens e as mercadorias da *Arriola* fossem divididos entre as outras embarcações e que o navio fosse afundado ou abandonado.

Nesse ínterim, aconteceu uma coisa realmente digna de censura. Estando a esquadra pronta para partir, muitos mestres e capitães, na escuridão da noite, carregaram as suas naus com uma grande quantidade de pau-brasil — essa carga, mais pesada do que o ferro, foi extremamente danosa para as embarcações. A madeira nas naus era tanta que não sobrava espaço para os homens acomodarem as provisões destinadas ao estreito, as quais acabaram por ser colocadas sob as cobertas, ficando expostas à água do mar e às intempéries.

Como sou conhecedor das lides marítimas e, sobretudo, zeloso servidor de Deus e do rei, fiz ver aos homens que tal conduta seria extremamente danosa para a Coroa. Tratei também de repreendê-los pelos procedimentos que pensavam tomar, a saber: aproveitar o primeiro vento sul e velejar diretamente para a Espanha, sem parar em nenhum porto brasileiro para vender o carregamento de pau-brasil. Deduzi que fariam isso quando embarcaram os paus, pois teriam deixado a madeira aqui para apanhar depois caso tivessem a intenção de passar pelo Brasil na volta do estreito. Em se tratando de soldados, ambas as ações eram reprováveis, porque o correto seria manter as naus desocupadas para as gentes e leves para enfrentar as tormentas.

As coisas tomavam esse rumo quando a *Arriola*, não suportando a carga que levava, começou a se partir e teve de ser abandonada. Pedro Sarmiento, ao saber do ocorrido, denunciou-o e exigiu publicamente que se fizessem investigações e que se punissem os responsáveis. Confrontado com tal exigência, Diego Flores, muito a contragosto, mandou descarregar o pau-brasil. Na mesma noite, no entanto, a *Arriola* foi reparada e recarregada — malfeito que, como já é público, custou a vida de sua tripulação. O mestre dessa embarcação e alguns dos seus oficiais, vendo que Pedro Sarmiento iria obrigá-los a descarregar uma vez mais, ameaçaram jogar as provisões no mar — o que de fato fizeram mais tarde, para grande prejuízo de S. M.

Diego Flores incomodou-se muitíssimo com o fato de Pedro Sarmiento preocupar-se em poupar o tesouro real e punir aqueles que queriam dilapidá-lo. Em dada altura, fingiu imitá-lo, sem, contudo, fazer nada de concreto. Por fim, o ódio de Flores tomou uma proporção tal que, contrariando as ordens de S. M., que recomendara aos dois que permanecessem juntos, ele acabou por mandar Sarmiento para a câmara de uma outra nau, onde não cabia mais do que a sua bagagem.

Flores dizia publicamente que não queria mais saber dos assuntos referentes à fortificação ou à feitoria do estreito, mandando retirar da galeaça todos os oficiais e mercadorias, os quais, com muito desdém e má vontade, foram transportados para outras embarcações. Impressionou-me ver como Flores tudo fez para prejudicar essa missão, uma missão tão importante e que tanto agrada a S. M.

No mês de novembro de 1582, a armada, composta por 16 embarcações, partiu do porto do Rio de Janeiro.

EDIÇÃO UTILIZADA

A narrativa de Pedro Sarmiento de Gamboa foi editada pela primeira vez em 1866, por Luís Torres de Mendoza. A obra conheceria, posteriormente, edições em inglês (1895) e em alemão (1906). A edição espanhola mais recente, preparada pela pesquisadora Maria Justina Sarabia Viejo, é de 1988. Utilizamos o texto estabelecido por Mendoza, sem deixar de recorrer à excelente edição inglesa, preparada por Clements Markham para a Hakluyt Society.

GAMBOA, Pedro Sarmiento de. "Sumaria Relación de Pedro Sarmiento de Gamboa...". In: *Colleccion de Documentos Ineditos relativos al Descubrimiento, Conquista y Colonización de las antigas posesiones españholas.* Madri: Imprensa de Frias y Compañia (t. V). 1866 [p. 303-311].

BIBLIOGRAFIA

ARCINIEGA, Rosa. *Pedro Sarmiento de Gamboa, el Ulises de América.* Buenos Aires: Editorial Sudamericana, 1956.

CARRASCO, Amancio Landín. *Vida y viajes de Pedro Sarmiento de Gamboa.* Madri: Instituto Histórico de Marina, 1945.

GAMBOA, Pedro Sarmiento de. *Narratives of the Voyages of Pedro Sarmiento de Gamboa to the Straits of Magellan*. Tradução, edição, notas e introdução por Clements Markham. Londres: Hakluyt Society, 1895.

_____. *Derrotero al Estrecho de Magallanes*. Edição de Juan Batista. Madri: Historia 16, 1987.

_____. *Los viajes al Estrecho de Magallanes*. Introdução, transcrição e notas de Maria Justina Sarabia Viejo. Madri: Alianza Editorial, 1988.

MORALES, Ernesto. *Aventuras y desventuras de un navegante, Sarmiento de Gamboa*. Buenos Aires: Editorial Futuro, 1946.

_____. *Sarmiento de Gamboa, un navegante español del siglo XVI*. Buenos Aires: Atlántida, 1940.

VALVERDE, José Filgueira. *El almirante pontevedres Sarmiento de Gamboa: descubridor, cronista, poeta*. Pontevedra: Diputación Provincial, 1980.

Anthony Knivet

Ao nascer do dia 25 de dezembro de 1591, a cidade de Santos sofreu um inesperado ataque de corsários ingleses. A população, surpreendida durante uma missa, pouco mais pôde fazer do que se resignar. À frente dos invasores estava Thomas Cavendish (1555-92), o terceiro europeu (Fernão de Magalhães e Francis Drake o precederam) a realizar uma viagem de circum-navegação (1586-88).

Cavendish, que depois de dissipar a herança paterna decidiu refazer sua fortuna no corso, angariara, com a sua bem-sucedida viagem em volta do globo terrestre, fama, prestígio e dinheiro. Seus gastos, porém, sempre muito elevados, em pouco tempo esvaziaram a sua bolsa e o levaram de volta à vida de saques e pilhagens.

Foi essa segunda empreitada em busca da fortuna que trouxe o corsário inglês ao litoral paulista. Sua esquadra, composta por cinco embarcações (Leicester, Roebucke, Desire, Daintie e a Blacke Pinnace), havia deixado Plymouth a 26 de agosto de 1591, alcançando a costa brasileira, na altura da Bahia, em novembro do mesmo ano. Após capturar um navio mercante português nas proximidades de Cabo Frio, os corsários rumaram para a Ilha Grande e daí para Santos. Na cidade de Brás Cubas permaneceram oito semanas, tempo suficiente para que roubassem ou destruíssem tudo de que puderam lançar mão. Depois de arruinar Santos e, pelo caminho, incendiar São Vicente, partiram para o Estreito de Magalhães.

Rumo ao sul, a esquadra enfrentou condições climáticas extremamente adversas, o que em muito retardou a viagem — o estreito foi alcançado somente em março de 1592. Como se isso não bastasse, a carência de provisões e o terrível mau tempo obrigam-na a retornar à costa brasileira. No retorno, as embarcações se separaram, e Cavendish, a bordo da nau almirante Leicester, *deliberou tornar ao porto de Santos. De sobreaviso, os habitantes conseguiram impedir o desembarque dos corsários e impor-lhes pesadas baixas. O* Leicester *navegou, então, agora na companhia do* Roebucke, *para Vitória, sofrendo aí uma nova derrota. As embarcações separam-se mais uma vez, e a nau almirante fez-se de vela para a Ilha de São Sebastião, onde Cavendish pretendia conseguir algum mantimento e tratar dos muitos feridos que tinha a bordo. Na ilha, o navegador inglês recolheu umas poucas provisões e abandonou os feridos e moribundos, partindo em seguida para a Inglaterra.*[2]

Um dos estropiados despejados pelo Leicester *em São Sebastião era Anthony Knivet, um marujo inglês de origem nobre,*[3] *sobre o qual pouco se sabe. Knivet foi capturado pelos portugueses e levado para o Rio de Janeiro, tornando-se escravo do então governador Salvador Correia de Sá (o Velho) e, posteriormente, de seu filho, Martim de Sá. O inglês permaneceu quase dez anos no Brasil, legando-nos uma preciosa narrativa de suas aventuras.*

Dessa narrativa, uma narrativa permeada de peripécias — Knivet, entre outras coisas, participou de bandeiras, viveu entre os silvícolas e visitou Angola —, recolhemos cinco fragmentos relacionados com o Rio de Janeiro. O primeiro descreve a chegada do inglês à cidade e o cotidiano

---

[2] Cavendish morreu durante a viagem de volta.

[3] Sobre as supostas origens nobres de A. Knivet, ver: *Vária fortuna e estranhos fados de Anthony Knivet, que foi com Tomás Cavendish, em sua segunda viagem, para o Mar do Sul, no ano de 1591*, p. 44 (nota).

que aí estabeleceu durante os cinco primeiros anos em que esteve no Brasil (1592-1597). O segundo cobre o período que vai do seu retorno ao Rio, depois de acompanhar Martim de Sá numa bandeira, à sua fuga para o sertão (1598). Os três últimos fragmentos referem-se aos seus derradeiros anos entre os cariocas (1598-1601), sendo o quinto uma nota sobre a costa do Rio de Janeiro, extraída de um capítulo em que descreve vários pontos da costa norte e sul do Brasil.

No dia seguinte, o nosso navio (o *Leicester*) levantou âncora e fez-se de vela não sei para onde. Quanto a nós, fomos conduzidos pelos portugueses para o Rio de Janeiro. Segui caminho sob as ordens de um mestiço, meio português, meio índio, que me salvara a vida na noite em que fomos aprisionados. Ao alcançarmos a cidade de São Sebastião no Rio de Janeiro, os portugueses, em suas numerosas canoas, fizeram um grande alarido com seus apitos e tambores, de modo que todo o povo veio ver-nos. Depois que dispuseram as canoas em círculo, como se fossem combater, dois deles agarraram-me e jogaram-me em terra, dizendo: *Aqui está a nossa presa.* A maré, que estava forte, levou-me rapidamente para o fundo. Teria, sem dúvida, morrido afogado se não fossem os préstimos de uma mulher, a qual, ao notar que a correnteza me arrebatava, mandou em meu socorro dois ou três dos seus escravos.

Ao pôr os pés em terra, soube que todos os portugueses se encontravam na igreja de Nossa Senhora e quis entrar também no templo. Proibiram-me, porém, de fazê-lo, alegando que eu não era cristão. Fui, então, levado à presença do governador, que me ofertou ao homem que salvara a minha vida. Fiquei bastante satisfeito com isso, pois ele vinha me tratando com bondade desde que me capturara na Ilha de São Sebastião. Durante três meses servi a esse mestiço, cuidando de sua casa. Diariamente levava os seus porcos para beira-mar e, quando de lá retornava, trazia-lhe um cesto cheio de grandes caranguejos — retirados por mim de uns buracos na areia lamacenta, alguns dos quais da profundidade de um braço. A vida que levava era bastante agradável: meu amo chamava-me de filho, jantávamos e ceávamos juntos, dormíamos no mesmo quarto e eu tinha a minha própria rede.

Certo dia, contudo, estava ocupado em lavar uns cachorrinhos na praia, quando fui surpreendido por uma canoa com portugueses, que me arrastaram para a cidade. Mal coloquei os pés em terra, identifiquei a casa de meu amo e corri para lá. Pelo caminho encontrei Henry Barraway. No dia seguinte, o governador mandou chamar-me e perguntou-me quem eu era. Respondi-lhe que era um pobre grumete de navio. Ao ouvir isto, Henry Barraway repreendeu-me e perguntou-me o que pretendia com tais palavras. Retorqui que eu não era senão o que tinha dito.

O governador ordenou, em seguida, que me levassem para o seu engenho. Permaneci três meses aí, incumbido de andar para cima e para baixo num batel, transportando cana-de-açúcar e madeira para a moenda. Trabalhei, assim, dia e noite, até que as minhas roupas ficassem em frangalhos. A vida desgraçada que levava fez-me perder o interesse por tudo. Não tinha o que comer nem o que vestir e recebia tantas pancadas como um escravo nas galés. Envergonhado de apresentar-me desnudado diante dos portugueses, resolvi fugir para o mato. Preparei uma cabana no interior de uma caverna, e nela vivi por sete meses. Durante o dia pescava para viver e, de noite, dirigia-me à casa de alguns índios, onde trocava peixes por caçava e por outras raízes que me serviam de pão. Por fim, o governador mandou buscar-me, vestiu-me e ordenou-me que fosse trabalhar transportando terra para uma horta, na qual deveria cultivar couves e nabos.

Depois de algum tempo, recebi ordem de retornar ao batel do engenho de açúcar. Trataram-me, desta feita, pior do que antes, pois o feitor nutria um ódio feroz pelos ingleses e procedia comigo como se fosse um cão e não um homem. Há quatro meses eu lidava no dito batel quando retornou, do Espírito Santo, Martim de Sá, um dos filhos do governador. Esse homem, compadecido da minha vida desgraçada, pediu ao pai que eu lhe fosse dado, pedido a que o governador prontamente atendeu. Durante os dois anos que o servi, meu amo tratou-me bastante bem.

Um dia, Martim de Sá desentendeu-se com sua madrasta e, a mando de seu pai, o governador, viu-se obrigado a retirar-se para um lugar de nome Goitacazes. Os moradores dessa região viviam em paz com os portugueses e, em troca de facas e machados, vendiam-lhes suas mulheres e filhos. Acompanhei meu amo nessa viagem.

No dia seguinte, o velho chefe entregou-me 70 escravos e ordenou que 300 flecheiros me conduzissem até a outra margem do rio Paraíba — de onde, posteriormente, retornariam para a tribo. Em 40 dias alcancei sem dificuldades a Ilha Grande, e aí encontrei Martim de Sá, que muito folgou com a minha volta e prometeu dar-me, como recompensa pela minha labuta, um dos canibais para ser meu escravo. Ao chegarmos ao Rio de Janeiro, todavia, ele vendeu todos e não me deu nenhum.

Depois de permanecermos em casa por dois meses, Martim de Sá quis enviar-me novamente às terras dos canibais para adquirir mais escravos. Sabendo que nada lucraria com isso, recusei-me a ir. Meu amo ameaçou reenviar-me a seu pai, crente de que eu iria preferir executar a missão do que labutar no batel de açúcar. Mostrei-me, contudo, satisfeito e, na esperança de ser mais bem-tratado, voltei ao engenho do governador.

Sua Excelência ordenou que eu me encarregasse de apanhar, num pequeno batel, alguns peixes destinados a produzir óleo para o engenho. Ocorreu que, numa noite, quando estava sobre um rochedo pescando cães-marinhos — que os portugueses denominam tubarões —, caí no sono com a linha debaixo de mim. Por volta da meia-noite, com o início da maré, um tubarão puxou o anzol e, estando a linha debaixo de mim, acordei com ela nas mãos. Não sei como, entretanto, a linha deslizou pela rocha, enroscou na minha perna e permitiu que o peixe me puxasse para dentro do mar. Logo que caí na água o tubarão nadou em minha direção, como se quisesse devorar-me. Ao vê-lo aproximar-se, notei que tinha o anzol fisgado na boca e tratei de puxar a linha para baixo, fazendo-o recuar. Lembrei-me que, tal como os canibais, trazia uma faca atada ao pescoço, amarrada num cordel. Lancei mão dela e cortei a linha, pois se tal não fizesse certamente terminaria ali a minha mesquinha existência. De qualquer modo, saí tão maltratado do incidente, em razão dos sucessivos choques com as rochas, que por 14 dias não tive condições de pôr-me em pé.

Depois que me restabeleci, o governador voltou a mandar-me pescar. Por esse tempo, soube-se no Rio de Janeiro que o senhor Hawkins se encontrava em Cabo Frio. A notícia deixou-me ansioso para sair à pesca, pois alimentava a esperança de encontrar os seus navios. Um belo dia estava pescando nas imediações de uma ilha distante 2 léguas da terra, quando vi passar ao longe os navios do senhor Hawkins — identificáveis graças ao tempo claro. Assim que os avistei, mandei os canibais que me acompanhavam desembarcarem na ilha para procurar provisões. Calculei que o senhor Hawkins iria, durante a noite, para a Ilha de São Sebastião em busca de refrescos para a tripulação. Tendo desembarcado os índios, notei que o vento estava de feição; icei, então, a vela e rumei para a Ilha de São Sebastião. A sorte, no entanto, não estava do meu lado, pois, quando avistei os navios, uma súbita tormenta lançou o meu batel de encontro a uma ilha plena de escarpas. A embarcação espatifou-se e eu me feri bastante nas rochas. Consegui alcançar a ilha e nela permaneci por três dias, sem saber como sairia dali.

Entrementes, os canibais que eu deixara na ilha voltaram para a cidade e contaram ao governador que eu os enganara. Informado do ocorrido, o governador mandou saírem duas canoas à procura dos navios, as quais aportaram na ilha em que eu estava e me encontraram quase morto de fome, com o rosto todo esfolado pelo choque com as pedras. Daí os portugueses rumaram para a Ilha de São Sebastião, mas, como o senhor Hawkins já havia partido, retornaram para o Rio de Janeiro. Com as mãos atadas atrás das costas, fui levado para a cidade, onde todos me receberam com vaias e com o epíteto de fujão. Conduziram-me, então, à casa do governador, que, furioso, ordenou que me levassem para a prisão.

OUTRAS VISÕES DO RIO DE JANEIRO COLONIAL

Estive encarcerado por 15 dias, período durante o qual fui tratado como um animal, dormindo no chão e alimentando-me somente de água e caçava. Depois de resistir a toda essa miséria, condenaram-me à forca por trânsfuga e luterano. Ao passar, porém, na frente do Convento dos Jesuítas, os frades saíram lá de dentro com um grande crucifixo e, ajoelhando-se aos pés do governador, suplicaram-lhe que me perdoasse. Fui perdoado e reconduzido à prisão. Três dias depois levaram-me ao mercado, com ferros nas mãos e nos pés, e fustigaram-me com cordas, sem deixar intacta nenhuma parte do meu corpo. Após o castigo, meteram-me de novo na prisão, e nela permaneci mais 15 dias, vivendo de água e caçava e dormindo no chão. O meu corpo estava muito machucado e, devido ao contato com a terra em que me deitava, coberto de vermes.

Ao fim dos 15 dias, o governador ordenou que me pusessem nas pernas umas argolas de ferro de 30 libras, argolas que carreguei por nove meses, trabalhando no engenho de açúcar como um escravo. O feitor, que me odiava assim como a todos os estrangeiros, tratava-me não como um homem, mas como um cão. Sempre que ia à sua presença, eu era espancado. Em decorrência dessa penosa situação, entrei em desespero e deixei de temer o fim da minha existência. Por diversas vezes denunciei ao governador as crueldades que me eram impingidas pelo feitor. Sua Excelência, no entanto, embora visse o meu corpo todo manchado e ferido, não se compadecia. Desse modo, o único meio que vislumbrei para ver-me livre de tão penosa existência foi dar cabo do feitor.

Logo surgiu uma oportunidade de levar adiante o meu intento. Certa noite, cheguei com um carregamento de canas, descarreguei a canoa e, como estava frio, entrei para a casa de açúcar e deitei-me no assoalho em frente à caldeira. Dormia há cerca de meia hora quando o feitor entrou na casa e, encontrando-me adormecido, deu uma varada com tal violência nas minhas costas nuas que tive a sensação de ter todos os ossos do corpo partidos. Levantei-me abruptamente e, vendo-o na minha frente, pronto para desferir uma outra varada, agarrei-o e, com um facão que trazia comigo, golpeei-o de lado, no braço e nas costas. Ele gritou que eu o matava, e, convencido de que era isso mesmo que fazia, tratei de correr para as profundezas das matas. A escuridão muito me favorecia, pois ninguém saberia que rumo tomar para vir ao meu encalço.

No ano de 1598 aportaram no Rio de Janeiro dois navios holandeses, comandados pelo capitão holandês Jasper Ferdinand. O governador, depois de verificar que os batavos traziam uma licença de Portugal, permitiu que eles desembarcassem as mercadorias. Durante três meses os tripulantes comerciaram na cidade, angariando muito dinheiro. Por ocasião da partida dos holandeses, os oficiais do rei quiseram embargá-los, alegando que o passaporte do capitão não era legítimo. O governador, todavia, socorreu-os dizendo: "Por que não viram isso antes? Foi por fiar-me em suas palavras que dei permissão para os holandeses desembarcarem." E acrescentou que a sua decisão era favorável aos holandeses e que, independentemente do que relatassem os oficiais, as embarcações, por ele autorizadas a entrar, iriam sair sem nenhum embaraço. E assim partiu Jasper Ferdinand para Angola.

Pouco tempo depois ancoraram no Rio de Janeiro as duas urcas de dom Francisco de Sousa, governador-geral de toda a costa do Brasil. O governador-geral, ao saber que Jasper Ferdinand partira para Angola, mandou que uma caravela fosse ao encalço de seus navios, para apresá-los em nome do rei. Mas Ferdinand, que se encontrava em Angola, informado dessa ordem, embarcou imediatamente e, a despeito dos portugueses, fez-se de vela.

No mesmo ano Francisco de Mendonça de Vasconcelos veio suceder a meu amo no cargo de governador. A embarcação que trazia o novo governador alcançou o porto no dia em que o governador meu amo escolheu para visitar um engenho que acabara de instalar. Ao passar pela embocadura da baía, a urca pôs-se a disparar seus canhões. Meu amo, ignorando as razões dos tiros, imediatamente mandou preparar uma canoa grande para averiguar o que se passava. Navegávamos já há cerca de meia hora, em direção à cidade, quando uma súbita tormenta virou nossa canoa. O governador certamente teria perdido a vida na ocasião se, pela graça de Deus, não tivesse sido auxiliado por mim. Os escravos do governador e Henry Barraway nadaram para terra, e somente eu e um mulato escravo que acompanhava o meu amo, de nome Domingos Gomes, nadamos em seu socorro. Logo que o agarramos, colocamo-lo numa canoa, na qual ele se segurou com força até que ganhássemos a terra. As ondas assemelhavam-se a montanhas e faziam-nos crer que morreríamos todos, pois lançavam-nos de encontro aos bancos de areia e puxavam-nos novamente para o mar. Quando consegui finalmente pôr os pés em terra, olhei para o mar e vi que meu amo vinha em direção à praia arrastado por uma imensa vaga. Eu e o meu bom amigo Domingos Gomes aguardamos que a onda rebentasse, agarramo-lo e arrastamo-lo para fora da água. Pensamos, contudo, que o governador tinha morrido, pois ele não conseguia articular uma única palavra. Tomamo-lo pelas pernas, suspendemo-lo no ar com a cabeça para baixo e fizemos com que vomitasse uma grande quantidade de água; só então ele voltou a si. Ao vê-lo são e salvo, disse-lhe: *O mar não distingue um governador dos outros homens.* No dia seguinte, meu amo retornou à cidade por terra, encontrando lá o novo governador. Fiquei satisfeito com a vinda deste, pois persuadi-me de que em breve realizaria o meu ardente desejo de retornar à pátria.

Nesse mesmo ano lançaram âncoras, na entrada do porto, quatro navios holandeses,[4] o que levou toda a cidade a tomar armas. Meu amo, na ocasião, encontrava-se no engenho, e eu, na cidade, a serviço de sua mulher. Vendo ela que os portugueses andavam para cima e para baixo com suas armas, ordenou-me que pegasse um mosquete e seguisse para um dos fortes — o que fiz imediatamente. O novo governador veio ao

---

[4] Trata-se da esquadra comandada por Oliver van Noort. Sobre sua passagem pelo Rio de Janeiro, ver: *Visões do Rio de Janeiro colonial. Antologia de textos (1531-1800)*, 2ª ed., p. 27-31, da José Olympio, 2008.

forte em que eu estava, passou em revista as tropas e mandou que nos dessem pólvora e chumbo. Depois de conversar um pouco com ele — que gostou de mim, porque, segundo ele disse, estava a postos com minhas armas e porque tinha os ingleses na conta de bons soldados —, um certo João da Silva veio avisá-lo de que deveria ter cuidado comigo, pois eu poderia tentar fugir para os navios holandeses ancorados, visto que já empreendera façanhas mais ousadas. Asseverou ele que facilmente eu poderia, durante a noite, nadar até os navios agarrado num pedaço de madeira. Por fim, contou ao novo governador as aventuras que levara a cabo quando meu amo governava. Finda a conversa, o novo governador tomou-me pela mão e conduziu-me à prisão, onde permaneci por 27 dias, só sendo libertado quando os navios holandeses seguiram da entrada do porto para a Ilha Grande.

No tempo em que me achava em Itapucu, meu amo partiu para casa. Em consequência de sua retirada, tive de servir como soldado até que partissem navios para o Rio de Janeiro. Servi três meses, e fui muito bem-recompensado pelo governador, que me remeteu de novo para meu antigo amo. Depois disso, meu amo mandou-me para um lugar chamado Órgãos, uma serra que se avista do Rio de Janeiro. Aí encontramos uma pequena mina de ouro e pedras muito valiosas. Por esse tempo chegou da Espanha uma urca, na qual vinham um bispo e um governador espanhol, que deveriam partir em uma embarcação menor para o rio da Prata e daí para Assunção.

Pouco depois da arribada desse navio, manifestou-se no Rio de Janeiro uma doença parecida com o sarampo, mas tão fatal como a peste, matando em três meses 3 mil pessoas, entre portugueses e índios. A doença grassava por todo o país. Nessa época, andava eu ocupado em ir e vir à noite do engenho em um batel, transportando pau-brasil para a embarcação espanhola. Em razão da umidade do ar, uma das minhas pernas inchou de tal modo que eu não a podia mover. É muito perigoso, para quem está suado, expor-se ao ar durante a noite nesta região, pois a terra é quente e o ar é penetrante, afetando facilmente qualquer uma parte do corpo. Durante quase um mês padeci com o tal inchaço.

A 14 de agosto de 1601, o governador Salvador Correia de Sá embarcou com sua mulher, dona Inês de Sousa, na urca espanhola que rumava para Pernambuco.[5]

O Rio de Janeiro, distante 3 léguas de Piratininga, é um grande braço de mar que corre terra adentro pelo menos 14 milhas. A embocadura do lugar é assinalada por quatro ilhas, mas atualmente pode-se melhor reconhecer a entrada por meio de um forte situado do lado norte da embocadura, sobre um rochedo. Do lado sul, há uma elevação, cuja base se estende até o mar, nomeada *camo* pelos portugueses, isto é, o cesto de gávea de um navio — vista do mar, a montanha se parece com esse objeto. Próximo à praia, ao pé dessa montanha, a norte de quem entra no porto, existe um rochedo muito elevado, que tem o formato de um pão de açúcar, sendo, por isso mesmo, assim chamado pelos portugueses. O canal que dá acesso à baía é dividido ao meio por uma laje achatada, visível à flor da água. Para entrar é necessário manter-se entre esse rochedo e o forte localizado a norte. Depois de ultrapassar a embocadura e o dito forte, há uma ilha bem à frente, de nome Villegagnon, alinhada com a igreja de Santa Lúcia. A embarcação deve passar ao norte dessa ilha, após o que se descortina toda a cidade, tanto a parte montanhosa quanto a plana, que dá para a praia. Deve-se, contudo, ter o cuidado de não rumar direto para a cidade, pois a embarcação encalharia nos bancos de areia localizados ao longo da costa, bem em frente à urbe. Esses bancos estendem-se até uma pequena ilha de nome São Bento,[6] situada a leste de um grande rochedo e a um quarto de milha da Ilha de Villegagnon. Entre esse rochedo e a Ilha de São Bento há uma passagem navegável, podendo-se fundear aí, bem junto à ilha.

---

[5] Knivet seguiu com o ex-governador.

[6] Antigo nome da Ilha das Cobras.

Uma vez alcançada tal posição, de onde se avista uma igreja que se ergue sobre uma colina, também chamada São Bento, pode-se seguir direto e sem receio para a cidade.

A cerca de um tiro de arcabuz do Rio de Janeiro, vê-se, na praia nordeste, uma aldeia de canibais, denominada São Lourenço, cujos habitantes vivem em paz com os portugueses. No interior da baía há muitos rios e engenhos de açúcar, dos quais se retira um bom lucro.

EDIÇÃO UTILIZADA

A narrativa de Anthony Knivet foi publicada pela primeira vez na Inglaterra, em 1625, por Samuel Purchas, no seu conhecido *Hakluyt's Posthumous or Purchas his Pilgrimes* (há uma edição fac-similar de 1905). Posteriormente, a narrativa conheceu duas edições em holandês, ambas de 1706. Em 1878, vem a público a primeira edição brasileira, preparada por Duarte Pereira, a partir da edição holandesa. Uma nova tradução portuguesa, essa completa e feita a partir da edição inglesa, foi publicada em 1947, sob os cuidados de Guiomar de Carvalho Franco, com notas de Francisco de Assis Carvalho Franco. Servimo-nos da reedição de 1905, sem deixar de consultar a cuidada tradução de Carvalho Franco.

KNIVET, Anthony. "The admirable adventures and strange fortunes of Master Anthony Knivet, which went with Master Thomas Candish in his second voyage to the South Sea, 1591". In: PURCHAS, Samuel. *Hakluyt's Posthumous or Purchas his Pilgrimes. Containing a history of the World, in sea voyages, & land travels, by Englishmen and others...* Compilado por Samuel Purchas. Glasgow: J. MacLehose and Sons, 1905-07, v. 5, p. 195-197, 199-202, 233-235, 237, 283-284.

BIBLIOGRAFIA

KNIVET, Anthony. "Narração da viagem que, nos anos de 1591 e seguintes, fez Antônio Knivet da Inglaterra ao Mar do Sul, em companhia de Thomas

Cavendish". In: *Revista do Instituto Histórico e Geográfico Brasileiro*, tomo XLI, 1878, p. 183-272.

_____. *Vária fortuna e estranhos fados de Anthony Knivet, que foi com Tomás Cavendish, em sua segunda viagem, para o Mar do Sul, no ano de 1591.* Versão do original inglês por Guiomar de Carvalho Franco. Com anotações e referências de Francisco de Assis Carvalho Franco. São Paulo, Brasiliense, 1947.

SAMPAIO, Teodoro. "Peregrinações de Anthony Knivet no Brasil no século XVI". In: *Revista do Instituto Histórico e Geográfico Brasileiro*, tomo especial (1º Congresso de História Nacional), Parte II, 1915, p. 345-390.

Dierick Ruiters

Não é muito o que conseguimos apurar sobre o piloto e cartógrafo batavo *Dierick Ruiters. Sabe-se, pela pena do próprio navegador, que se manifestou precocemente o seu gosto pela vida marítima. Desconhece-se, entretanto, com que idade tiveram início as suas andanças pelo mar. L'Honoré Naber, seu biógrafo oficial, afirma que em 1617-19, quando passou pelo Brasil, Ruiters já havia provado muita água salgada e tinha grande familiaridade com a costa do continente africano.*

Essa sua primeira passagem pelo Brasil, a propósito, a fazer fé no requerimento que sua esposa encaminhou aos Estados Gerais, em 1618, foi fortuita. Diz o documento que o piloto Ruiters viajava em um navio de nome Blauwen Meeu, *que essa embarcação se desviara de sua rota e que o marujo fora capturado ao desembarcar na costa brasileira para beber água. Se tais alegações são verdadeiras, não se pode dizer ao certo, o fato é que, em meados de 1617, o piloto perambulava pelo litoral de Angra dos Reis e, depois de ser detido com mais dois companheiros por uma partida de portugueses e índios, foi levado à presença do então governador Rui Vaz Pinto no Rio de Janeiro.*

Ruiters permaneceu 30 meses no Brasil. Do Rio de Janeiro, onde ainda se encontrava em 1618, foi conduzido por mar para Pernambuco, provavelmente com uma escala na Baía de Todos os Santos. De Pernambuco, não se sabe como, conseguiu evadir-se e retornar para a Holanda. Em 1619, ele já se encontrava no seu país natal, pois nas Atas dos Estados Gerais desse ano consta que Ruiters, um piloto de Middelburg, requisitava autorização para equipar um navio e dirigir-se para as Índias Ocidentais. Poucos anos depois, em 1623, vem a público o seu livro Tocha da navegação, *cujo subtítulo é* para viajar as costas situadas ao sul do trópico de Câncer, como o Brasil, as Índias Ocidentais, a Guiné, Angola etc.

Por pelo menos mais duas vezes, o cartógrafo batavo foi enviado ao Brasil — sem dúvida, em razão dos conhecimentos que tinha sobre o litoral da América portuguesa. Em 1623, informa-nos Joannes Laet, ele é designado pela Companhia das Índias Ocidentais para pilotar a frota de Jacob Willekens e Piet Hein, que atacou a Baía de Todos os Santos em maio de 1624. Em 1630, ele retorna ao Brasil, com a esquadra de 56 navios do veterano Hendrick Corneliszoon Lonk, e participa ativamente na tomada de Pernambuco.

A seguir, o leitor encontrará um pequeno fragmento da Tocha da navegação, *relativo à passagem do cosmógrafo pelo Rio de Janeiro. O livro, dirigido especialmente a navegadores, não é lá muito pródigo na descrição da cidade. As informações que vincula, porém, que remontam ao ano de 1618, são bastante interessantes.*

O Cabo Frio dista do Cabo de Janeiro 35 léguas O.S.O. e E.N.E. Desse último cabo ao estuário do Rio de Janeiro percorrem-se mais 8 léguas S.E. e N.O. A costa é toda montanhosa, atingindo as nuvens. Ela estende-se do Cabo Frio, onde estão as salinas, até detrás de um golfo, para além do cabo, passando aí a ter o nível do mar. A leste do Cabo de Janeiro encontra-se um rochedo mais elevado que os demais e que parece a ponta de um pão de açúcar. Avista-se esse rochedo durante todo o percurso entre o Cabo Frio e o Rio de Janeiro.

No Cabo de Janeiro estão três ilhotas, próximas uma da outra, formando três correntes. Pode-se aí chegar tão perto quanto se desejar, mas sempre utilizando a sonda. O fundo, primeiramente, é de barro mole e, mais perto das ilhotas, de areia. A ilhota situada a leste é a que se encontra a menor distância da costa. Dali, estende-se uma língua de terra para leste. De sudoeste para leste do Cabo de Janeiro está a Ilha Carbúnculo, onde há bom fundo para ancorar do lado oeste, permitindo às embarcações fundearem próximo da terra. A oeste dessa ilha ficam dois ou três pequenos rochedos.

Esse rio é fácil de navegar, pois é preciso tomar cuidado somente com o que está à vista. Por toda parte o fundo é de uma lama tão mole que o prumo penetra, ao ponto de, em muitos lugares, a âncora ter de ser calçada. Bem em frente à barra, do lado leste, há cinco ou seis rochedos juntos. Pode-se entrar e sair pelos dois lados, mas os portugueses costumam navegar pelo canal oeste, pois o consideram mais seguro. Há, porém, fundo suficiente tanto de um lado como do outro, fundo de 20 a 30 braças. A única exceção é a oeste, quando se cruzam as referidas ilhas pela frente, pois o fundo aí é de apenas 6 a 7 braças. Ultrapassada a entrada, para se chegar à cidade deve-se seguir em linha reta para a Ilha dos Monges Beneditinos,[7] rumo N.O., até a ponta em que está o Castelo da cidade. Esta ponta prolonga-se em forma de recifes, impossibilitando que as embarcações avancem para além das 17 braças. Também não é possível, para alcançar o ancoradouro, passar com navios grandes entre a dita ponta e a Ilha dos Monges, pois, além de haver os tais recifes, o fundo é insuficiente. Quem se dirige ao ancoradouro da cidade deve passar ao largo da Ilha dos Monges e navegar por entre essa ilha e uma outra que fica para o lado da terra, lançando ferro um pouco mais para o norte. É possível também ancorar em frente à cidade, mas aos navios grandes recomenda-se mesmo procurar um lugar mais ao norte.

Ao sul da Ilha dos Monges e a O.N.O. da ponta em que está o Castelo, o fundo é bom, variando entre 18 e 19 braças. As embarcações portuguesas

---

[7] Antigo nome da Ilha das Cobras.

que já estão carregadas e prontas para partir costumam deter-se aí dois ou três dias. Ao sair desse rio é preciso ter cuidado com as já referidas pedras e não se aproximar demais, principalmente quando não há vento, porque a vazante corre por aí. No caso de uma eventual calmaria, é conveniente manter a âncora sempre pronta para ser baixada, pois é grande o risco de se ser arrastado pela corrente. A barra situa-se entre pedras altas e por todos os lados a terra é montanhosa, tocando por vezes as nuvens — especialmente uma montanha mais íngreme que as outras, com três cumes que se parecem com os dedos da mão.

Esse rio, que os portugueses chamam Rio de Janeiro, é belo e, pelas facilidades que oferece aos navios grandes e pequenos, excelente para a navegação. A terra circundante é fértil, quer nos vales quer nas montanhas, e embelezada por lindas planícies, nas quais tudo o que se semeia e planta dá em abundância. Há, porém, muitas formigas (não tantas quanto em Pernambuco e na Bahia), as quais atacam continuamente as plantas, principalmente as que têm raízes doces. As plantações de açúcar sofreriam maiores prejuízos se os portugueses, cada vez que cortam a cana, não queimassem a terra.

Aqui é inverno quando na Holanda estamos no verão, ou seja, entre abril e setembro. Não chega a gear no inverno, mas o ar é seco e sopram muitos ventos de sudoeste entremeados de chuvas de granizo, chuvas tão frias que chegam a congelar os dedos dos marinheiros que colhem a vela grande. Esses ventos, normalmente, não duram mais do que duas ou três horas, voltando, em seguida, o bom tempo.

A cana, aqui, cresce em quantidade, e as plantas são mais saborosas do que as da costa norte (Pernambuco, Bahia etc.). Produz-se, todavia, menor quantidade de açúcar. Essa cultura é muito exigente, pedindo muita chuva e sol quente. Ela adapta-se melhor nos lugares em que chove três ou quatro vezes por dia e o sol é ardente. Entre o Rio de Janeiro e a baía de São Vicente — extremo sul do Brasil Meridional —, onde a umidade e a frieza do ar predominam, o volume de cana plantado é pequeno. Assim, todo o açúcar produzido pelo Brasil provém de 18 a 20 léguas acima de Pernambuco até o Rio de Janeiro, isto é, de cerca de 80 léguas de costa, ao longo das quais os portugueses mantêm 400 engenhos, sem contar uns oito ou dez que possam existir além desses. Cada engenho produz 25 mil arrobas de 32 libras, o que dá um total de 10 milhões de arrobas anuais. Esse açúcar é, todos os anos, levado para Portugal, juntamente com o pau-brasil, que cresce por toda a costa — lugares há em que são encontrados bosques de pau-brasil com 20 a 30 léguas de comprimento. Na região que vai do Rio de Janeiro até São Paulo, situado mais ao sul, a mandioca é abundante. Muitos navios vêm ao porto do Rio de Janeiro buscá-la para trocar por negros em Angola.

A cidade que os portugueses chamam de Rio de Janeiro está construída a cerca de 2 léguas do mar, na margem oeste de uma baía meio redonda, sobre um terreno plano, cercado de ambos os lados por montanhas. A sua disposição é tal que dificilmente se pode percorrê-la de comprido em meia hora, mas de largura não se contam mais do que dez ou 12 casas. Em 1618, as ruas ainda não eram pavimentadas e andava-se com areia até pelos tornozelos. A cidade, então, não contava nem com portas, nem com cercas fortificadas, nem com muralhas.

As fortificações desse rio e da cidade consistem em quatro castelos. O principal deles está situado a leste da barra, na ponta de um rochedo alto e escarpado, onde nenhum mato cresce. O segundo encontra-se numa ilha, separada do lado ocidental da cidade por um pequeno estreito que não dá passagem ao escaler de um navio. Essa ilha tem, do lado sudoeste, um penhasco muito alto em forma de pão de açúcar. O forte está situado numa planície que se estende para noroeste. O terceiro também acha-se sobre um rochedo, um rochedo que entra pela água, localizado a sudoeste da cidade. O quarto situa-se a noroeste da cidade, sobre um morro. A principal defesa local, no entanto, são mesmo os brasileiros, que, na sua maioria, são escravos dos portugueses. Aqueles são tão obedientes que entrariam no fogo pelos seus mestres. Os portugueses confiam inteiramente neles. Eles, por seu turno, têm-lhes tal pavor que, quando saem para alguma empresa no mar ou na terra, não ousam se afastar de suas vistas, temendo ser punidos.

As saídas que os portugueses fazem ao mar, quando veem na costa algum navio de nacionalidade alemã, francesa ou inglesa, têm como objetivo atrair, por toda sorte de artifícios, a embarcação à terra para dela assenhorar-se, matando por vezes a tripulação. As expedições que fazem em terra são contra os próprios habitantes que não querem se submeter à escravidão. Esses chamam os portugueses de levantados, que é o mesmo que dizer rebeldes.

Quando os ditos brasileiros ou os negros cometem alguma falta, os portugueses ordenam que outros escravos os castiguem impiedosamente. Nenhum verdadeiro cristão assiste a esse espetáculo sem revoltar-se. Vi, certa feita, um negro faminto que, para encher a barriga, furtara dois pães de açúcar. Seu senhor, ao saber do ocorrido, mandou amarrá-lo de bruços a uma tábua e, em seguida, ordenou que um negro o surrasse com um chicote de couro. Seu corpo ficou, da cabeça aos pés, uma chaga aberta, e os lugares poupados pelo chicote foram lacerados a faca. Terminado o castigo, um outro negro derramou sobre suas feridas um pote contendo vinagre e sal. O infeliz, sempre amarrado, contorcia-se de dor. Tive, por mais que me chocasse, de presenciar a transformação de um homem em carne de boi salgada e, como se isso não bastasse, de ver derramarem sobre suas feridas piche derretido. O negro gritava de tocar o coração. Deixaram-no toda uma noite, de joelhos, preso pelo pescoço a um bloco, como um mísero animal, sem ter as suas feridas tratadas. Fui testemunha ainda de outras barbaridades praticadas por portugueses e espanhóis contra os seus escravos. Meu propósito, porém, não é escrever um livro sobre esses maus-tratos. Por isso, vou encerrar o assunto e prosseguir ao longo da costa.

EDIÇÃO UTILIZADA

A *Tocha da navegação* veio a público no ano 1623, em Vlissingen, sendo reeditada em Leiden 25 anos mais tarde. Dessas duas edições existem hoje somente cinco exemplares, três da primeira e dois da segunda. Felizmente, em 1913, L'Honoré Naber reeditou o trabalho, tornando-o acessível aos leitores contemporâneos. Em 1966 aparece a primeira e única edição brasileira, feita por Joaquim de Sousa Leão para a *Revista do IHGB*. Utilizamos uma versão francesa (não impressa) do fragmento relativo ao Rio de Janeiro, que teve como base a edição holandesa de 1913. Não dispensamos, no entanto, constantes consultas à versão de Sousa Leão.

RUITERS, Dierick. *Toortse der zee-vaert*. 'S-Gravenhage, Martinus Nijhoff, 1913, p. 32-35.

BIBLIOGRAFIA

LAET, Joannes. *História ou anais dos feitos da Companhia privilegiada das Índias Ocidentais desde o seu começo até ao fim do anno de 1636, por Joannes de Laet*. Tradução de José Higino Duarte Pereira e Pedro Souto Maior. Rio de Janeiro, Oficinas Gráficas da Biblioteca Nacional, 1916-1925.

RUITERS, Dierick. "A tocha da navegação". Tradução de J. de Sousa Leão. In: *Revista do Instituto Histórico e Geográfico Brasileiro*, v. 269, p. 3-84. Rio de Janeiro: Departamento de Imprensa Nacional, 1966.

Luís Baralho de Araújo

*P*arte *das muitas informações que deixaram os jesuítas acerca do passado colonial brasileiro encontra-se registrada em cartas. Os dedicados padres tinham por hábito, logo que se instalavam na nova terra, narrar sistematicamente aos seus superiores de Portugal ou Roma as variadas atividades desempenhadas pelos membros da Companhia e, como pano de fundo, descrever um pouco da vida das comunidades em que estavam inseridos.*

Uma parcela significativa de tal correspondência é formada por cartas ânuas, isto é, cartas que, ao final de um ano, davam conta do estado de um colégio ou residência da Companhia durante os 12 meses decorridos. Essas cartas ânuas, reunidas em coletâneas, circularam por toda a Europa a partir do século XVI e foram extremamente úteis para divulgar o pioneiro trabalho da Companhia em terras de além-mar.

O documento que se segue é uma carta desse gênero. Trata-se de um relatório redigido por Luís Baralho de Araújo, a mando do então reitor do Colégio da Bahia, Fernão Cardim, informando ao Geral da Companhia em Roma, Múcio Vitelleschi, o estado dos colégios e residências do Rio de Janeiro, Santos, Espírito Santo, Piratininga e Pernambuco. A carta, datada de 21 de dezembro de 1621, narra fatos ocorridos durante o ano de

1620 — como esclarece o autor logo no início. O leitor encontrará a seguir o trecho em que o padre dá notícias acerca do Colégio (e da cidade) do Rio de Janeiro.

Em razão de uns ventos que sopram por aqui em determinadas épocas do ano, ventos que tornam o mar inavegável, a carta ânua deste Colégio tratará de coisas que tiveram lugar no ano passado.

Neste Colégio estão 27 membros da Companhia, dos quais 12 padres e 15 irmãos. Todos passam bem, com a graça de Deus, e empenham-se com vigor no divino serviço. Diariamente, ao nascer do dia, mesmo dos dias festivos, eles fiscalizam o trabalho dos escravos e de seus feitores. Ao entardecer, depois de repetirem as tarefas da manhã, saem pelas ruas e praças públicas e esforçam-se por conseguir algum dinheiro. Essa santa cobiça tem atraído para a Companhia a simpatia de todos. A prova disso foi-nos dada por quatro senhores que, depois de brigarem de morte, se reconciliaram graças a uma rápida conversa que um de nossos padres teve com eles. O mesmo se deu com um magistrado da cidade. Tendo sido ofendido publicamente, ele resolveu vingar-se do ofensor com toda severidade e dureza, e só não o fez graças à intervenção de um dos nossos. Depois de uma conversa, o magistrado não somente perdoou o agressor como ainda se humilhou diante dele.

Mas os seculares não são os únicos simpáticos à Companhia. Tal sentimento é compartilhado também pelos religiosos e mesmo pelos eclesiásticos, especialmente pelo Senhor Reverendíssimo Prelado, aqui chamado de administrador. Relatarei um testemunho dessa afeição generalizada. Um malfeitor, que assassinara um homem, escapou das mãos da justiça e refugiou-se em um convento de religiosos. Os oficiais da justiça vieram ao seu encalço, agarraram-no no claustro e, malgrado a intervenção dos religiosos, arrastaram-no à força. Os ditos religiosos, vendo a violência com que tratavam o malfeitor, resolveram exigir que respeitassem a imunidade de sua igreja. Os oficiais, ofendidos, voltaram-se para os servos de

OUTRAS VISÕES DO RIO DE JANEIRO COLONIAL

Deus e com grande escárnio disseram-lhes uma série de impropérios. A querela esquentou e surgiram ameaças de querimônias e excomunhões. Para ruína de muitos, os envolvidos estavam quase a atracarem-se quando alguns dos nossos intervieram e, para grande contentamento de todos, restabeleceram a concórdia entre as partes. Temos, frequentemente, visitado os pobres no hospital e lhes ofertado gordas esmolas.

Este Colégio mantém três residências, as quais abrigam muitos portugueses. A residência de São Lourenço é visitada pelos nossos a cada 15 dias. Nas outras, residem quatro religiosos, dois em cada casa.

No castelo de São Barnabé havia uma infiel que se dizia conhecedora dos mistérios da nossa fé. Ora, um dia, estando ela doente e temendo morrer, mandou chamar um dos nossos padres, deixou-se batizar e, pouco depois, ouvindo os doces nomes de Jesus e de Maria, expirou. Outro dos nossos foi chamado à casa de um português, que morava num lugar assaz distante do castelo, para amparar uma senhora enferma. Lá chegando, encontrou-a quase moribunda, tendo tempo somente de confessá-la e prepará-la para a morte. Redimida, a enferma enfrentou a morte com tranquilidade.

A floresta de Goitacases, que está repleta de bárbaros e selvagens, começou este ano a dar alguns frutos no seu jardim de almas. E isso graças aos cuidados incessantes dos nossos. Os selvagens, hoje, não são mais tão reticentes em entregar-nos suas crianças para que as batizemos. Das 13 que nos entregaram, 11 subiram ao céu. Dissemo-lhes, com o intuito de induzi-los a colaborar com o batismo, que aquelas que morreram, como tinham sido ungidas com água batismal, poderiam interceder por seus pais junto ao Senhor. Determinamos, em seguida, que um dos nossos desse sepultura a elas. O funeral teve até uma certa pompa. Dois dos padres da Companhia, devidamente paramentados, acompanhados por muitos índios, conduziram o cortejo à igreja, cortejo que seguiu ao som de sinos, com candelabros acesos e cantares. Os bárbaros se impressionaram muito com essa cerimônia e, desde então, passaram a entregar-nos mais facilmente as suas crianças.

43

Passo agora a relatar as festas e os folguedos que se fizeram por ocasião da beatificação do padre Francisco Xavier. Logo que se soube da notícia de que o papa Paulo V tinha declarado o padre *beato*, as manifestações de contentamento foram indescritíveis, pois todas as índias têm grande devoção por esse seu glorioso apóstolo. No início da noite começamos as festividades, espalhando, do alto do campanário da igreja, alguns sinais de alegria. O Colégio parecia em chamas, tamanha era a quantidade de luzes que o adornavam. Isso fez com que o povo viesse saber qual era a novidade. Depois de se informarem sobre o que se passava, todos deram graças a Deus, invocando em alta voz o beato Xavier. Tanto a nobreza quanto a populaça insistiram para que lêssemos o Breve da Beatificação, vindo de Roma. Nossos padres julgaram que a reivindicação era bastante justa e resolveram atendê-la sem restrições, fixando uma data para o pregador fazer a promulgação do Breve. O concurso de pessoas e o contentamento e devoção que manifestaram foram imensos. À noite, os sentimentos da população ficaram ainda mais evidentes, pois quase todos os quarteirões da cidade estavam em festa. O bispo, que tinha um especial apreço pelo bem-aventurado padre e sempre demonstrara grande simpatia pela Companhia, não mediu esforços para expressar sua alegria. A festa que promoveu em sua igreja superou todas as demais da cidade. Tão grande era a sua devoção ao beato que, com suas próprias mãos, chegou a fazer umas luminárias coloridas, as quais, depois de prontas, foram dispostas de um modo que pareciam formar uma belíssima coroa em torno da sua igreja. A decoração chamou a atenção de todos e deu muito o que falar. No dia da festa, ele celebrou a véspera, que contou com uma música excelente, executada por três coros de vozes e instrumentos, e terminou com uma procissão. A igreja, nesse dia, estava ricamente paramentada. Ao entardecer, toda a nobreza, montada em uns cavalos maravilhosamente ajaezados, apareceu na cidade e esforçou-se para se juntar ao regozijo público.

EDIÇÃO UTILIZADA

A carta ânua redigida por Baralho foi publicada pela primeira vez no ano de 1627, em italiano, numa coletânea intitulada *Lettere Annue d'Etiopia, Malabar, Brasil e Goa*. No ano seguinte, a obra foi traduzida para o francês por *um padre da Companhia*. No referente ao fragmento relativo ao Rio de Janeiro, há pequenas diferenças entre as duas edições. Optamos, em razão disso, por consultar ambas para a presente tradução.

DARAYO, Michele (Luís Baralho de Araújo). "Estratto di Alcune Cose Escritte dal Brasile nell'anno 1621". In: VITELLESCHI, Mutio. *Lettere Annue d'Etiopia, Malabar, Brasil e Goa*. Roma: Francesco Corbelletti, 1627, p. 128-131.

_____. "Extraict des Lettres envoyées du Brasil l'an 1621. Le College et la Residence du Rio de Janeiro". In: VITELLESCHI, Mutio. *Histoire de ce qui s'est passé en Ethiopie, Malabar, Brésil, et en Indes Orientales. Tirée des lettres ecrites és années 1620, jusques à 1624*. Paris: Sebastien Cramoise, 1628, p. 159-164.

BIBLIOGRAFIA

CARDIM, Fernão. *Tratados da terra e gente do Brasil*. Introdução e notas de Rodolfo Garcia. Belo Horizonte: Editora Itatiaia; São Paulo: Edusp, 1980.

LEITE, Serafim. *História da Companhia de Jesus no Brasil*. Lisboa: Livraria Portugalia, 1938-50, v. VIII.

Francisco Coreal

O pouco que conseguimos apurar sobre o espanhol Francisco Coreal (Correal) foi revelado por ele próprio ao longo de sua narrativa de viagens. Informa-nos o aventureiro que nasceu em Cartagena, no ano de 1648, e que desde muito cedo se viu arrebatado pelo desejo de viajar. Assim, aos 18 anos, deixou sua terra natal e veio para o continente americano, onde, excetuando um pequeno interregno, permaneceu por 31 anos (1666-1697).

Entre 1666 e 1683, Coreal percorreu a Flórida, o México, as Antilhas, a América Central e a Nova Granada. Em 1684 o aventureiro voltou à Espanha, recebeu uma pequena herança paterna e dirigiu-se para Lisboa. Nessa cidade, embarcou na frota do Brasil, alcançando a Baía de Todos os Santos em 31 de outubro de 1685. Sobre a capital da América portuguesa e seus habitantes, Coreal tece longas e desabonadoras considerações. Três meses permaneceu o espanhol na cidade, partindo, em seguida, para Santos e depois para São Paulo de Piratininga. Em 1690, último ano da sua estadia no Brasil, Coreal encontrava-se no Rio de Janeiro, desejoso de retornar à sua terra natal. Com esse propósito, embarcou num navio espanhol a caminho de Buenos Aires. Daí seguiu por terra para o Peru e, depois de mais algumas andanças pela América espanhola (províncias do Panamá e de Havana), retornou a Cádiz, pondo fim às suas aventuras no Novo Mundo. Da sua *breve passagem pelo Rio de Janeiro, o aventureiro deixou-nos a curta nota que se segue.*

Cabo Frio, uma excelente enseada, onde podem ser encontrados numerosos peixes-serra e bonitos papagaios, é ocupada pelos tupinambás. A pouca distância estão localizados o Rio de Janeiro e a *baía formosa*. Os franceses, outrora, mantiveram negócios nessa região, chegando mesmo a aí edificar um forte. A embocadura da baía é de 6 léguas espanholas de largura, afunilando para 3 ou 4 léguas, à medida que se adentra para o seu interior. A passagem não é destituída de perigos, pois conta com alguns recifes.

Passa-se, ao entrar, muito próximo de um cabo com cerca de 300 passos de largura, cabo que desce obliquamente de uma montanha muito parecida com uma pirâmide. A 2 léguas espanholas e meia da ilha que os franceses ocuparam outrora — e que ainda conserva as ruínas de um forte por eles edificado —, situa-se uma outra ilha, de nome Grande, com cerca de 3 léguas de circunferência, na qual habitam os tupinambás.

Há, ainda, no interior da baía, algumas ilhas inabitadas, onde é possível apanhar excelentes ostras. Os selvagens têm o hábito de mergulhar no mar que circunda essas ilhas e arrancar abruptamente as pedras em torno das quais as ostras se fixam; elas grudam de tal modo nessas pedras que só se consegue retirá-las daí com muito esforço. As ostras capturadas são ótimas para comer; em algumas delas são encontradas pequenas pérolas, que os nativos denominam *lenpes*.

O interior da baía é repleto de peixes, sobretudo de salmonetes e golfinhos; há também algumas baleias. Deságuam nessa baía dois rios de água doce, na margem dos quais, de ambos os lados, se distribuem numerosas aldeias ou vilas de selvagens.

EDIÇÃO UTILIZADA

A primeira edição conhecida da obra de Francisco Coreal veio a público em Amsterdã, no ano de 1722, em língua francesa. O editor diz ser a obra uma tradução do castelhano, todavia não se tem notícias do original espanhol. Isso, somado ao fato de a narrativa repetir passagens inteiras de outros viajantes (de François Froger e Pyrard de Laval, por exemplo), leva Alfredo de Carvalho a afirmar que o livro pode ser uma compilação de viagens, publicada por um dos muitos livreiros especializados de Amsterdã. Seja como for, a narrativa conheceu um relativo sucesso, pois foi reeditada na Holanda, no ano de 1738, e editada em Paris, nos anos de 1736 e 1778. Utilizamos a edição publicada por Frederic Bernard em 1722.

COREAL, Jean François. *Voyages de Jean François Coreal aux Indes Occidentales.* Amsterdã: J. Frederic Bernard, 1722, p. 159-160.

BIBLIOGRAFIA

CARVALHO, Alfredo de. *Aventuras e aventureiros no Brasil.* Rio de Janeiro: Imprensa Gráfica Editora, 1930.

A invasão francesa de 1711

*M*uito já foi escrito sobre a desagradável visita que fez a esquadra do almirante francês René Duguay-Trouin (1673-1736) à cidade do Rio de Janeiro em 1711. Os antecedentes de tal visita são bastante conhecidos. Nos primeiros anos do século XVIII, a marinha de guerra francesa passava por uma crise profunda. Tinham, definitivamente, ficado para trás os tempos das portentosas batalhas navais e dos grandes almirantes. Os portos do país estavam entregues às moscas, e os marinheiros, trabalhadores do cais e soldados há muito não recebiam nem mesmo os seus salários.

Diante desse quadro de crise, a saída encontrada por Luís XIV foi permitir que particulares armassem os seus navios, oferecendo-lhes autorização (as famosas cartas de corso) para que investissem contra embarcações e possessões de potências estrangeiras inimigas. É, pois, aos corsários que Sua Majestade Cristianíssima apela para tentar retirar da crise a sua combalida marinha. Foi dentro desse contexto que, em 1710, Jean François Duclerc, a serviço de particulares, armou seis embarcações, recrutou 1.500 soldados e atacou a próspera cidade do Rio de Janeiro, conhecida então na França por ser o escoadouro das riquezas provenientes das minas. Foi dentro do mesmo contexto que, um ano mais tarde, Duguay-Trouin reuniu fundos e armou a portentosa esquadra corsária que irrompeu pela baía de Guanabara em 1711.

O projeto de pôr as mãos no ouro e nos diamantes das minas há algum tempo perseguia o almirante. Por três anos consecutivos (1706, 1707 e 1708), ele atacara a frota do Brasil, tendo malogrado em todas as três tentativas. Antes de aventurar-se a mais um fracasso em alto-mar, o corsário resolveu dirigir-se diretamente ao depósito dessas riquezas: o Rio de Janeiro.[8] Mais prevenido, porém, que seu antecessor, Duguay-Trouin, a quem não faltavam prestígio e boas relações, tratou de reunir bem mais meios para sua empresa (grossos comerciantes de Saint-Malo chegaram a fundar uma sociedade para financiá-la). O corsário vinha à frente de 5 mil homens, distribuídos em 17 embarcações.

Para disfarçar o real tamanho da frota, as embarcações foram armadas em Breste e nos portos vizinhos (La Rochelle, Dunquerque e Saint-Malo). O agrupamento da esquadra dar-se-ia em Breste, onde o almirante aguardava para zarpar. Os ingleses, contudo, ciosos do futuro de Portugal, seu fiel parceiro comercial, alteraram esses planos. Sabendo das intenções do corsário, resolveram cercar o porto de Breste. Duguay-Trouin antecipou-se a eles e a 3 de junho de 1711 partiu para La Rochelle, agrupou aí as embarcações e iniciou, seis dias depois, o seu caminho rumo à costa brasileira.

A 12 de setembro de 1711, aproveitando um forte nevoeiro, os franceses entraram triunfantes pela baía da Guanabara, e em menos de uma semana assenhoraram-se da cidade do Rio de Janeiro e das suas fortalezas. Aí permaneceram até o dia 13 de novembro, quando partiram levando nos porões de suas naus um polpudo resgate arrancado aos cariocas. A seguir, o leitor poderá apreciar quatro perspectivas desse feito que muito custou aos cofres portugueses e à carreira do então governador Francisco de Castro Morais (o Vaca), que foi condenado ao degredo numa fortaleza da Índia (a sentença seria revogada mais tarde). A primeira perspectiva foi traçada pelo próprio idealizador e líder da empresa, o almirante René Duguay-Trouin.

---

[8] A alegação, pois, de que vinha vingar o assassinato de Duclerc, ocorrido em 1710, parece não passar, como sugerem duas das narrativas que se seguem, de mero pretexto.

*A segunda é da autoria do bretão Guillaume François Parscau (1684-?),
ou melhor, De Parscau du Plessix, um guarda-marinha de 27 anos que há
oito entrara para a marinha real. O terceiro foi escrito pelo capitão-general
guarda-costa Chancel de Lagrange (1678-1747), outro marinheiro profissional, então com 18 anos de serviços prestados à marinha francesa e com
larga experiência em combate — Lagrange participara da batalha da Cata-
lunha (1696) e do cerco de Cartagena (1697). A última perspectiva, a única
que não saiu da pena de um francês, deve-se a Joseph Collet (1673-?), um
comerciante falido que passava pelo Rio de Janeiro a caminho de Sumatra,
onde assumiria, a mando da Companhia das Índias Ocidentais, o cargo de
governador do forte de York.[9] Vejamos o que têm eles para nos contar sobre
essa controvertida passagem da história carioca.*

RENÉ DUGUAY-TROUIN

No dia 11 de setembro achamos fundo. Fiz algumas medições, e a seguir,
aproveitando uma brisa noturna, forcei as velas com o intuito de chegar,
como de fato cheguei, a oeste da baía do Rio de Janeiro ao romper do dia. O
sucesso dessa operação dependia, obviamente, da rapidez, da capacidade
de não dar ao inimigo tempo para preparar-se. Tendo isso em conta, tratei de
enviar a todos os navios da frota as ordens que cada um deveria observar:
ao cavaleiro de Courserac, que conhecia um pouco a região, ordenei que
colocasse o navio dele à frente da esquadra, e aos senhores de Gouyon e de
Beauve, que o seguissem. Coloquei-me logo atrás deles, de modo a poder
acompanhar o que se passava na vanguarda e na retaguarda do comboio.
Fiz, então, sinal para que os senhores de Jaille, Moinerie-Miniac e todos os
outros capitães de esquadra colocassem suas embarcações em fila, de acordo com o poder de fogo de cada uma.

---

[9] Collet viajava a bordo do *Jane*, o mesmo navio em que se encontrava o missionário Jonas
Finck. A narrativa deste encontra-se traduzida em *Visões do Rio de Janeiro colonial (1531-
1800)*, p. 84-96.

Pela presteza com que executaram as minhas determinações, pude avaliar a boa qualidade dos meus capitães e também dos mestres das duas bombardas e das presas inglesas que trazíamos, os quais, sem alterar as rotas de suas embarcações, suportaram o fogo contínuo de todas as baterias inimigas. Os bons exemplos realmente produzem efeitos extraordinários. Especial destaque na operação teve o cavaleiro de Courserac, não só pela precisão da sua manobra, como também, e sobretudo, pela destreza com que, expondo-se aos primeiros tiros de todas as baterias inimigas, nos franqueou o caminho.

Foi assim que forçamos a entrada nesse porto, defendido por uma quantidade prodigiosa de artilharia e por quatro navios e quatro fragatas de guerra enviadas pelo rei de Portugal para proteger o lugar. Essas embarcações estavam dispostas de modo a defender a entrada do porto, porém, ao perceberem que nem o fogo de sua artilharia nem os disparos dos fortes deteriam a nossa esquadra e que rapidamente as abordaríamos, optaram por cortar os cabos e encalhar sob as baterias da cidade. Em toda essa operação, 300 dos meus homens foram colocados fora de combate. Para que se possa avaliar devidamente o quão ousado foi o ataque, descreverei a situação do porto, da cidade e de suas fortalezas.

A embocadura da baía do Rio de Janeiro é cerca de um quarto mais estreita do que a de Breste e está dividida ao meio por um grande rochedo, o que obriga os navios a passarem a uma distância de um tiro de fuzil dos fortes que a defendem. Do lado direito está o forte de Santa Cruz, que é guarnecido com 48 grandes canhões, de 18 a 48 libras de bala, e uma bateria de oito peças, situada fora da fortificação. Do lado esquerdo, exatamente de frente para o forte de Santa Cruz, estão o forte de São João e duas outras baterias, de 48 peças.

Dentro da embocadura, do lado direito, encontra-se o forte de Nossa Senhora da Boa Viagem. Esse forte, que foi construído sobre uma ilhota, conta com 16 peças, de calibres 18 a 24. Em frente, está o forte de Villegagnon, onde foram instaladas 20 peças do mesmo calibre. Mais adiante encontra-se o forte de Santa Teodora, que conta com 16 peças, todas voltadas para a praia. Os portugueses ergueram aí uma espécie de revelim.

Ultrapassados todos esses fortes, avista-se a Ilha das Cobras, situada a um tiro de fuzil da cidade, onde há um forte de quatro bastiões, guarnecido com dez peças. Na parte baixa dessa ilha, sobre um platô, há uma bateria de quatro peças. Em frente a essa ilha, na extremidade da cidade que avança em direção ao mar, está o forte da Misericórdia, que conta com dez peças. Há, ainda, duas baterias do outro lado da baía, cujos nomes não consegui apurar. Os portugueses, a bem da verdade, colocaram canhões e cavaram trincheiras em todos os lugares onde julgaram ser possível um desembarque inimigo.

A cidade do Rio de Janeiro foi construída à beira da baía, numa região dominada por três grandes montanhas, todas três coroadas de fortes e baterias. A mais próxima é ocupada pelo Colégio dos Jesuítas; a do lado oposto, pelo Colégio dos Beneditinos; e a terceira, chamada Conceição, pelo bispado do lugar. A montanha dos Jesuítas abriga o forte de São Sebastião — guarnecido com 14 pesadas peças de artilharia e com muitos pedreiros —, o forte de São Tiago (de oito peças), o forte de Santa Luzia e uma bateria de 12 peças. A montanha dos Beneditinos conta com algumas trincheiras e com muitas baterias, que cobrem todos os lados. A montanha da Conceição é guarnecida com uma cerca viva e, no fronte, com canhões dispostos de maneira espaçada.

A cidade, no seu interior, é protegida por redentes e baterias, distribuídos de modo a produzir um fogo cruzado. A planície é defendida por um campo fortificado e por um bom fosso cheio de água. Esse fosso tem duas praças fortificadas, capazes de abrigar cerca de 1.500 homens. Os portugueses concentraram aí o grosso de suas tropas, entre 1.200 e 1.300 homens, incluindo cinco regimentos recém-chegados da Europa. Deve-se, contudo, considerar que há na cidade um número prodigioso de negros não abrangidos por essa cifra.

Surpreendido de encontrar essa praça em tão bom estado, procurei me informar sobre o porquê de tal situação. Soube, então, que a rainha da Inglaterra mandou um paquete informar ao rei de Portugal que a minha frota estava sendo armada. O monarca, não dispondo de nenhuma embarcação que levasse a notícia ao Rio de Janeiro, utilizou o mesmo paquete inglês, que aportou na cidade 15 dias antes do nosso ataque. Em razão disso, o governador teve tempo para fazer grandes preparativos.

Passamos todo o dia forçando a entrada no porto. Durante a noite, fiz avançar a galeota e duas bombardas para dar início ao bombardeamento do lugar. Ao nascer do dia, determinei que o cavaleiro de Gouyon, à frente de 500 soldados de elite, fizesse o cerco à Ilha das Cobras. Ele executou de pronto as minhas ordens e atacou de maneira tão arrebatadora que os portugueses mal tiveram tempo de salvar uma parcela dos seus canhões. No decorrer dessa retirada os inimigos meteram a pique — entre a Ilha das Cobras e o morro dos Beneditinos — dois de seus maiores navios mercantes. Outras duas embarcações que estavam ancoradas sob o forte da Misericórdia, embarcações de guerra, foram postas para navegar. Um terceiro navio de guerra tentou zarpar das proximidades da Ilha das Cobras, mas o cavaleiro de Gouyon enviou duas chalupas, comandadas pelos cavaleiros de Vauréal e de Saint-Osmane, as quais, malgrado o fogo dos canhões, se apoderaram da embarcação e hastearam o pavilhão real. Não lhes foi possível, porém, pô-la para navegar, pois havia muitos furos no casco — causados pelos tiros de canhão — e a água entrava por todos os lados.

O cavaleiro de Gouyon veio, então, comunicar-me que a Ilha das Cobras se encontrava numa posição extremamente estratégica. Fui visitar o local e, verificando que o meu oficial estava certo, ordenei aos senhores de Rufinière, de Kerguelin e Elian, oficiais de artilharia, que aí instalassem baterias de canhões e morteiros. Encarreguei também o marquês de Saint-Simon de proteger os trabalhadores, deixando-lhe para isso algumas tropas. Ambos os grupos desempenharam as suas missões o melhor possível, posto que o fizeram sob o fogo contínuo de canhões e mosquetes.

Começava a faltar água em nossos navios, tornando-se urgente desembarcar e fazer uma aguada. Para esse efeito ordenei ao cavaleiro de Beauve que embarcasse a melhor parte das tropas nas fragatas *Amazone, Aigle, Astrée* e *Concorde* e atacasse os quatro navios mercantes que se encontravam ancorados próximo ao local onde tencionava desembarcar e alojar todos os meus homens. Essa missão foi executada durante a noite e teve tal êxito que, na manhã do dia seguinte, sem confusões e sem riscos, desembarcamos. É verdade que nos esforçamos em confundir o inimigo, promovendo movimentações de tropas e falsos ataques durante toda a noite.

No dia 14 de setembro desembarquei todas as minhas tropas: 2.200 soldados e 700 a 800 marujos armados, perfazendo, se incluirmos os oficiais, os guardas-marinhas e os voluntários, cerca de 3.300 homens. Desceram em terra também aproximadamente 500 doentes de escorbuto, os quais, em quatro ou cinco dias, recuperaram suas forças e foram reintegrados à tropa.

Com esse contingente, formei três brigadas de três batalhões cada uma: a brigada da vanguarda era liderada pelo cavaleiro de Gouyon e a da retaguarda pelo cavaleiro de Courserac. Coloquei-me numa posição intermediária, de modo a poder transmitir as ordens de comando ao cavaleiro de Beauve. Formei, também, uma pequena companhia com 60 caporais escolhidos e com um certo número de guardas-marinhas e voluntários, que me acompanhava durante a ação, facilitando meu acesso àqueles lugares do campo de batalha onde a minha presença se fazia necessária.

Mandei desembarcar quatro morteiros portáteis e 20 morteiros grandes fundidos, a fim de fazer uma espécie de artilharia de campanha. Para facilitar o transporte dessas peças, o cavaleiro de Beauve inventou umas plataformas, com seis pernas que se fixavam no chão, suportando muito bem os morteiros. Tais plataformas eram carregadas no meio dos batalhões, que se abriam e se fechavam de acordo com a necessidade.

Desembarcadas todas as nossas tropas e munições, fiz avançar os cavaleiros de Gouyon e de Courserac, cada um à frente de sua brigada, em direção a duas elevações próximas, de onde era possível dominar toda a campina e parte da cidade. O senhor de Auberville, capitão dos granadeiros da primeira brigada, expulsou alguns dos inimigos que, enfronhados no bosque, nos espionavam, após o que ocupamos a região na seguinte ordem: a brigada do cavaleiro de Gouyon instalou-se na montanha que dominava a cidade; a do cavaleiro de Courserac, numa montanha do lado oposto; e eu me instalei no meio, de modo a podermos apoiar-nos uns aos outros.

Estávamos, agora, senhores da praia onde as nossas chalupas faziam a aguada e desembarcavam as munições e os suprimentos de que tínhamos necessidade. O senhor de Ricouart, intendente de esquadra, era o responsável por nos enviar não somente tais artigos, como ainda outros, indispensáveis para a manutenção de nossas baterias.

No dia 15 de setembro, com o intuito de cortar a retirada aos inimigos e demonstrar-lhes que dominávamos a campina, ordenei que todas as tropas tomassem armas e marchassem em direção à planície, estacionando a um tiro de fuzil da cidade. Os homens avançaram, matando os animais e saqueando as casas, sem que o inimigo disparasse um único tiro de canhão ou de fuzil.

A intenção do inimigo era a de atrair-nos para próximo de suas trincheiras, como tinham feito com o senhor Duclerc. Penetrei, todavia, nos seus desígnios e, vendo que eles não se mexiam, ordenei aos homens que recuassem em ordem, para que pudéssemos estudar melhor o terreno. Observei que, mesmo que tivesse 15 mil homens, era impraticável tentar cortar a fuga ao inimigo ou mesmo evitar que ele levasse as suas riquezas para os bosques e montanhas. Fiquei ainda mais convencido disso quando, ao observar uma partida de inimigos no sopé de uma montanha, enviei as tropas da direita e da esquerda com o intuito de detê-la. Os meus homens depararam com muitos pântanos e tojos e se viram obrigados a retroceder.

No dia 16, um de nossos destacamentos avançou. Felizmente, o inimigo explodiu um fornilho com tanta precipitação que acabou por não atingir os meus homens. Nesse mesmo dia incumbi os cavaleiros de Beauve e de Blois de montar uma bateria de dez canhões sobre uma ilhota, situada em frente à bateria dos Beneditinos.

Os inimigos trataram, então, de queimar os seus armazéns à beira-mar — armazéns repletos de caixas de açúcar, de massame e munições —, mandaram pelos ares um navio de guerra, ancorado próximo à bateria dos Beneditinos, e puseram fogo em duas fragatas do rei de Portugal. Enquanto isso ocorria, parte das tropas inimigas, conhecedoras das veredas da região, instalou-se ao longo dos desfiladeiros e bosques que rodeavam o nosso acampamento, e após inúmeros ataques infrutíferos, surpreendentemente, capturaram três sentinelas nossos durante a noite, sem que déssemos por isso. Alguns batedores caíram igualmente nas mãos dos inimigos, o que os levou a conceber um estratagema assaz curioso, que vale a pena descrever.

Um certo normando de nome Bocage, que nas precedentes guerras havia comandado um ou dois navios corsários franceses, ao final desses conflitos passou a servir ao rei de Portugal, naturalizando-se português. Esse normando serviu em algumas embarcações portuguesas e, no presente conflito do Rio de Janeiro, comandava o navio de guerra que foi mandado pelos ares. Incumbido, posteriormente, de comandar as trincheiras e as baterias dos Beneditinos, Bocage desempenhou suas funções com esmero. Vítimas dessa invejável competência foram as nossas bombardas, muito incomodadas por ele, e as nossas chalupas, que ficaram maltratadas ao ponto de quase afundarem.

Bocage desejava distinguir-se na batalha e conquistar a confiança dos portugueses, aos olhos dos quais a sua nacionalidade francesa certamente despertava suspeitas. Com esse afã, o normando levou a cabo o seguinte plano: vestiu-se de marujo francês, com boné, gibão e calças alcatroadas, e fez-se conduzir por quatro guardas portugueses à prisão em que estavam detidos os nossos batedores e sentinelas. Aos prisioneiros franceses Bocage contou ser um pobre marujo de uma das fragatas de Saint-Malo, que havia sido emboscado por uma partida portuguesa ao afastar-se do nosso acampamento. O personagem foi tão bem-representado que os soldados, iludidos, deram-lhe a conhecer os detalhes das nossas defesas e a fraqueza das nossas tropas. Baseados nessas informações, os portugueses decidiram atacar o nosso acampamento.

Com essa finalidade, antes do nascer do dia, 1.500 soldados das tropas regulares deixaram suas trincheiras e, sem serem descobertos, avançaram até o sopé da montanha ocupada pelo cavaleiro de Gouyon. Essa tropa veio acompanhada de uma milícia, que se ocultou num bosque, a meio caminho do nosso acampamento, em posição de proteger as forças que nos atacariam.

O primeiro posto avançado atacado pelos inimigos encontrava-se sobre a encosta de um morro, onde havia uma casa seteirada que servia de corpo da guarda e, a 40 passos acima, uma sebe, fechada por uma cancela. Ao romper do dia os inimigos tocaram alguns animais para a frente da referida cancela. Um dos nossos sargentos, acompanhado por quatro soldados que estavam de guarda, sem avisar ao oficial encarregado, resolveu sair para apanhá-los. Mal eles levantaram a cancela, os inimigos abriram fogo. Depois de matarem o sargento e dois guardas, deixando os outros dois feridos, eles avançaram em direção ao corpo da guarda. O senhor de Liesta, responsável pelo posto e por 50 homens, mesmo surpreendido e sob forte ataque, conseguiu dar tempo ao cavaleiro de Gouyon para que enviasse o senhor Boutteville, ajudante-mor de brigada, juntamente com as companhias dos senhores Droualin e Auberville. Nesse meio-tempo, o cavaleiro de Gouyon mandou um ajudante de campo avisar-me do ocorrido, e enquanto aguardava a minha posição deu ordens para que a brigada se pusesse em armas, pronta para atacar.

Despachei imediatamente 200 granadeiros, por um caminho fundo, com ordens para atacar os inimigos pelos flancos. Em seguida pus todas as tropas em movimento e dirigi-me, acompanhado pela minha companhia de caporais, ao sítio onde o combate se desenrolava. Cheguei ainda a tempo de testemunhar a bravura com que os senhores Liesta, Droualin e

Auberville resistiram aos avanços dos portugueses. Quando as tropas que me seguiam se aproximaram, os inimigos bateram precipitadamente em retirada, deixando muitos soldados mortos e feridos no terreno. Interroguei os últimos e, informado dos fatos que relatei acima, julguei prudente não penetrar nos bosques e desfiladeiros. Mandei os granadeiros e todas as tropas que estavam em marcha pararem, pois, caso contrário, cairíamos na emboscada preparada pelos corpos de milícias.

O senhor De Poulo-Coëtlogon, ajudante de campo do cavaleiro de Gouyon, bem como 30 soldados foram, na ocasião, postos fora de combate. Nesse mesmo dia, 17 de setembro, as baterias dos cavaleiros de Beauve e de Blois começaram a disparar contra as baterias e as trincheiras dos Beneditinos.

No dia 18 o senhor de Rufinière, comandante da artilharia, comunicou-me que tinha, na Ilha das Cobras, cinco morteiros e 20 canhões de calibre 24 prontos para atacar. Decidi que era hora de exigir do governador a rendição e enviei-lhe, através de um tambor, a seguinte carta:

Senhor:

O Rei, meu amo, foi informado de que os soldados e oficiais franceses que o senhor aprisionou ano passado receberam um tratamento bastante cruel. Tomou também conhecimento de que, depois de massacrarem o cirurgião — autorizado a descer em terra para socorrer os feridos —, seus homens deixaram morrer de fome e penúria os soldados que restaram. Esses, a propósito, foram mantidos em cativeiro, contrariando a convenção de trocas assinada pelas Coroas da França e de Portugal. Sua Majestade, desejosa de uma reparação, ordenou-me que utilizasse seus navios e tropas com o fim de forçá-lo a restituir todos os prisioneiros franceses e obrigar os habitantes dessa colônia a pagar uma contribuição que seja suficiente para compensar a desumanidade com que estes foram tratados e a reembolsar o monarca pelas consideráveis perdas com armamento.

Soube que o senhor Duclerc foi assassinado. Garanto-lhe que nenhum soldado português capturado por nós sofreu quaisquer represálias, pois não é intenção de meu Rei fazer a guerra de uma maneira indigna de um monarca cristão. Quero crer que o senhor é demasiado honrado para ter participado de um ato tão infame. Isso, contudo, importa pouco. É necessário que o criminoso me seja entregue, para que receba um castigo exemplar. Caso o senhor não cumpra espontaneamente essas exigências, nem os seus canhões nem a multidão que o acompanha impedir-me-ão de obrigá-lo a cumpri-las, levando o ferro e o fogo ao seu país.

Aguardo, senhor, a sua resposta, a qual, tenho certeza, será imediata e decisiva. Ficarei feliz de não ser forçado a cometer crueldades indignas de um cristão. Garanto-lhe que, se poupei a cidade até agora, foi somente para poupar a mim mesmo do erro de confundir inocentes com culpados.

O governador enviou-me a seguinte resposta:

Senhor:

Estou ciente dos motivos que o trazem da França a este país. No tocante ao tratamento dispensado aos prisioneiros franceses, garanto-lhe que foi o de praxe em situações de guerra, não lhes tendo faltado nem pão de munição, nem outros socorros. Procedi assim, apesar de eles não merecerem, pois atacaram o país do Rei, meu amo, sem o consentimento do Rei Cristianíssimo, praticando um ato de pura pirataria. Não obstante isso, como os próprios prisioneiros poderão confirmar, evitei que 600 deles fossem mortos pela multidão, que desejava passá-los todos no fio da espada. Enfim, não deixei faltar-lhes nada, tratando-os segundo as determinações do Rei, meu amo.

No referente ao assassinato do senhor Duclerc, devo dizer-lhe que por solicitação dele próprio o coloquei na melhor casa da cidade, casa em que acabou sendo morto. Quem o matou? Isso, apesar das diligências minhas e da justiça, ainda não conseguimos apurar. Garanto-lhe, todavia, que, uma vez descoberto o assassino, ele será castigado como merece. Tudo o que lhe exponho aqui é a mais completa verdade.

Quanto a entregar-lhe esta praça, confiada a mim pelo Rei, quaisquer que sejam as ameaças que me faça, a minha resposta será sempre a mesma: estou pronto a defendê-la até a última gota de sangue. Espero que o deus dos exércitos não me abandone na defesa de uma causa tão justa, pois o senhor quer apoderar-se dessa cidade por motivos frívolos.

Mediante essa resposta, resolvi atacar o lugar com todas as forças. Antes, porém, caminhei com o cavaleiro de Beauve ao longo da praia — do nosso acampamento à Ilha das Cobras —, procurando identificar os locais de onde seria mais fácil atacar o inimigo. Observamos cinco navios portugueses, ancorados perto dos Beneditinos, que nos pareceram próprios para abrigar temporariamente as tropas que usaríamos na conquista dessa praça. Mandei, por precaução, que o navio *Mars* avançasse e se colocasse entre as nossas duas baterias e os cinco navios. O objetivo dessa manobra era deixá-lo em posição de defender as tropas quando fosse o caso.

No dia 20 ordenei que o navio *Brillant* avançasse para próximo do *Mars*. A essas duas embarcações e às baterias determinei que abrissem fogo contínuo sobre os Beneditinos, fogo que arrasou parte das trincheiras inimigas. Feito isso, dei início às providências necessárias para o assalto do dia seguinte.

Na madrugada do dia 20 para o dia 21 mandei as tropas que participariam do ataque embarcarem nas chalupas e se dirigirem para os cinco navios referidos. Quando se preparavam para fazê-lo, os sucessivos clarões dos relâmpagos denunciaram a manobra ao inimigo, que imediatamente abriu um intenso fogo de mosquetes sobre as nossas chalupas. Desconfiava que tal contratempo tivesse lugar, daí ter ordenado aos navios *Mars* e *Brillant*, bem como a todas as baterias, que antes do cair da noite apontassem todos os seus canhões para as trincheiras inimigas e se preparassem para abrir fogo mediante o primeiro disparo contra a minha posição. Logo que os inimigos iniciaram o ataque contra as nossas chalupas, eu mesmo acionei o canhão que deveria servir de aviso, dando início a um fogo contínuo dos barcos e baterias.

A luz dos disparos, somada àquela que vinha dos relâmpagos, conferiu à noite um ar medonho e lançou a cidade em profunda consternação, consternação esta que se intensificava à medida que crescia, entre os habitantes, a certeza de que o assalto final seria empreendido naquela mesma noite.

No dia 21, ao nascer do dia, tomei a frente das tropas para dar início ao ataque à Conceição. Ordenei ao cavaleiro de Gouyon que descesse ao longo da costa com sua brigada e se posicionasse de modo a poder empreender um ataque pelo outro lado. Às tropas baseadas nos cinco navios determinei que, simultaneamente, iniciassem o assalto às trincheiras dos Beneditinos.

Nesse entretanto o ajudante de campo do senhor Duclerc que escapara da prisão na cidade, o senhor de La Salle, veio comunicar-nos que a populaça e a milícia, apavoradas com o poder de fogo das nossas baterias e crentes de que invadiríamos a cidade durante a noite, tinham sido tomadas pelo terror e fugido para a floresta. O pânico geral, segundo o senhor de La Salle, estendeu-se rapidamente às tropas, que bateram em retirada; não sem antes incendiar os armazéns mais ricos da cidade e, com o objetivo de eliminar parte de nossas tropas, deixar minas armadas nas fortalezas dos Jesuítas e dos Beneditinos. O senhor de La Salle aproveitou-se de toda essa desordem para vir nos avisar.

Todos esses acontecimentos — que a princípio me pareceram inacreditáveis, mas que posteriormente se mostraram verdadeiros — fizeram-me acelerar nossa marcha. Assenhoreei-me, sem resistência mas com precaução, das trincheiras da Conceição e dos Beneditinos. Em seguida, coloquei-me à frente dos granadeiros e me apoderei de todos os fortes e postos que pareciam merecer alguma atenção. Por fim, dei ordens para que as minas fossem

Outras visões do Rio de Janeiro colonial

desarmadas e enviei a brigada do cavaleiro de Courserac para a montanha dos Jesuítas, com a incumbência de guarnecer os fortes ali existentes.

Ao entrarmos na cidade abandonada encontramos o que restava dos prisioneiros franceses pertencentes à expedição do senhor Duclerc. Eles tinham arrebentado as portas de suas celas e iniciado a pilhagem das casas consideradas mais ricas. A cena excitou a avidez dos soldados e levou-os a debandar. Ali mesmo onde estávamos, puni severamente essa indisciplina e fiz com que os prisioneiros fossem encarcerados na montanha dos Beneditinos.

Depois de dar essas ordens, juntei-me aos cavaleiros de Gouyon e de Beauve, os quais deixara no comando das tropas, para decidirmos como poderíamos impedir, ou melhor, diminuir a pilhagem numa vila desprotegida de todos os lados. Decidimos postar sentinelas e estabelecer corpos da guarda em todos os lugares necessários. Além disso, ordenei que, dia e noite, se fizessem rondas e proibi os soldados e os marinheiros de entrarem na cidade, sob pena de morte.

Durante a noite, os primeiros a fomentar a desordem foram exatamente os elementos que compunham os corpos da guarda e as patrulhas. Na manhã seguinte encontramos três quartos dos armazéns e casas arrombados, vinhos derramados por todos os lados, víveres, mercadorias e alfaias jogados na lama das ruas, enfim, tudo na mais completa desordem. Fiz, sem misericórdia, rolar a cabeça de muitos dos envolvidos na bandalheira. Todos os castigos, no entanto, por mais constantes que fossem, não seriam capazes de controlar a fúria dos homens. Ordenei, então, para ver se salvava alguma coisa, que as tropas se ocupassem, durante todo o dia, em recolher dos armazéns públicos tudo o que fosse possível. O senhor de Ricouart, acompanhado de escrivães e pessoas de confiança, cuidou de inspecionar a operação.

No dia 23 intimei a fortaleza de Santa Cruz a render-se. O senhor de Beauville, cirurgião ajudante, tomou posse desse forte, bem como das fortalezas de São João, de Villegagnon e de outras, situadas na entrada da baía. Por ordem minha, ele encravou todos os canhões das baterias que estavam desencravados.

Neste ínterim, soube por diversos negros desertores que o governador da cidade e o comandante da frota tinham reunido suas tropas e se entrincheiravam a cerca de uma milha da cidade, onde se manteriam à espera de um poderoso reforço vindo das minas, sob o comando de dom Antônio de Albuquerque — general de grande fama entre os portugueses. Tratei, então, de tomar algumas precauções: mandei a brigada do cavaleiro de Gouyon tomar conta das trincheiras que davam para a planície, coloquei-me com a brigada do centro nos montes da Conceição e dos Beneditinos, de onde poderia auxiliar os que precisassem, e mantive o cavaleiro de Courserac na montanha dos Jesuítas.

Tranquilo no referente aos aspectos militares, passei a cuidar dos interesses do rei e dos armadores. Os portugueses tinham levado para os bosques o seu dinheiro, queimado ou afundado os seus melhores navios e incendiado os seus armazéns mais ricos; o restante das coisas estava exposto ao furor da pilhagem, furor que nada podia deter. Além disso, era impossível manter essa praça, pois eram poucos os víveres disponíveis e difícil penetrar nas terras adjacentes para obtê-los.

Ponderei tudo isso e mandei dizer ao governador que, se tardasse em resgatar a sua cidade, pagando uma boa quantia, eu a reduziria a cinzas e destruiria até os seus fundamentos. A fim de tornar a minha ameaça mais convincente, mandei duas companhias de granadeiros queimar todas as casas de campo situadas num raio de meia légua ao redor da cidade.

As companhias executaram a ordem, porém, depararam com uma partida portuguesa muito superior, e teriam sido destruídas caso eu não tivesse, por precaução, enviado atrás delas duas outras companhias, comandadas pelos senhores de Brugnon e de Chéridan, as quais, sustentadas pela minha companhia de cabos, investiram contra o inimigo, matando alguns e pondo os demais em fuga. O comandante Bento do Amaral Gurgel, muito estimado entre os portugueses, ficou estirado no campo de batalha.

O senhor de Brugnon entregou-me as armas e o cavalo dele, um dos mais bonitos que tenho visto. O senhor de Brugnon, a propósito, muito se distinguira na batalha e foi o primeiro, seguido pelo senhor de Chéridan, a fixar a baioneta no fuzil e a avançar em direção ao inimigo. Esse incidente, contudo, podia tornar-se sério, sobretudo devido à proximidade com o acampamento inimigo. Resolvi, por isso, enviar dois batalhões, comandados pelo cavaleiro de Beauve, que penetraram mais para o interior e incendiaram a casa que servira de quartel ao comandante português.

Depois desse incidente, o governador enviou-me o presidente do Tribunal de Justiça, com um de seus mestres de campo, para tratar do resgate da cidade. Eles começaram por me dizer que, tendo o povo debandado e transportado todas as suas riquezas para a floresta, não lhes era possível conseguir mais de 600 mil cruzados. Diziam, ainda, que precisavam de um prazo substantivo para conseguir essa quantia, pois o ouro do rei de Portugal também havia sido levado para o interior do país. Rejeitei essa proposta e despachei os deputados, não sem antes lhes fazer ver que havia minado tudo o que o fogo não poderia consumir.

Tendo partido esses indivíduos, não mais ouvi falar do governador. Soube, pouco depois, por uns negros desertores, que Antônio de Albuquerque se aproximava com significativo reforço e estava em vias de se juntar ao governador, a quem, inclusive, já mandara avisar através de um correio. Compreendi que era urgente tomar uma atitude antes da chegada dos tais reforços, pois só assim ainda conseguiria tirar algum proveito da situação. Ordenei, então, que todas as minhas tropas, agora acrescidas dos 500 soldados do senhor Duclerc, levantassem acampamento e, durante a noite, marchassem sem tambor e na surdina. Apesar da dificuldade dos caminhos, essas ordens foram executadas com ardor e pontualidade. Ao romper do dia, encontrávamo-nos já em presença do inimigo.

A vanguarda, comandada pelo cavaleiro de Gouyon, não se deteve senão a meio tiro de fuzil da colina ocupada pelos inimigos, os quais aguardavam em posição de combate. Suas tropas contavam com um reforço de

1.200 homens, recém-chegados do distrito de Ilha Grande. Mandei que os batalhões se colocassem, tanto quanto o terreno permitisse, de frente para o inimigo e prontos para atacar. Tive o cuidado de mandar ocupar as montanhas e os desfiladeiros próximos e de determinar que diversos pequenos corpos dessem a volta às linhas inimigas e, mal a ação tivesse iniciado, atacassem pelos flancos.

Surpreendido, o governador enviou um inteligente jesuíta, acompanhado por dois de seus mais importantes oficiais, para dizer-me que, com o intuito de recuperar sua cidade, oferecera todo o dinheiro de que poderia dispor e que, na impossibilidade de levantar mais, estava disposto a acrescentar 10 mil cruzados do seu próprio bolso, 500 caixas de açúcar e todo o gado necessário para abastecer as minhas tropas. Essa era, de acordo com os emissários, a última proposta do governador. Caso eu a recusasse, poderia levar adiante o combate, destruir a cidade e a colônia, enfim, poderia fazer o que julgasse conveniente.

Para deliberar sobre a questão reuni o conselho, o qual foi unânime em declarar que, se destruíssemos a cidade, não tiraríamos nenhuma vantagem da situação, pois perderíamos a única possibilidade de obrigar os habitantes a uma contribuição. Deliberamos, então, que deveríamos, sem demora, aceitar a proposta do governador. Imediatamente, tomei 12 dos principais oficiais portugueses como reféns e aceitei aguardar 15 dias para receber os 600 mil cruzados e o gado de que necessitasse. Aceitei também que os comerciantes locais viessem à cidade resgatar os seus produtos, pagando-os de pronto.

No dia seguinte, 11 de outubro, dom Antônio de Albuquerque chegou ao acampamento inimigo, acompanhado de 3 mil homens de tropas regulares, metade de cavalaria e metade de infantaria, e mais 600 negros bem-armados. Esse reforço recém-chegado me fez redobrar os cuidados e manter-me em alerta, tanto mais porque os negros desertores asseguravam que, não obstante os reféns, os portugueses pensavam em atacar nosso acampamento durante a noite. Contrariamente ao que esperávamos, no entanto, os portugueses trouxeram aos nossos navios as tais caixas de açúcar e abasteceram os nossos armazéns com outras tantas mercadorias. A maioria dos artigos, porém, só era comercializável nos Mares do Sul e seria desperdiçada se fosse trazida para a França. Dispúnhamos de uma única embarcação em estado de fazer tão longa viagem, a qual, todavia, comportava somente 600 toneladas, o que deixaria de fora muitas das mercadorias. Decidimos, então, eu e o senhor de Ricouart, que o navio *Concorde* deveria acompanhá-la.

Uma vez tomada a decisão, fiz com que os homens trabalhassem dia e noite no carregamento das duas embarcações. Como ainda estavam sobrando 500 caixas de açúcar, ordenei que fossem colocadas em uma de nossas presas, que, sob o comando do senhor de Rufinière, foi reparada com peças de vários navios. As presas restantes foram vendidas aos portugueses, bem como as mercadorias danificadas. Tiramos o máximo proveito dessa operação.

No dia 4 de novembro, o governador realizou o pagamento da última parcela do resgate, e eu entreguei-lhe a cidade. Logo depois, embarquei as tropas, conservando em meu poder somente as fortalezas da Ilha das Cobras, de Villegagnon e aquelas situadas na entrada da baía. Tal medida visava assegurar a minha passagem para o mar. No dia 13 mandei incendiar um navio de guerra português, impossibilitado de navegar, e um navio mercante, para o qual não achei comprador. No mesmo dia, toda a esquadra partiu, inclusive as duas embarcações destinadas aos Mares do Sul.

GUILLAUME FRANÇOIS DE PARSCAU

Aterragem no Rio de Janeiro — No dia 12, às 5:30 da manhã, com o intuito de aterrar diante da baía do Rio de Janeiro, orientamos o pano e corremos, primeiramente, para N.N.O. e, depois, para N.O. 1/4 N. Aproximadamente às 9:30, depois de o nevoeiro ter clareado um pouco, visualizamos umas ilhas que se encontram diante da entrada da baía, situadas a N.O. 1/4 O.

das nossas naus, a uma distância de 5 léguas. Soprava um vento fresco de oeste e o nevoeiro persistia, o que nos era favorável, pois possivelmente só seríamos descobertos quando estivéssemos muito perto da terra — o que efetivamente aconteceu.

Conselho dado e aceito muito a propósito — Mais ou menos às 11 horas da manhã, quando distávamos apenas 3 léguas da embocadura, o senhor Duguay-Trouin, indeciso se devia ou não tentar a entrada — dificilmente identificável devido ao tempo nublado —, fez toda a esquadra meter-se à capa. Mencionarei rapidamente, a esse respeito, um fato de que fui testemunha. O senhor de Terville, nosso segundo-capitão, que já havia estado nessa baía, vendo a indecisão do nosso general, assegurou-lhe que, se ele deixasse passar uma ocasião tão favorável para entrar, não encontraria talvez outra igual, pois era muito raro soprar naquela costa uma brisa como a que tínhamos. Tal ponderação foi determinante, ou ao menos influiu muito, na decisão do senhor Duguay-Trouin. Julgando, então, que não deveria perder mais tempo para enviar aos navios a ordem para entrar, o general tratou de fazer o sinal de marcha, depois de ter mandado içar o distintivo de cada navio um após outro, na mesma sequência em que desejava que a esquadra formasse a linha.

Ordem de marcha para a entrada — O *Magnanime*, cujo capitão estivera já nesta baía, vinha na vanguarda, a fim de determinar o rumo. Em seguida vinham o *Brillant*, o *Achille*, o *Lys*, o *Fidèle*, o *Mars* e o *Glorieux*. Por fim, vinham a *Bellone* e as demais fragatas e embarcações, segundo sua importância e hierarquia. À 1 hora da tarde, depois que os sinais foram dados e que todos tinham ocupado seus postos, prontos para combater, iniciamos a marcha em fila, guardando-se a distância de uma amarra de um navio para outro.

Foi desse modo que nos dispusemos a começar uma expedição que sabíamos ser verdadeiramente delicada. Não havíamos imaginado, porém, que a disposição natural do lugar e as suas obras defensivas tornariam a empresa tão difícil. Por sorte, a fortuna inclinou-se a nosso favor: fomos brindados com um tempo extremamente favorável na entrada, o que nos garantiu, de antemão, a vitória final.

Entrada — O primeiro navio a ser saudado pela fortaleza de Santa Cruz foi o *Magnanime*, que, como referimos, puxava a fila. A fortaleza está situada à direita da entrada, num local onde os navios são obrigados a passar à queima-roupa, e dispõe de 44 canhões de todos os calibres, desde os de 48 libras de bala até os de 8 libras. Cedo ela começou a nos fazer sentir o poder da sua artilharia, sem respeitar o pavilhão inglês que tínhamos içado.

Combate — O *Magnanime*, porém, tendo chegado pelo través da fortaleza, salvou-a com uma bordada de artilharia, içando, ao mesmo tempo que nós, o pavilhão branco — gesto que foi imitado por toda a frota, à medida que cada navio passava pela fortaleza. Um pequeno forte que a precedia e muitos outros que deparamos em seguida fizeram todo o possível para nos *receber bem*: nossos navios foram atacados com fogo contínuo de todos os lados, fogo que foi devidamente respondido. Pareceu-nos, em certa altura, que um dos fortes, situado na Ilha de Villegagnon, em virtude da explosão de um paiol de pólvora, tinha ido pelos ares, matando muitos homens. Dois navios de guerra de 60 e 74 canhões que se encontravam fundeados diante da cidade, também nos canhonaram o melhor que puderam. Todos esses obstáculos, no entanto, não conseguiram perturbar a bela ordem que foi observada por toda a esquadra, que fez uma entrada digna da audácia e do orgulho franceses. Às 4 horas da tarde todos os navios fundearam no interior da baía, fora do alcance dos canhões da defesa, sem terem sofrido muitas avarias. Perdemos somente um oficial, o senhor Laminille, sub-brigadeiro dos guardas-marinhas, e tivemos uns poucos soldados feridos.

Descrição das defesas da cidade e da baía — Antes de falar daquilo que depois se passou na tomada do Rio de Janeiro, creio ser oportuno dar uma ideia da situação em que encontramos o lugar, para que se possa melhor avaliar a importância do empreendimento e a felicidade com que o realizamos, bem como para que se possa melhor compreender o que direi mais à frente. Além do interesse que tal descrição traz em si mesma, ela é sempre necessária para elucidar perfeitamente o leitor. Por esse motivo, não omitirei nenhum detalhe importante, quer no que concerne às defesas marítimas, quer no que diz respeito às fortificações terrestres.

Os franceses, primeiros senhores desta colônia — Se o direito da primeira posse fosse respeitado, é incontestável que a conquista desta cidade não seria mais do que uma justa represália, pois é inteiramente certo que fomos nós os primeiros possuidores da baía do Rio de Janeiro. O almirante de Coligny, na metade do século XVI, enviou um gentil-homem bretão, chamado Villegagnon, para estabelecer aqui uma colônia de huguenotes. Seu objetivo, crê-se, era assegurar um lugar de exílio em caso de necessidade. As guerras que em seguida sobrevieram ou a força do caráter da nação francesa, que não é muito inclinada a estabelecimentos dessa natureza, fizeram com que, por negligência, não fossem enviados socorros à nova possessão. Os colonos, depois de terem se refugiado numa pequena ilha que ainda conserva o nome do chefe francês, pereceram miseravelmente por causa da crueldade dos portugueses.

Foi, todavia, há apenas 35 ou 40 anos que esta urbe, em virtude da descoberta de abundantes minas de ouro a 40 léguas de distância, começou a tornar-se florescente. Outrora, o Rio de Janeiro era considerado somente pela beleza de sua baía e fertilidade de suas terras; hoje, porém, pode-se incluí-la no rol das mais belas e ricas colônias existentes. A cidade acha-se situada na costa do Brasil, a 23° de latitude sul e a 337° de longitude.

Baía do Rio — Quando se vem de leste, é fácil reconhecer a entrada da baía, pois há muitas ilhotas e diversas praias de areia branca nas redondezas. Pode-se costear de perto as ilhas de N.E., onde o fundo varia entre 10 e 12 braças de água. A uma légua da terra o fundo é de 25 braças, fundo de vasa mole, podendo-se aí ancorar sem maiores riscos. Assinalando a entrada, de maneira inequívoca, vê-se, do lado sul, à beira-mar, uma alta montanha em forma de pão de açúcar. No lado oposto, mais para o interior, há uma outra montanha volumosa e alta, chamada Gávea. A barra pode bem medir cerca de meia légua de largura. No seu meio existe uma rocha chata e descoberta, distante mais ou menos um terço de légua de Santa Cruz. Entre essa rocha e a fortaleza se encontra o canal de acesso à baía, que conta com 18 a 20 braças de água e um fundo de areia branca e fina. Cumpre observar que, para entrar, é preciso sempre costear a fortaleza e, para sair na vazante, costear a rocha, já que as correntes arrastam para a ponta da fortaleza, tornando o percurso muito perigoso. Quanto à outra passagem, ela só dá entrada a pequenas embarcações, pois é muito estreita e perigosa. A partir da entrada, a baía vai se alargando até 4 léguas, com uma profundidade de 6. No lado N.E., há um rio que penetra 14 ou 15 léguas para o interior e é navegável por pequenas embarcações. A baía, além do seu avantajado tamanho, é uma das mais belas e seguras que existem no mundo. Por toda parte o fundo é admirável, com 10, 20 e 27 braças de água. A grande quantidade de pequenas ilhas que se acham espalhadas pelo seu interior, algumas delas habitadas, parece aí estar somente para aumentar a beleza e comodidade do lugar. Os ventos sopram diariamente, durante a noite e pela manhã, de O.N.O. Durante o dia, sopra uma brisa de S.E. para S.O. que, por vezes, chega a ser forte, mas que normalmente é agradável e moderada. Quanto às marés, a enchente na baía é de apenas quatro horas, e a vazante, de oito. Fora da barra, ambas são de seis horas.

As fortificações da entrada — Volto agora às defesas da entrada. A noroeste vê-se, ao entrar, um pequeno forte de seis canhões, pouco acima do nível do mar. Em seguida vem a fortaleza de Santa Cruz, construída sobre a ponta mais avançada. Ela não difere muito da fortaleza de Mingan, na entrada de Breste, pois ambas encontram-se em frente a uma rocha que se eleva em montanha. A fortaleza de Santa Cruz, sendo de difícil abordagem por mar e protegida pelo lado da terra por uma montanha inacessível, seria inexpugnável em outras mãos, pois acha-se quase isolada.

Um pouco mais para dentro, situada sobre uma montanha inacessível, está a bateria de Nossa Senhora da Boa Viagem, com dez peças de artilharia de 18 a 24 libras de bala. O seu fogo cruza com os fogos de algumas baterias situadas na margem oposta, dentre as quais se destacam a bateria da fortaleza de S. João e duas outras, que contam com 48 peças de artilharia. Em seguida vem o forte de Villegagnon, com 20 peças de artilharia de 18 a 24 libras de bala. Essa ilha, como expliquei, foi o último baluarte dos primeiros franceses que ocuparam esta terra. Ela não se acha longe da cidade e nas suas proximidades vê-se o forte de São Teodoro, com 16 peças de artilharia. Todas as fortificações referidas barram a entrada, esta última, porém, bate particularmente a praia que fica do lado de um vão, situado entre a entrada e a cidade. Acima dessa praia vê-se uma espécie de aqueduto, construído entre as montanhas, que traz água à cidade. Ele ainda está inacabado, existindo apenas uma meia-lua inferior na altura do centro da praia.

Eis os primeiros obstáculos que tivemos de vencer. Vejamos agora o que nos reservava a cidade.

Fortificações da cidade — A cidade encontra-se a bombordo de quem entra, a cerca de 2 léguas da barra, à beira-mar, numa planície única e agradável. Seu nome é São Sebastião, mas vulgarmente é conhecida pelo mesmo nome da baía. Logo na frente ela conta com uma espécie de porto, formado, do lado sul, por uma ponta de rocha que avança para o mar em direção à Ilha de Villegagnon, da qual está distante cerca de dois tiros de fuzil. Sobre essa ponta acha-se o forte da Misericórdia, guarnecido com 12 peças de artilharia que batem o porto e a baía. Do outro lado do porto, a um tiro de fuzil da terra, existe uma ilha que se chama, em português, Ilha das Cobras, mas que nós franceses denominamos Ilha das Cabras (*Chèvres*) em virtude da semelhança de pronúncia, embora aquela palavra signifique serpentes. No alto dessa ilha havia sido iniciada a construção de um forte de quatro bastiões, capaz de cobrir todas as praias que dão acesso à cidade. Sobre um terrapleno, na base da mesma ilha, havia uma bateria de quatro canhões que batia o porto, cruzando fogos com o forte da Misericórdia. Ao longo do porto, diante da cidade, foram cavadas boas trincheiras para mosquetaria, com peças de artilharia que atiravam em todas as direções. Tudo isso, no entanto, nada era em face do cuidado

OUTRAS VISÕES DO RIO DE JANEIRO COLONIAL

que parecia ter tido a natureza em fortificar a cidade com elevações que a dominam, permitindo ao engenho humano torná-la inatacável. Com efeito, por trás do forte da Misericórdia, exatamente no extremo da cidade, eleva-se uma montanha redonda e muito alta que domina todas as outras. Em seu cume construiu-se uma fortaleza com barbetas, de formato quadrangular (ainda imperfeita, embora cercada por uma muralha e por um bom fosso), que cobre o mar e domina a cidade e a planície. Comumente essa fortaleza, que tem 14 peças de artilharia e vários pedreiros, é denominada Vermelha, mas seu nome verdadeiro é São Sebastião. A meia-altura existe um forte chamado São Tiago, de 12 canhões, que bate a entrada da barra, impede a aproximação da fortaleza Vermelha e garante a encosta mais acessível e desprotegida da montanha, a que fica do lado da terra — mesmo essa, contudo, é íngreme e penosa. Desse forte até o mar existem ainda duas baterias, sendo uma de 12 peças e a outra de 8.

Em frente a essa montanha, do outro lado da cidade, há dois outros morros que não são tão altos, mas que concorrem igualmente para dificultar o acesso a esse lado. O primeiro é o dos Beneditinos, situado diante da Ilha das Cobras. O prolongamento dessa elevação forma um cotovelo sobre o mar, que avança na direção oeste, banhando o segundo morro e outras elevações situadas a uma légua, uma légua e meia de distância. Os dois lados da montanha dos Beneditinos que dão para o mar são fortificados com bons entrincheiramentos e com peças de artilharia que cobrem todas as direções. Pelo lado em que se tem acesso a essa montanha existe, a meia-altura, um outro entrincheiramento para mosquetaria, embora essa subida seja muito inclinada. O morro da Conceição, a segunda elevação mencionada, é separado do morro dos Beneditinos por uma pequena enseada, da largura de um tiro de pistola, e por um pequeno vale que conduz à cidade — onde não mais que 20 homens poderiam marchar em linha de frente. Ao longo da enseada, do lado do morro dos Beneditinos, existem uma muralha simples e, do outro lado, junto à base do morro da Conceição, uma bateria de quatro canhões voltados para o mar, para a enseada e para o vale. A subida desse morro faz-se somente por um desfiladeiro, muito íngreme,

73

onde não passam mais do que dois homens de cada vez, sendo o lado que dá para o mar absolutamente inacessível. No alto do morro, isoladas na borda do mar pela cadeia de montanhas que mencionei, as fortificações foram cercadas por uma sebe bastante espessa, com um largo e profundo fosso na frente. Peças de artilharia foram colocadas nas vias de acesso, as quais são péssimas, com uma vegetação que cobre metade do corpo e um terreno extraordinariamente desigual, com grandes moitas ao longe.

No referente às fortificações da cidade, do lado da planície, havia apenas um grande fosso cheio d'água, diante de uma muralha simples, que fechava a cidade pelo lado dos Beneditinos. Por detrás dessa proteção havia duas praças de armas capazes de conter, cada uma, 2 mil homens em linha de batalha, sendo as casas dos arredores todas guarnecidas de ameias. Aí os nossos adversários conservavam parte de suas tropas, que eram, conforme confessaram mais tarde, formadas por mais de 12 mil homens, sem contar um grande número de negros. Quanto à planície, não se pode percorrê-la por mais de um quarto de légua sem encontrar áreas cobertas de mato e pântanos e, por toda parte, passagens estreitas cercadas de mato ou moitas espessas.

Conclusão — Eis, mais ou menos, o estado das defesas desta cidade, cidade onde os portugueses não tinham desprezado nada que a arte pudesse acrescentar às forças naturais. Não havia um único lugar onde fosse possível remover terra, derrubar árvores e colocar canhões que lhes tivesse passado despercebido. Felizmente, porém, para nós, eles foram mais hábeis em se fortificar do que em se defender, em fazer grandes preparativos para a guerra do que em empregá-los, e ainda mais hábeis em guardar seu ouro e suas vidas do que em procurar a glória sob as ruínas de sua pátria.

Ataque de uma esquadra francesa precedente — Em 1710 houve um ataque a esta cidade, o que, em parte, contribuiu para que os habitantes, de lá para cá, se fortificassem. O senhor Duclerc, capitão de fragata, à frente de navios armados por particulares no porto de Rocheford, navios que, como os nossos, traziam a bordo tropas do rei, apresentou-se com sua pequena esquadra diante do Rio de Janeiro e desembarcou a 7 ou 8 léguas da cidade, com 800 homens. Guiado por quatro negros do lugar, o capitão avançou através das matas, entrando de roldão na cidade, da qual quase se apoderou. A maior parte da sua gente, todavia, ávida por iniciar a pilhagem, dispersou-se e acabou por ser encurralada em um local do porto. Aí, impossibilitado de encontrar uma chalupa que lhe permitisse apoderar-se de um navio e bater em retirada, o senhor Duclerc viu-se forçado a render-se, depois de ter perdido um quarto de seus homens. Nessa ocasião, o capitão deixou, sem dúvida, escapar a presa mais rica que se pode imaginar, pois os portugueses, que nada temiam, estavam despreocupados e mantinham na cidade todas as suas riquezas. É indiscutível que se ele tivesse ido atacar em primeiro lugar o forte Vermelho, como os negros o tinham aconselhado, teria certamente tomado o lugar e dominado a cidade o suficiente para ditar-lhe as leis que quisesse — como depois admitiram os próprios portugueses. Faltou-lhe, todavia, mais tino do que bravura, e ele acabou por deixar a um melhor capitão os proventos e a glória de tal conquista.

Forças flutuantes — Antes de retomar em detalhes a narrativa da expedição, acrescentarei que encontramos na baía 40 navios mercantes e quatro de guerra, de 60 a 74 canhões, comandados pelo chefe de esquadra do rei de Portugal, dom Gaspar da Costa Maquinês, o qual trazia um bom reforço de homens e munições para a defesa da cidade. Os navios de guerra foram encalhados quando da nossa chegada, e os navios mercantes dispersos e fundeados muito próximo da terra, sob proteção das fortificações.

Portugueses aprisionados. Informações — Na noite de nossa entrada, soubemos, por um português que aprisionáramos (juntamente com alguns negros) em uma canoa que procurava chegar à cidade, que o senhor Duclerc havia sido assassinado há cerca de dois meses. Soubemos também que, há três semanas, chegara à cidade um paquete proveniente de Lisboa, dando conta do armamento de nossa esquadra e dos nossos planos de atacar o lugar. Tal embarcação fora enviada a Portugal pela rainha da Inglaterra com o intuito de prevenir o rei. Não dispondo de nenhum navio que pudesse, de pronto, partir em direção ao Brasil, Sua Majestade tratou de enviar o paquete inglês. O Rio de Janeiro tivera, pois, tempo de tomar algumas precauções. Os navios de guerra chegaram a permanecer alguns dias fundeados em linha junto à barra, nas proximidades da fortaleza de Santa Cruz. Há quatro dias, porém, esses navios começaram a duvidar da nossa chegada e, cansados de esperar, se retiraram. O português aprisionado acrescentou que, oito dias antes, um navio de pesca avistara, na altura de Cabo Frio, 18 velas de nossa esquadra. O oficial de serviço fora informado do ocorrido e imediatamente mandou avisar ao governador, o qual, por precaução, enviou os navios de guerra para a barra. Passado algum tempo, no entanto, a notícia caiu em descrédito e os navios foram recolhidos, pois o governador tinha a intenção de utilizar os homens nas fortificações. Parece que todos os grandes acontecimentos são anunciados por presságios diversos, nos quais, ao fim e ao cabo, se deveria acreditar. Tendo-se em conta que a nossa frota se encontrava, então, distante do lugar referido, podemos dizer que a visão do navio pesqueiro foi *verdadeiramente falsa*.

Essas informações, todavia, afligiram-nos um pouco, quando, no dia seguinte, vimos a fortaleza de Santa Cruz hastear e recolher 13 vezes seguidas o seu pavilhão, como se fosse para assinalar a presença de 13 navios. Ora, pelo que havia relatado o prisioneiro português, esses sinais podiam referir-se a uma esquadra vinda em socorro da cidade. Felizmente, contudo, o sinal significava qualquer outra coisa.

Conselho de guerra — Depois de toda a esquadra estar fundeada e de cada capitão ter relatado a sua situação, o senhor Duguay-Trouin reuniu um conselho particular, com os três comandantes mais antigos, para deliberar sobre a melhor maneira de atacar a praça. Foi convidado também o senhor de Terville, que havia estado na cidade em outra ocasião. A sua opinião, a primeira a ser ouvida, foi a seguinte: apoderar-se, o mais depressa possível, da Ilha das Cobras. Todos reconheceram, de imediato, a importância dessa posição e deliberaram que o cavaleiro de Gouyon,

à frente de um destacamento de 500 homens — 250 dos quais, granadeiros —, a atacasse no dia seguinte.

Ataque e tomada da Ilha das Cobras — No dia 13, ao nascer do sol, o
cavaleiro de Gouyon, cumprindo as ordens do general, desembarcou na
Ilha das Cobras, em uma enseada aberta para o nosso lado. Teria sido muito
fácil defender essa posição, caso os portugueses tivessem se empenhado
em fazê-lo. Nossos homens, porém, não encontraram nenhuma oposição,
nem na praia nem no alto da ilha. Em um pequeno forte ainda não concluído havia cinco canhões — que foram encontrados encravados —,
alguma munição de guerra e ferramenta para trabalhar a terra — terra que,
por sinal, estava revolvida de fresco. Soubemos depois que, enquanto as
nossas forças desembarcavam de um lado, o inimigo embarcava do outro,
cedendo assim, covardemente, a posição que mais contribuiu para a sua
derrota e que teria permitido a sua própria conservação se a tivessem
mantido. Repetidas vezes, no decorrer da campanha, pudemos observar
que o inimigo conhecia bem as posições que lhe seriam vantajosas, mas
carecia de coragem para defendê-las.

Fogo intenso dos portugueses — Vendo-nos senhores da ilha, os portugueses, durante todo o dia, fizeram sobre ela fogo intenso. O forte
Vermelho bombardeou-a impiedosamente; as balas, no entanto, passavam muito alto e caíam no mar. O forte da Misericórdia e as baterias
dos Beneditinos também não economizaram munição. O Convento dos
Beneditinos, a propósito, encontra-se em frente à Ilha das Cobras e dista
da praia apenas o espaço suficiente para a instalação das baterias que
aí existem. Entre a ilha e o convento a distância é apenas a de um tiro
de fuzil. Das janelas do convento saíam vivas descargas de mosquetes e
bacamartes, descargas que se tornaram mais frequentes quando os portugueses perceberam que o nosso fogo de mosquete não podia lhes causar nenhum dano. Todas essas fortificações, e algumas peças colocadas
em diferentes sítios, não deixavam passar nenhuma de nossas chalupas
ou escaleres que transportavam munições para a ilha, sem alvejá-las

rudemente. Houve perdas de parte a parte e vários mortos e feridos, mas isso não interrompeu de modo algum a faina.

Apossamo-nos de um navio de guerra — Cerca de 7 horas da manhã, o cavaleiro de Goüyon escalou algumas chalupas, comandadas pelos senhores Vauréal e Saint-Osmane, para se apoderarem do *Maroquine*, um dos navios de guerra que encontramos no porto. Essa embarcação estava encalhada na ponta mais saliente da ilha, do lado da cidade, e parecia estar abandonada. Saía uma fumaça de seu interior, indicando que pretendiam fazê-la saltar pelos ares. A missão era delicada, mas foi bem-sucedida, e a mecha, que já se aproximava da pólvora, foi prontamente apagada. Tenho para mim, todavia, que foram cometidos dois erros essenciais nessa missão. O primeiro foi o de içarem o pavilhão da França, o que imediatamente atraiu o fogo de todos os fortes, que dispararam contra o navio mais de 300 tiros — inconveniente que poderia ter sido evitado se a vaidade francesa fosse capaz de dissimular o triunfo. O segundo erro foi, dizem, culpa do senhor Vauréal, que mandou cortar o cabo que prendia o navio, permitindo que a maré pusesse o navio a flutuar e que a viração fresca, soprando do largo, o atirasse sobre a ponta da ilha, onde ele se arrebentou. Se essa manobra tivesse sido evitada, na noite seguinte nós o teríamos salvado facilmente. Mais tarde foram retirados de bordo 22 canhões de ferro. Comenta-se que o navio, com 60 canhões, novo e bem-construído, valia 500 mil libras.

Navios de guerra portugueses que voaram pelos ares — Às 8 e às 9 horas da manhã os dois navios que nos tinham alvejado na véspera — o capitânia, com pavilhão no mastro da gata, e um outro navio de guerra — explodiram. Um espetáculo terrível, mas belo de ser visto pelo inimigo. Os raios de Júpiter nada têm de tão estrondoso, se comparados às impressionantes chamas que surgiram da explosão e às nuvens que se seguiram, espalhando pelo ar uma terrível fumaça e um cheiro de salitre e de enxofre mais penetrante do que o do Aqueronte. A tudo isso é preciso ainda juntar os destroços, que numa explosão de tal magnitude são projetados ao longe e em todas as direções.

Entre esses destroços, os canhões nem sempre são as massas mais pesadas que assombram os céus antes de caírem.

Bombardeio — Enquanto isso se passava do lado inimigo, o senhor Duguay-Trouin mandou o senhor Héliot, oficial de artilharia, ocupar o lanchão que lhe estava destinado e bombardear os Beneditinos. Ele lançou umas oito ou dez bombas com bastante precisão, precisão também alcançada pelos que defendiam os Beneditinos, que acertaram um tiro de canhão, matando quatro homens do lanchão, no momento em que se ordenava a retirada.

Ordens para fortificar a Ilha das Cobras — Mais tarde o senhor Duguay-Trouin foi visitar a ilha, que considerou uma posição muito vantajosa. Julgou por bem, então, determinar que nela se instalassem os cinco morteiros que possuíamos e alguns canhões.

Preparativos para o desembarque — O senhor Duguay-Trouin, tendo reconhecido, tanto quanto era possível fazê-lo do mar, os contornos da praça e escolhido o lugar mais favorável para o desembarque, mandou aparelhar, às 10 horas da manhã, seis das nossas fragatas carregadas de tropas, determinando que fundeassem na reentrância de cerca de uma légua que forma o cotovelo da cidade, nos Beneditinos, onde há um braço de mar que contorna as montanhas e penetra em seguida na planície existente diante da urbe. Essa precaução era necessária para que as chalupas, depois de desembarcarem o primeiro contingente, não tivessem necessidade de ir muito longe buscar o restante das tropas. Nossas fragatas, porém, foram alvejadas durante todo o dia por dois navios que se achavam fundeados junto à terra, próximo ao local escolhido para o desembarque. Um dos navios contava com 54 canhões. O combate não foi intenso, dispararam-se apenas tiros intervalados.

Apoderamo-nos de alguns navios — A pouca distância do navio referido encontravam-se três outros, de menor porte. O cavaleiro de Beauve recebeu ordem de ir durante a noite, com um destacamento de chalupas, apoderar-se deles. O que fez de muito boa vontade às 11 horas da noite, tendo encontrado os navios inteiramente abandonados. Esses navios teriam constituído um grande obstáculo para o nosso desembarque, atrasando-o consideravelmente. Caso os portugueses tivessem resolvido conservá-los, as nossas fragatas teriam sido obrigadas a atacá-los no dia seguinte e eles teriam, de qualquer modo, ganhado tempo.

Bombardeio do alto da ilha — Na ilha, entretanto, não se perdeu tempo. Nossos morteiros dispararam entre as 4 horas da tarde e o cair da noite, lançando três bombas sobre o forte Vermelho. Prosseguimos atirando, de meia em meia hora, até a manhã seguinte. Na noite desse dia, porém, todas as tropas foram retiradas da ilha, com exceção de duas companhias de soldados e de uma centena de marinheiros, que ficaram sob as ordens do tenente de navio, senhor de Saint-Simon. A intenção era reforçar o desembarque; no entanto, enfraquecia-se demasiado uma posição de extrema importância. Não resta dúvida que, se o inimigo tivesse tomado conhecimento disso, ou se tivesse um pouco mais de iniciativa, teria retomado a ilha durante a noite, principalmente se levarmos em conta que os nossos marinheiros não estavam habituados a combater em terra.

Divisão de nossas tropas e lista — Desembarcamos imediatamente depois do deslocamento. Para esclarecer o leitor e dar a conhecer os oficiais que tomaram parte nesta expedição, convém traçar um esboço do estado de nossas tropas e de sua disposição.

O senhor Duguay-Trouin, general, tinha como major-general o senhor de Saint-Germain e como submajores o senhor de Beauville e dois jovens, os senhores de Héron e de Boisjolans. Os ajudantes de ordens, em número de cinco, eram os senhores de Gaspern, de Roclie-Coétlogon, de Chesnay-le-Fer, Daniel e Desgranges. O cavaleiro de Gouyon-Beaufort, comandante da brigada da direita, tinha como major de brigada o senhor de Bourville, e os seus batalhões de brigada eram o *Brillant*, o *Fidèle* e o *Amazone*.

Batalhão do *Brillant*

Estado-maior
Senhor de Saint-Marc, coronel
De Plane, tenente
De Bercy, major
De Poulo-Coëtgolon, submajor

Companhia *colonelle* — 45 soldados
Dinan, capitão-tenente
Despinay, primeiro-tenente
De la Landelle, segundo-tenente

Companhia *lieutenance colonelle* — 32 soldados
De Kerberio-Coëtlogon, capitão-tenente
Forsan, segundo-tenente

Companhia dos *granadeiros* — 49 soldados
D'Auberville, capitão
Dutrait, tenente
Du Guermeur, segundo-tenente

Companhia de *Liesta* — 40 soldados
De Liesta, capitão
De Keryavily, tenente
Drouart, segundo-tenente

Companhia de *Brouelle* — 39 soldados
De Brouelle, capitão
De la Villette, tenente
Du Chastel, segundo-tenente

Companhia de *Lecorce* — 37 soldados
De Lescoue, capitão
De la Ville-Maupetit, tenente
De Bois-Bouëssel, segundo-tenente

Total: 242 soldados

Batalhão do *Fidèle*

Estado-maior
De Pimont, coronel
De Saint-Simon, tenente-coronel
La Vie de Hou, major

Companhia *colonelle* — 49 soldados
De Pimont, tenente
De la Saousse, segundo-tenente

Companhia *lieutenance colonelle* — 42 soldados
Basterode, tenente

Companhia dos *granadeiros* — 49 soldados
De la Saulaye, capitão
Dupas, tenente
Du Cazeau, segundo-tenente

Companhia *De la Villette* — 37 soldados
De la Villette, capitão
Du Conquet, tenente
De Kersauson, segundo-tenente

Companhia *D'Aumalle* — 37 soldados
D'Aumalle, capitão
Lagrange, tenente
De Géère, segundo-tenente

Total: 214 soldados

Batalhão do *Amazone*

Estado-maior
Du Houlay, coronel
De Noaille, major

Companhia *colonelle* — 47 soldados
  Du Portail, tenente
  De Bellecour, segundo-tenente

Companhia *lieutenance colonelle* — 36 soldados
  Malessey, capitão
  Charon, tenente

Companhia dos *granadeiros* — 50 soldados
  Cavaleiro de Bois de la Motte, capitão
  De Trémargat, tenente
  De Kervézio, segundo-tenente

Companhia de *Droualin* — 39 soldados
  Droualin, capitão
  Courtois, tenente
  De la Crochay, segundo-tenente

Companhia de *De Cussy* — 47 soldados
  De Cussy, capitão
  Pépin, tenente

TOTAL: 219 soldados

O cavaleiro de Beauve, comandante da brigada do centro, tinha sob suas ordens os batalhões do *Achille*, do *Lys* e do *Glorieux*:

BATALHÃO DO *ACHILLE*

Estado-maior
  De Merval, coronel
  Dains, tenente-coronel
  De la Jonquière, major
  De Montloy, submajor

Companhia *colonelle* — 39 soldados
De Carman, tenente
Coëffie, segundo-tenente

Companhia *lieutenance colonelle* — 42 soldados
De Longueville, tenente
De Poulo, segundo-tenente

Companhia dos *granadeiros* — 46 soldados
Heuzé de Grammont, capitão
De Kerbuzec, tenente
De Keravel, segundo-tenente

Companhia de *De Murat* — 46 soldados
De Murat, capitão
Chevalier, tenente
Pontbriant, segundo-tenente

Companhia de *De Fromentière* — 44 soldados
De Fromentière, capitão
De Lesquen, tenente

TOTAL: 217 soldados

BATALHÃO DO *LYS*

Estado-maior
De Terville, coronel
Dasché, tenente-coronel
De Kerhuel-Coëtlogon, major
Rossel, submajor

Companhia *colonelle* — 41 soldados
Barilly, capitão-tenente
Cavaleiro de Lys, segundo-tenente

Companhia *lieutenance colonelle* — 41 soldados
D'Amblimont, capitão-tenente
De la Rausconnière, segundo-tenente

Companhia dos *granadeiros* — 49 soldados
De Brignon, capitão
Du Bodon, tenente
De Martonne, segundo-tenente

Companhia de *De Saint-Osmane* — 40 soldados
De Saint-Osmane, capitão
Bévrault, tenente
Biragues, segundo-tenente

Companhia de *De Kerharo* — 39 soldados
De Kerharo, capitão
De Lhonoré, tenente
De Coatlus, segundo-tenente

Companhia de *Desnos* — 34 soldados
Desnos, capitão
Du Plessix de Parscau, tenente
Cavaleiro de Pennandref-Kersauson, segundo-tenente

Companhia de *De Lescoët* — 47 soldados
De Lescoët, capitão
De Longueil, tenente
De Lescoët, segundo-tenente

Total: 291 soldados

BATALHÃO DO *GLORIEUX*

Estado-maior
De La Jaille, coronel
De la Calandre, tenente-coronel
Tonancour, major
De Sully-Nogent, submajor

Companhia *colonelle* — 45 soldados
Cavaleiro Daumare, tenente
Lajumelaye, subtenente
Du Plessix-Bardon, segundo-tenente

Companhia *lieutenance colonelle* — 44 soldados
Cavaleiro Dumené, tenente
Dumené, segundo-tenente

Companhia dos *granadeiros* — 48 soldados
De Moulin-neuf, capitão
De Chéridan, tenente
De L'Isle-Goulhèzre, segundo-tenente

Companhia de *Dauval* — 45 soldados
Dauval, capitão
David Saint-Georges, tenente
De Kervier, segundo-tenente

Companhia de *De Colombe* — 39 soldados
De Colombe, capitão
De Vertaumont, tenente
Derveau, segundo-tenente

TOTAL: 221 soldados

O cavaleiro de Courserac, comandante da brigada da esquerda, tinha como major-general o senhor de Consolin e liderava uma força constituída pelos batalhões do *Aigle*, do *Mars* e do *Magnanime*.

Batalhão do *Aigle*

Estado-maior
De Longuejouë, coronel
Jouras, tenente-coronel
Cavaleiro de Champagnette, major

Companhia *colonelle* — 38 soldados
Cavaleiro de Saint-Hermine, tenente
De Belière, subtenente
De Glatigny, segundo-tenente

Companhia *lieutenance colonelle* — 41 soldados
De Marigny, tenente
De la Villette, segundo-tenente

Companhia dos *granadeiros* — 49 soldados
Cavaleiro de Lagrange, capitão
Dartanville, tenente
De Saint-Germain, segundo-tenente

Companhia de *Destry* — 39 soldados
Destry, capitão
De Montolon, tenente
De Penvern, segundo-tenente

Companhia de *De la Maisonfort* — 41 soldados
De la Maisonfort, capitão
De la Biche, tenente
De Rets, segundo-tenente

Total: 208 soldados

Batalhão do *Mars*

Estado-maior
De Marigny, coronel
Hainault, tenente-coronel
De Valasses, major
Cavaleiro de Marigny, submajor

Companhia *colonelle* — 44 soldados
De Kessel, tenente
Dimbleval, segundo-tenente

Companhia *lieutenance colonelle* — 44 soldados
Du Graier, tenente
Du Lézard, subtenente

Companhia dos *granadeiros* — 49 soldados
Paillard, capitão
Cottentry, tenente
Feuve, segundo-tenente

Companhia de *De Boisdortun* — 44 soldados
De Boisdortun, capitão
De la Villourée, tenente
Bournonville, segundo-tenente

Companhia *Danclars* — 44 soldados
Danclars, capitão
De Lotton, tenente
De Tréléon, segundo-tenente

Total: 225 soldados

Batalhão do *Magnanime*

Estado-maior
De Keravel, coronel
De Mardan d'Héricourt, tenente-coronel

La Cottentrée, major
De Saint-Malo, submajor
De Kerret, ajudante de major

Companhia *colonelle* — 41 soldados
Stafford, tenente
Penhoadic, segundo-tenente

Companhia *lieutenance colonelle* — 41 soldados
Montmarly, tenente
Du Hallay, segundo-tenente

Companhia dos *granadeiros* — 50 soldados
De Vauréal, capitão
Potin, tenente
La Papotière, segundo-tenente

Companhia de *De Poulo* — 40 soldados
De Poulo, capitão
Cavaleiro de Souchesne, tenente
De Beauregard, segundo-tenente

Companhia de *Du Châtelet* — 33 soldados
Du Châtelet, capitão
De Villevoye, tenente
De Locmaria, segundo-tenente

Companhia de *De Foulon* — 39 soldados
De Foulon, capitão
Cavaleiro de Colombe, tenente
Despinay, segundo-tenente

TOTAL: 244 soldados

TOTAL GERAL DAS TROPAS: 2.081 soldados

Além dessas forças, o senhor Duguay-Trouin formou uma companhia de 80 voluntários, retirados do *Chancelier* e do *Glorieuse* e colocados logo atrás do batalhão do *Lys*, cujo comando confiou ao senhor De la Perche. O general designou ainda 500 marinheiros para o serviço na artilharia da Ilha das Cobras, bem como para o serviço em qualquer outro ponto em que se fizessem necessários, e formou um destacamento de 50 cabos da esquadra, escolhidos no grosso das tropas, para sua guarda pessoal. Esse destacamento tinha ordens de não deixá-lo.

Em resumo, as nossas forças de desembarque eram compostas por 181 oficiais, 2.081 soldados, 500 marinheiros e 80 voluntários, perfazendo o total de 2.842 homens, o que era certamente muito pouco se considerarmos as forças de que dispunha o lugar — sem levar em conta, obviamente, a qualidade dessas forças.

Narremos, agora, sem interrupções, os acontecimentos e sucessos dessa afortunada empresa.

Desembarque — No dia 14 de setembro, às 5 horas da manhã, todas as forças designadas para o desembarque foram transportadas nas cinco embarcações que o senhor de Beauve aprisionara durante a noite, como referimos. Às 7 horas o senhor Duguay-Trouin, em seu escaler, pôs-se à frente das chalupas e escaleres da esquadra, todos carregados de tropas, e desembarcou. O general foi o segundo a saltar em terra, em uma pequena praia de areia, a um quarto ou um terço de légua da cidade, além do morro da Conceição.

Descrição desse terreno — Não encontramos nenhuma resistência, embora o local, uma praia cercada por um mato baixo mas muito espesso, a uma distância de meio tiro de fuzil ou menos do mar, fosse muito fácil de defender. As extremidades dessa praia terminavam em morros escarpados, e por detrás do mato, cuja extensão era mais ou menos a do alcance de um tiro de fuzil, havia uma pequena planície capaz de abrigar 3 mil homens. Lançando no mato 200 fuzileiros, o inimigo, aproveitando a confusão e o embaraço de um desembarque, quando cada um salta na água como pode, emboscar-nos-ia facilmente. Antes que fosse possível estabelecer uma formação e reunir os batalhões em um lugar tão estreito, teríamos certamente perdido muita gente, e o mesmo aconteceria para desalojar o inimigo do mato, pois ele poderia ser apoiado por tropas concentradas tanto na planície como nas encostas dos morros que limitam as extremidades da praia, onde o mar quebra do lado da cidade. Na ponta que dá para o fundeadouro, existe uma elevação que avança, quase isolada, sobre as águas. A extremidade oposta da planície vizinha dessa elevação termina em duas outras elevações extremamente altas, mas que em alguns lugares conta com um declive bastante suave. Entre elas estende-se um desfiladeiro profundo, cercado de mato, que conduz à cidade e à planície referida, a qual, em seu início, logo que se sai do desfiladeiro, é coberta por mato e sebes.

Os portugueses, no entanto, não tiveram a necessária ousadia para tirar proveito de todas essas vantagens. O senhor Duguay-Trouin, depois de ter disposto as suas forças em formação de batalha e de ter mandado reconhecer devidamente o terreno, atravessou o pequeno bosque por um desfiladeiro muito estreito, colocou as tropas novamente em formação de batalha e se apoderou da elevação da península, onde foram encontrados alguma munição de guerra e um canhão encravado. Aí ele esperou que todos os contingentes desembarcassem e, tendo constatado que alguns portugueses nos observavam do alto do morro mais elevado, do lado da cidade, destacou seis granadeiros, seguidos de perto pela sua companhia, para expulsá-los dessa posição. Fez, ainda, marchar na retaguarda um batalhão para apoiá-los em caso de necessidade. Nada disso, porém, foi necessário, pois o inimigo, demasiado prudente para buscar encrenca, sem nada tentar, cedeu amavelmente o terreno, penetrando num espesso bosque de grandes árvores que havia no alto. Daí, 20 homens poderiam, sem receio, enfrentar 400 que avançassem pelo caminho descoberto, inclinado e esburacado pelo qual subíamos. Soubemos mais tarde que os inimigos perfaziam mais de 100, mas que, homens pacíficos que eram, não quiseram honrar-nos com um único tiro de fuzil. De tal elevação víamos perfeitamente toda a cidade e arredores, as fortalezas e a planície. Desfrutávamos, assim, da contemplação dessa encantadora paisagem — à qual nada faltava — quando chegou aos nossos ouvidos um barulho semelhante ao de uma máquina infernal.

Navio de guerra voa pelos ares — Os portugueses, logo que nos viram instalados nesse local, fizeram ir pelos ares o último navio de guerra que lhes restava e que se achava encalhado numa enseada entre o morro dos Beneditinos e o morro da Conceição — do qual não estávamos afastados. Esse navio tinha 70 canhões e era comandado pelo baixo-normando Bocage, um homem de fortuna, que havia chegado à posição de comandante dos navios do rei de Portugal e a cavaleiro de suas ordens. Os portugueses nos informaram, posteriormente, que tudo o que tinham feito de bom durante todo o sítio tinha sido por conselho ou iniciativa desse homem. E, efetivamente, o combate mais acirrado de toda a campanha teve lugar do lado dos Beneditinos, onde ele exercia o comando.

Pouco depois de o navio ir pelos ares, alguns de nossos soldados desceram o morro do lado do mar em busca de água, gerando grande pavor entre os homens que guardavam uma pequena bateria, situada do lado da Conceição, próxima à beira-mar. Receando que tomássemos a posição, esses homens puseram fogo no paiol de pólvora e provocaram uma explosão que acabou por desmantelar a bateria.

Avistamos tropas inimigas — Entrementes, descobrimos um corpo de tropas inimigas na ponta de um bosque, existente no fim da planície oposta à cidade, que podia bem ter uns 300 homens. Foram, então, dadas ordens para que o batalhão do *Lys* e o meu batalhão contornassem um morro que tínhamos atrás de nós, do lado do mar, prolongando-se para dentro. Costeamos esse morro, pelo lado da planície que dava para a cidade, através de desfiladeiros bem difíceis, esperando envolver a dita tropa e colocá-la entre dois fogos. Quando, contudo, estávamos quase a alcançá-la pelo lado, a uma distância de dois tiros de fuzil, deparamos com um braço de mar que penetrava na planície por detrás do morro e não conseguimos avançar mais. Fomos, isso sim, obrigados a retroceder, lamentando as enganadoras e vãs esperanças que alimentáramos. Nessa marcha, que foi de mais de meia légua, encontramos algumas casas de campo bastante cômodas, que estavam abandonadas. Exceto uma, onde residiam quatro senhoras portuguesas com seus escravos. As lágrimas que duas delas derramaram abundantemente fizeram-nas simpáticas aos meus olhos. Tranquilizamos os seus receios pela maneira com que as tratamos, a mesma que dispensaríamos às nossas compatriotas. A galantaria francesa foi mesmo tão longe que não se permitiu que a casa fosse revistada, casa na qual, soube-se depois, estavam escondidas 120 mil libras em ouro.

Acampamento — Depois de uma rápida parada nessa casa, retrocedemos e nos reunimos ao grosso das nossas forças, que haviam estabelecido acampamento na planície em que tínhamos desembarcado. O general instalou-se aí com a brigada do centro. A brigada da direita acampou no alto do morro que descortinava a cidade e a da esquerda ocupou o morro cujo contorno tínhamos percorrido. Os três acampamentos estavam de tal modo dispostos que se avistavam e se defendiam mutuamente, além de cobrirem o desfiladeiro que conduz de uma planície à outra, impossibilitando um ataque por aí. Quanto a nós, acampamos em um local de onde avistávamos as duas enseadas, situadas em um dos lados da planície. Estávamos, assim, ao abrigo de qualquer ataque surpresa, mesmo que tivéssemos como adversários uma nação bem mais belicosa. Coube a mim ficar de guarda durante a noite, que foi uma das mais frias que já enfrentei na minha vida. Apesar da situação do terreno, tivemos outras noites semelhantes, noites cuja dureza era suavizada pelos excelentes frutos fornecidos pelas laranjeiras e pelos limoeiros do lugar. Durante a minha guarda não houve nenhum alarme. Dois soldados do senhor Duclerc, que há muito viviam no campo, vieram juntar-se a nós. Eles não puderam fornecer nenhuma informação sobre o estado da cidade.

Bateria desmascarada — O dia 15 começou com uma cilada que o senhor Saint-Simon preparou, na ilha, para os inimigos. Ao clarear do dia, por meio de um grande fogo de mosquetaria, ele os atraiu em grande número às janelas dos Beneditinos. Constatando que os nossos projéteis não podiam atingi-los, sentiram-se encorajados a nos responder vivamente e expuseram-se em todas as janelas que ficavam em frente a uma bateria de quatro peças, que montáramos durante a noite. Quando estavam bem expostos, descobrimos de uma só vez a bateria carregada de metralhas e os saudamos inesperadamente. Seguiu-se uma descarga de bacamartes — bacamartes preparados previamente para esse fim —, que varreu todas as janelas, fazendo os inimigos abandonarem a bateria que se encontrava à esquerda do prédio. Vários deles caíram mortos, e tamanha fanfarronada não mais se repetiu. Somente uns poucos frades continuavam a fazer disparos de fuzil. Um desses religiosos, apelidado pelos nossos soldados de irmão Tiago, combateu corajosamente durante todo o sítio. A outra bateria inimiga, que se encontrava em frente à nossa, abrandou muito o fogo. Pode-se dizer, no entanto, que em se tratando de quem eram essa gente se portou muito razoavelmente. Nesse dia tivemos um oficial ferido, o senhor Chevalier, que foi substituído pelo senhor Bossière. Desembarcamos mais 12 canhões de ferro, de 24 libras de bala, para formar novas baterias.

Escaramuças — No acampamento, às 10 horas da manhã, nosso batalhão marchou pelo desfiladeiro, que leva à outra planície do lado da cidade, com o fim de apoiar a companhia de granadeiros que percorria os campos — numerosos nessa região — à procura de bois para matar. Foram encontrados alguns, mas apenas um pôde ser abatido a tiros de fuzil. Alguns portugueses, que estavam ocultos nos bosques das redondezas desses campos, fizeram uma descarga sobre os nossos homens, fugindo em seguida.

O terreno onde isso se passou estende-se até um regato, o qual corre ao pé de uma colina que avança para o outro lado da planície. Ali nos estava preparada uma outra emboscada: 50 a 60 homens, entre negros e brancos, fizeram uma descarga sobre a nossa gente que avançava, a qual respondeu imediatamente ao fogo, matando alguns dos inimigos quando batiam em retirada. E foi essa a única expedição do dia, depois da qual regressamos ao nosso acampamento para descansar em segurança.

Bateria de Beauve — O dia 16 destacou-se apenas pela instalação de uma bateria de dez canhões, de balas de 8 libras. Coube ao senhor de Beauve montá-la sobre um morro cuja extensão da base forma uma península em direção à elevação dos Beneditinos, onde foi notado que o inimigo começava a entrincheirar-se. Essa nova bateria cobria parte da cidade, o lado do morro da Conceição que dá para o mar, e a pequena bateria inimiga existente na enseada, entre aquele morro e o dos Beneditinos. O senhor Duguay-Trouin determinou também, no mesmo dia, que o senhor de Saint-Mars, cuja corpulência o impedia de marchar, assumisse o comando do *Lys* e se pusesse pronto para cumprir as ordens que o general enviasse. O senhor de Saint-Prix desembarcou e substituiu o senhor de Saint-Mars no posto de tenente-coronel.

Sigo com um destacamento — No dia 17, ao romper do dia, parti com um destacamento de 20 homens, encarregado da missão de reconhecer a estrada situada na retaguarda do acampamento, do lado do braço de mar. Quando cheguei no alto do morro que é banhado pelo mar avistei, do outro lado, na planície, vários portugueses, os quais, mal nos viram, se agruparam atrás de um entrincheiramento à beira-mar, à nossa frente. Desci em sua direção o mais que pude, mas o morro tornou-se muito escarpado e coberto de mato, impossibilitando a aproximação além do alcance de um tiro de fuzil.

Escaramuça engraçada — Eles atiraram sobre nós com bacamartes, como se em exercício, mas seus tiros passaram alto e longe, não nos causando nenhum mal. Diverti-me bastante com a sua maneira de combater de longe. Avistávamos somente as suas cabeças. Ao fazermos pontaria, deitavam-se, só se levantando depois de disparado o tiro, quando não esperavam mais nenhum outro. Disparamos apenas uns 30 tiros de fuzil, pois a distância era muito grande e as balas chegavam até eles sem força. Os tiros disparados serviram somente para nos dar o prazer de vê-los executar tão gentis proezas. Nesse ínterim, um destacamento nosso comandado por um primeiro-tenente, atraído pela fuzilaria, reuniu-se a nós. Esse tenente, então, ordenou-me que batesse em retirada, pondo fim à nossa cômica escaramuça.

Escaramuça séria — Quando regressávamos ao acampamento, ouvi o barulho de um ataque mais sério na planície, no local onde na véspera tínhamos caçado os bois. Depois de chamar a atenção do tenente para o fato, ele seguiu o caminho que quis e eu o que me pareceu mais curto na direção do barulho que continuava. Fiz o meu destacamento marchar o mais cerrado e o mais depressa possível por um caminho que contornava o morro, ao longo do bosque da planície.

Rapidamente cheguei pelo flanco dos nossos escaramuçadores e já havia saltado um fosso largo cheio de água, a fim de ganhar o campo onde se encontravam, quando os vi abandonarem a luta em desordem e vir em minha direção. Com o comandante à frente, eles tencionavam ganhar o desfiladeiro e voltar ao acampamento. Tendo notado isso, voltei para trás e fiz o meu destacamento formar em linha ao longo do caminho, de modo a deixar passar a tropa atemorizada. Acompanhei-a muito lentamente, mas pronto para responder a uma eventual perseguição. Recebemos apenas alguns tiros de fuzil disparados de longe, de dentro do mato, os quais não nos causaram o menor mal. Estava a dez passos na retaguarda de meus soldados, mantendo um sargento 20 passos atrás de mim, com a incumbência de informar-me com antecedência no caso de os inimigos avançarem sobre a nossa tropa em retirada. Esses, todavia, contentaram-se com a glória que acabavam de alcançar. Eram somente cerca de 50 portugueses escondidos nos bosques, e os nossos eram duas vezes mais numerosos. A luta havia sido provocada pelo desejo de capturar alguns bois. Caso o inimigo tivesse resolução bastante para aproveitar a desordem dos nossos, teria aniquilado boa parte deles antes que tivessem deixado o campo. Entretanto, tivemos somente um sargento morto e dois soldados feridos. Era muito pouca coisa para determinar uma retirada. O comandante de tal tropa não tem certamente do que se orgulhar.

Balas importunas — Depois de ter chegado ao acampamento e dado parte ao general da minha comissão, dirigi-me para a barraca com a intenção de descansar. Porém, algumas balas de canhão, atiradas do forte Vermelho, passaram por cima do acampamento do cavaleiro de Gouyon e vieram cair muito próximo da minha barraca, interrompendo a tranquilidade do meu sono. A terceira bomba lançada em menos de meia hora caiu a 20 passos de mim, o que me fez abandonar o local e procurar em outras paragens ou mais glória ou menos inquietação. Nos dias seguintes, caíram ainda algumas outras bombas, mas rapidamente nos habituamos a elas.

Fortificações francesas — Nesse ínterim, os trabalhos da bateria do senhor de Beauve progrediam, de modo que, cerca das 4 horas da tarde, foi possível atirar com quatro canhões, que mantiveram um fogo intenso até o cair da noite. Ao escurecer, o senhor Duguay-Trouin foi inspecionar os trabalhos do alto da Ilha das Cobras, os quais encontrou muito adiantados. A artilharia que mantínhamos aí constava dos cinco morteiros a que já referimos e de 16 canhões de balas de 24 libras, além de quatro canhões de 18 libras, todos de ferro.

Doentes desembarcados — Nesse dia desembarcamos todos os doentes em uma pequena ilha ao N.N.E. da baía, onde eles ficariam muito melhor do que a bordo. Ao *Chancelier* e ao *Glorieuse* foi ordenado que fundeassem nas proximidades, com o objetivo de impedir qualquer violência inimiga.

Guarda avançada sob ataque — Na madrugada do dia 18, 40 ou 50 negros, apoiados por 300 portugueses das tropas regulares, atacaram, por entre os bosques que os protegiam, um posto avançado que tínhamos estabelecido na base do morro ocupado pela brigada da direita. Do lado da cidade havia somente uma companhia de guarda, comandada pelo senhor de Liesta que, malgrado a desigualdade das forças, sustentou o fogo dos inimigos por mais de uma hora, até receber reforços de duas companhias. Os assaltantes foram, então, totalmente repelidos e obrigados a bater em retirada mais depressa do que tinham vindo. Ficaram no terreno mais de 30 mortos e muitos feridos. Tivemos apenas um morto e 14 feridos, além do senhor Poulo-Coëtlogon, também ferido. O resto do dia discorreu tranquilamente, a não ser por um fogo intenso que fez a bateria do senhor de Beauve — especialmente durante um período de duas horas.

Intimação — Até o dia 19 todas as baterias da Ilha das Cobras tinham sido secretamente instaladas. O senhor Duguay-Trouin julgou, então, conveniente, antes que fosse necessário empregar os últimos recursos para chamar o governador à razão, enviar-lhe um ultimato. Para isso mandou-lhe uma carta por intermédio de um tambor, conduzido por mar em uma piroga tripulada por dois bons marinheiros.

Carta do senhor Duguay-Trouin — Eis o teor da carta do senhor Duguay-Trouin ao governador:

Senhor:

O Rei, meu amo, foi informado de que os soldados e oficiais franceses que o senhor aprisionou ano passado receberam um tratamento bastante cruel. Tomou também conhecimento de que, depois de massacrarem o cirurgião — autorizado a descer em terra para socorrer os feridos —, seus homens deixaram morrer de fome e penúria os soldados que restaram. Esses, a propósito, foram mantidos em cativeiro, contrariando a convenção de trocas assinada pelas Coroas da França e de Portugal. Sua Majestade, desejosa de uma reparação, ordenou-me que utilizasse os seus navios e tropas com o fim de forçá-lo a restituir todos os prisioneiros franceses e obrigar os habitantes dessa colônia a pagar uma contribuição que seja suficiente para compensar a desumanidade com que estes foram tratados e a reembolsar o monarca pelas consideráveis perdas com armamento.

Soube que o senhor Duclerc foi assassinado. Garanto-lhe que nenhum soldado português capturado por nós sofreu quaisquer represálias, pois não é intenção de meu Rei fazer a guerra de uma maneira indigna de um monarca cristão. Quero crer que o senhor é demasiado honrado para ter participado de um ato tão infame. Isso, contudo, importa pouco. É necessário que o criminoso me seja entregue, para que receba um castigo exemplar. Caso o senhor não cumpra espontaneamente essas exigências, nem os seus canhões nem a multidão que o acompanha impedir-me-ão de obrigá-lo a cumpri-las, levando o ferro e o fogo ao seu país.

Aguardo, senhor, a sua resposta, a qual, tenho certeza, será imediata e decisiva. Ficarei feliz de não ser forçado a cometer crueldades indignas de um cristão. Garanto-lhe que, se poupei a cidade até agora, foi somente para poupar a mim mesmo do erro de confundir inocentes com culpados.

Três horas mais tarde, o tambor regressou bastante embriagado, apesar da proibição que lhe havia sido feita, sob pena de morte, de beber uma gota que fosse. Ele, entretanto, tomara apenas um trago, aparentemente misturado com alguma droga. Tinha sido levado à presença do governador e reconduzido com os olhos vendados. Fosse como fosse, trazia a seguinte resposta do governador ao senhor Duguay-Trouin:

Senhor:
Estou ciente dos motivos que o trazem da França a este país. No tocante ao tratamento dispensado aos prisioneiros franceses, garanto-lhe que foi o de praxe em situações de guerra, não lhes tendo faltado nem pão de munição, nem outros socorros. Procedi assim, apesar de eles não merecerem, pois atacaram o país do Rei, meu amo, sem o consentimento do Rei Cristianíssimo, praticando um ato de pura pirataria. Não obstante isso, como os próprios prisioneiros poderão confirmar, evitei que 600 deles fossem mortos pela multidão, que desejava passá-los todos no fio da espada. Enfim, não deixei faltar-lhes nada, tratando-os segundo as determinações do Rei, meu amo.
No referente ao assassinato do senhor Duclerc, devo dizer-lhe que, por solicitação dele próprio, o coloquei na melhor casa da cidade, casa em que acabou sendo morto. Quem o matou? Isso, apesar das diligências minhas e da justiça, ainda não conseguimos apurar. Garanto-lhe, todavia, que, uma vez descoberto o assassino, ele será

castigado como merece. Tudo o que lhe exponho aqui é a mais completa verdade.

Quanto a entregar-lhe esta praça, confiada a mim pelo Rei, quaisquer que sejam as ameaças que me faça, a minha resposta será sempre a mesma: estou pronto a defendê-la até a última gota de sangue. Espero que o deus dos exércitos não me abandone na defesa de uma causa tão justa, pois o senhor quer apoderar-se dessa cidade por motivos frívolos.

Opinião — Os sentimentos manifestos nessas duas cartas parecem-me em pouca conformidade com os motivos reais do ataque e da defesa da praça. Não se pode acreditar que particulares façam despesas tão grandes com o propósito único de tirar satisfação pelas ofensas que alguns compatriotas receberam em um novo mundo. A sequência dos acontecimentos veio demonstrar claramente que ambas as partes não pensavam realmente como tinham escrito. Em breve veremos as provas disso. Deixo, no entanto, a cada um, como é justo, a liberdade de julgar.

Fogo intenso de nossas baterias — Durante as três horas ocupadas pelo ultimato houve suspensão de hostilidades de uma e de outra parte. O senhor Duguay-Trouin, todavia, depois de ler a resposta, mandou que todas as baterias — não só as da ilha, como também a do senhor de Beauve — atirassem continuamente até a noite. Mandou, ainda, que o *Mars* se aproximasse o mais que pudesse pelo flanco dos Beneditinos e bombardeasse os novos entrincheiramentos que se construíam do lado da reentrância e em direção à enseada dos Capuchinhos ou da Conceição.

Pilhagens — No primeiro dia do nosso desembarque, foi lida uma proclamação diante de todos os batalhões, declarando que qualquer um que se afastasse dos postos avançados e fosse encontrado em pilhagem teria a cabeça cortada sem piedade. Contudo, a despeito dessa proibição, foram presos naquele dia três soldados e dois marujos, os quais foram logo condenados a ser decapitados. Depois de terem confessado o crime, foram conduzidos ao local da execução, onde tiraram a sorte, pois somente um seria passado pelas armas. Amarraram a uma árvore o infeliz designado pelo acaso e fizeram-no cantar o *Salve* mais de uma vez, enquanto se procurava obter o perdão do general, perdão que acabou chegando e, ainda que tenha vindo muito a propósito para esse miserável, talvez tenha sido funesto para outros. Um tal exemplo de clemência, logo no princípio, relaxa a disciplina e faz recair sobre muitos o que se teria podido evitar por meio de um primeiro sacrifício. O furor de pilhagem é grande e nunca será cedo demais para impedir-lhe o desenvolvimento por meio de castigos. Isso é tão verdadeiro que aquele mesmo indivíduo que esteve tão perto de servir de exemplo foi, posteriormente, flagrado por diversas vezes incorrendo no mesmo erro, mas sempre com tanta sorte que nunca foi surpreendido por pessoas que o denunciassem.

Fogo contínuo — No dia 20, durante o dia, verificou-se um fogo contínuo e terrível de todas as nossas baterias da ilha, acompanhadas dos morteiros, da bateria do senhor de Beauve e das baterias do *Mars* — que estava atravessado próximo à costa dos Beneditinos. Não poupamos nenhum ponto nem da cidade nem daqueles fortes que podíamos bater; foram atacados também todos os locais onde se descobriu algum ajuntamento de homens. Duas das mais belas e ricas casas do lugar foram reduzidas a cinzas pelas nossas bombas. O horrível barulho provocado por tal artilharia só cessou pela noite, que geralmente traz consigo o repouso. Nessa ocasião, todavia, a noite somente alterou a natureza dos nossos trabalhos. Quanto a mim, nunca passei uma tão horrível como essa.

Ataque combinado — O senhor Duguay-Trouin resolveu atacar a cidade ao amanhecer do dia seguinte, simultaneamente por dois lados: por terra, as tropas sob o comando do cavaleiro de Gouyon iriam assaltar o alto da Conceição, e, por mar, todas as chalupas e embarcações miúdas tentariam um desembarque na enseada já referida, situada entre a montanha da Conceição e a montanha dos Beneditinos. Para tal, o general dividiu suas forças em três corpos de 800 homens cada um. Um desses corpos foi enviado para ocupar as embarcações abandonadas ao longo dos entrincheiramentos inimigos e fundeadas a menos de um tiro de fuzil da terra. A gente que sobrasse seguiria para o *Mars*, onde ficaria pronta para desembarcar. Os dois outros corpos foram destinados à guarda do acampamento e a outros postos.

Noite ruim — Às 9 horas da noite as companhias de *Kerharo* e a de *Desnos*, da qual eu era tenente, partiram na frente rumo ao navio que se achava mais afastado de nós e mais próximo do convento. Tínhamos ordem de remar o mais levemente possível e de nada fazer que nos denunciasse. A noite estava escura, e cumprimos essas ordens o melhor que pudemos. O céu, porém, não esteve ao nosso lado. Relâmpagos sucederam-se com frequência e nos denunciaram aos da terra quando ocupávamos o navio. Ficamos expostos a uma descarga de fuzilaria, especialmente eu, que fui dos primeiros a entrar a bordo para dispor e fazer deitar os soldados à medida que fossem chegando. Apesar de terem feito outras descargas, não respondemos ao fogo, e em breve tudo cessou sem que sofrêssemos baixas. Uma de nossas baterias da ilha, que cobria esse lado, disparou alguns tiros de canhão, e o *Mars* fez o mesmo. Intimamente agradecíamos a esse último o fato de os inimigos terem repentinamente nos deixado em paz, o que, na verdade, se devia a uma razão outra que desconhecíamos. Embora já fôssemos bastante numerosos nesse navio e estivéssemos um tanto apertados, uma hora depois que embarcamos subiram a bordo mais três companhias que tinham se enganado de navio. Ficamos de tal modo apertados que ninguém podia sair da posição em que estava, quer estivesse sentado, quer em pé. Ninguém ousou reclamar ou fazer o menor ruído, pois estávamos diante do convento, a apenas um tiro de fuzil da terra, e receávamos despertar o inimigo. Desabou, então, um temporal tão impetuoso, com uma trovoada tão terrível, que se poderia dizer que o universo ia perecer pela água e pelo fogo — que entre si disputavam a quem caberia a glória da destruição. O dilúvio nos fez conhecer o seu poder, encharcando-nos até a medula dos ossos. Estávamos impossibilitados de descer tanto à coberta quanto ao porão e apenas conseguíamos abrigar nossas armas. Se a isso juntarmos as nossas

Outras visões do Rio de Janeiro colonial

inúmeras inquietações — tais como se o navio tinha algum veio d'água, se haveria alguma mecha acesa perto da pólvora, se o navio não iria encalhar na praia que estava muito próxima, o tiroteio que nos aguardava ao romper do dia, o fogo de um canhão que, à luz dos relâmpagos, avistávamos apontado contra nós —, não é difícil perceber que não poderíamos ter passado uma noite pior. No referente às avarias que eventualmente o navio pudesse ter, nossos temores, como verificamos no dia seguinte, não eram injustificados. O navio português, a bordo do qual o senhor Dasché e sua companhia tinham passado a noite, foi a pique uma hora depois de ter sido por ele abandonado. Caso não contassem, como também era o nosso caso, com chalupas e escaleres à sua disposição, teriam todos perecido.

Notícia surpreendente — No dia 21, enquanto estava envolvido na agitação descrita, chegou ao nosso acampamento, à 1 hora da madrugada, um cadete das forças do senhor Duclerc, de nome Lassalle. O cadete conseguira escapar do cárcere e veio avisar ao nosso general que o governador, suas tropas e os habitantes estavam deixando a cidade e os fortes e que por toda parte reinavam grande desordem e pânico.

Tomamos uma cidade abandonada — O senhor Duguay-Trouin, bastante incrédulo quanto à veracidade da informação, continuou a agir de acordo com as suas deliberações anteriores, fazendo o cavaleiro de Gouyon, ao clarear do dia, avançar com sua força, em direção ao morro da Conceição. O general, com uma força escolhida em todos os escaleres e chalupas, desembarcou às 7 horas da manhã na enseada a que já me referi. Verificou-se, então, que a notícia dada pelo cadete era verdadeira. Não apareceu uma única pessoa nem nos entrincheiramentos, nem na cidade, nem no forte Vermelho, e o desembarque fez-se com uma tranquilidade que estávamos longe de esperar. Tal surpresa foi tanto mais agradável quando vimos de perto as dificuldades que teríamos de vencer e os grandes riscos que correríamos se tivéssemos encontrado oposição, por pequena que fosse. O senhor Duguay-Trouin atravessou a cidade com todos os granadeiros do exército e foi apoderar-se do forte Vermelho, que, como referi, estava situado no extremo oposto e constituía a mais poderosa defesa da cidade, em conjunto com os fortes dos arredores, que foram também ocupados. O Convento dos Jesuítas, situado no mesmo morro e próximo ao forte Vermelho, foi o primeiro alojamento selecionado, e sua igreja, a primeira em que demos graças ao deus dos exércitos. O senhor Duguay-Trouin mandou, sem demora, seu capelão cantar um te-déum ao som de oboés e trombetas.

Alojamento de nossas tropas — Feito isso, o general deixou no local o cavaleiro de Courserac com sua brigada, visitou todos os demais destacamentos, estabelecendo guardas em todos os pontos em que julgou necessário, e veio colocar-se, com a brigada do senhor de Beauve, no bispado situado no alto do morro da Conceição — o posto mais avançado do lado em que estavam os inimigos, que então dominavam somente o campo. O senhor de Gouyon e sua brigada se alojaram nos Beneditinos.

Libertados os prisioneiros do senhor Duclerc — No decorrer desses acontecimentos, quando ocupávamos o morro dos Beneditinos, os soldados do senhor Duclerc (cerca de 360) vieram juntar-se a nós. Logo que os portugueses se retiraram, eles abriram a prisão, espalharam-se pela cidade e num gesto de vingança pela sua miséria passada saquearam várias casas. Essa sede de pilhagem não se verificou somente nesses miseráveis, espalhando-se rapidamente entre nossas tropas, apesar da ameaça de que teriam a cabeça cortada todos os marinheiros e soldados que entrassem na cidade sem ordem. Nos dias que se seguiram foram feitas várias execuções como exemplo, o que moderou um pouco o ardor dos homens, melhor, os obrigou a serem mais precavidos nas suas condenáveis práticas.

Triste aventura — Nem sempre é o maior culpado quem paga. Nesse mesmo dia um caso fortuito ofereceu-nos um funesto exemplo disso. Quando acabávamos de ocupar nosso alojamento no bispado, no alto da Conceição, um soldado, vendo água embaixo, nos fossos da cidade, e estando morto de sede, pediu licença a seu sargento e desceu por um trilho difícil e tortuoso. Quando estava quase chegando ao fosso, já bem embaixo, e parecendo tomar a direção da cidade, um de nossos primeiros oficiais, avistando-o, gritou-lhe que voltasse. O soldado, como era de se prever, não o ouviu, dadas a grande distância e a altura de onde partia a voz. O oficial, querendo dar um exemplo de disciplina e ignorando que o soldado pedira licença, disparou um tiro de fuzil que o atingiu na cabeça, matando-o instantaneamente. O oficial, na verdade, não teve intenção de fazer-lhe mal, pois não acreditava nem mesmo que poderia atingi-lo, tamanha era a distância que os separava. Tiro tão infeliz para o inocente quanto desagradável para aquele que não esperava ser tão hábil quanto queria parecer rígido. Passamos o resto do dia consolidando nossas posições, reconhecendo as vias de acesso e preparando tudo para o caso de ataque. Em verdade, não devíamos recear que aqueles que tinham abandonado a sua cidade ousassem expulsar-nos. Todavia, a precaução é sempre necessária, por mais desprezível que possa ser o inimigo.

Prisioneiros da Inquisição — Os prisioneiros do senhor Duclerc não foram os únicos a tirar proveito de nossa conquista. Encontravam-se nas prisões da Inquisição um jesuíta, vários judeus ricos e um francês chamado Bourguignon. Tais prisioneiros, sem a nossa invasão, brevemente pagariam com a vida a tolice de terem despertado a cobiça sobre suas fortunas.

Uma natural de Saint-Malo — Uma senhora de Saint-Malo, casada com um calafate português, tendo duas filhas, a mais velha delas em idade núbil e com predicados dignos de encontrarem favor, julgou por bem não abandonar sua casa. E o nosso general, em atenção à sua compatriota, fez muitos favores a toda a sua família. Alguns de nossos oficiais desejaram, também, participar de tão generosas ações, mas ele quis reservar toda a glória para si.

Conventos — A cidade encontrava-se inteiramente deserta, com exceção de alguns conventos, nos quais muitas mulheres e velhos se tinham refugiado, vivendo em promiscuidade com os monges. O dos Beneditinos, porém, havia sido inteiramente abandonado, aparentemente pelo receio de que nós, que frequentemente vimos os seus ocupantes de armas nas mãos, fôssemos levados pelo espírito que anima este povo e nos vingássemos em pessoas incapazes de se defenderem. Na casa dos reverendos padres jesuítas restou apenas um velho sacerdote, que recebeu os franceses à entrada e entregou-lhes, de bom grado, todas as chaves. Dois monges carmelitas vieram também, na qualidade de embaixadores, entregar as chaves do seu convento ao senhor Duguay-Trouin, que os recebeu cordialmente e permitiu que permanecessem em paz no seu recolhimento, com todas as pessoas que nele se tivessem refugiado.

Alguns tiros de fuzil. Inspeção das casas. Pilhagens — Alguns negros, que tinham ficado mais pelo desejo de saque do que para combater, trocavam tiros com alguns dos nossos destacamentos que iam inspecionar os quarteirões e, em seguida, fugiam em disparada. Esse manejo durou, com intervalos, até o dia seguinte pela manhã, depois do que nos instalamos na cidade em completa segurança. Nos dias que se seguiram, até a nossa partida, trabalhamos com o intuito de reunir nos armazéns tudo o que era possível retirar das casas. As buscas e transporte das mercadorias eram realizados por um grande número de destacamentos de soldados e marinheiros, comandados por oficiais. Nos armazéns, outros ocupavam-se em fazer fardos das mercadorias, de acordo com a sua natureza, a fim de serem embarcadas oportunamente. Malgrado, no entanto, as ordens do chefe e os cuidados de alguns, fizeram-se tantos estragos e desviaram-se tantas coisas que, posso assegurar sem receio, uns e outros excederam em muito as vantagens que obtiveram os navios e os armadores.

Rendição das fortalezas — À tomada da cidade seguiu-se imediatamente a posse de todas as fortificações. Falo assim porque encontramos aí ainda menos oposição, embora algumas dessas fortalezas, pela sua situação inexpugnável, estivessem em condições de impor-nos sérios problemas, sobretudo por ocasião da partida. Entre elas, a mais importante era a fortaleza de Santa Cruz, que no dia 22 fez sinal de que queria capitular, disparando, intervalos, tiros de salva para chamar nossa atenção. E foi o que conseguiram. O senhor Duguay-Trouin, sem demora, enviou um de seus ajudantes de ordens, que regressou em companhia de um dos oficiais da guarnição, encarregado de negociar as condições para a entrega da fortaleza. O nosso general não se mostrou intransigente, permitindo sem dificuldade que o comandante e sua guarnição saíssem com armas e bagagens e fossem transportados para o ponto da baía onde desejavam fixar-se. Concertada assim a capitulação, que foi assinada pelo comandante, enviamos no dia seguinte as tropas comandadas pelo senhor Destrys, o qual ocupou por bom preço uma praça que, se o povo em questão não fosse português, teríamos sido obrigados a pagar muito caro.

As demais baterias ou fortes, de um e outro lado da baía, ou se renderam ainda com menos cerimonial ou foram encontradas abandonadas — em alguns casos, os canhões tinham sido encravados. Foi assim que nos apoderamos de uma praça em que a arte e a natureza concorriam para tornar inexpugnável. Tais vantagens, no entanto, foram inúteis para essa nação tão pouco digna de possuí-las, o que aumenta o opróbrio e o torna eterno.

Vejamos agora o que se passou depois da tomada da cidade. Não descreverei os acontecimentos dia a dia, como tenho feito desde que entramos nesta baía. Deter-me-ei somente naquilo que de fato mereça atenção. Dou de antemão esse aviso ao leitor, para que depois ele não venha a tachar-me de negligente.

Abordagem — No dia 23 aconteceu um pequeno acidente ao navio *Lys* que, tendo ordem de aparelhar e se aproximar da cidade, abalroou o *Achille* durante a manobra e partiu a verga da cevadeira, o gurupés e o joanete de proa. A embarcação escapou como pôde com essas avarias e foi fundear a E.S.E. da cidade e a N. l/4 N.E. de Villegagnon, a um terço de légua por 13 braças. O senhor de Terville era então o comandante, pois o senhor de Saint-Mars havia regressado ao seu navio.

Presa inglesa — No dia 24, o capitão de um navio inglês de 12 canhões — que se encontrava ancorado diante da cidade, no dia em que entramos, e ocultou-se no fundo da baía — veio render-se ao senhor Duguay-Trouin. Precedera a ele um de seus passageiros, governador de Sumatra nas Índias

Orientais, que posteriormente resgatou o navio por sua conta, tendo dado seu filho e um outro companheiro como garantia do pagamento de 20 mil escudos. Além do resgate, retiramos prata e coral do navio.

Mau tempo — Desde nossa entrada até hoje, 26 de setembro, tivemos sempre chuva, chuva que muito nos teria incomodado se tivéssemos de nos abrigar em barracas. Todavia, graças aos portugueses, que muito a propósito nos forneceram bons alojamentos, isso foi evitado. Para recompensá-los, tendo hoje voltado o bom tempo, foram destacadas duas companhias de granadeiros para procederem à limpeza dos arredores da cidade, onde existiam casas que lhes eram inúteis, mas que ainda não ocupáramos por nos parecerem suspeitas.

Luta ou escaramuças — No momento em que queimávamos essas casas abandonadas, os portugueses, mais ciosos de suas casas de campo do que de sua cidade, procuraram opor-se com 300 homens, que atacaram vigorosamente os nossos granadeiros dispersos. Estes teriam sido divididos e vencidos caso o nosso general não tivesse prontamente enviado em socorro uma companhia de granadeiros e outros destacamentos, em um dos quais eu me encontrava. O senhor Brignon, à frente de sua companhia de granadeiros, teve toda a glória desse encontro, tendo matado ele mesmo o chefe dos adversários, de nome *Dalmara* — oficial que o enfrentou corajosamente e que era tido entre os seus como o mais bravo. O senhor de Chéridan, um dos primeiros a acorrer com o socorro de um destacamento de granadeiros, distinguiu-se muitíssimo. Não tivemos, porém, razões para estar satisfeitos com aqueles que fomos obrigados a socorrer. Depois de termos deixado alguns portugueses sobre o campo de batalha e dispersado os outros, regressamos sem nenhuma baixa.

Proposta de paz — Mal havíamos regressado ao nosso alojamento quando apareceu um padre jesuíta com uma pequena bandeira branca. Ele vinha montado em um belo cavalo que marchava como convinha à gravidade de seu cavaleiro. O religioso foi levado à presença do nosso general, a quem pediu o favor de ouvir uma proposta de capitulação da

Outras visões do Rio de Janeiro colonial

cidade. Pediu, ainda, que lhe permitisse ir a vários pontos dos arredores, com o fim de reunir as pessoas necessárias para aquele propósito, as quais se achavam todas espalhadas, pois cada uma havia se retirado para o sítio em que julgava poder sobreviver mais comodamente. O senhor Duguay-Trouin, que não desejava outra coisa senão impor um resgate à cidade, concedeu-lhe sem dificuldade os passaportes necessários.

Outra proposta — No dia 30, o governador do Rio de Janeiro enviou duas pessoas de distinção ao senhor Duguay-Trouin, com uma proposta. A primeira era um mestre de campo, e a outra tinha o título de *presidente*. Dois oficiais foram enviados como reféns desses cavaleiros portugueses, os quais, depois de terem feito uma visita ao nosso general, sem entrar na matéria senão muito ligeiramente, se retiraram para o convento dos padres jesuítas até o dia seguinte, quando foram feitas, de ambos os lados, as propostas que a nenhuma das partes interessava aceitar. O senhor Duguay-Trouin estava quase a romper as negociações e a despedir os enviados quando o governador mandou pedir-lhe uma prorrogação de prazo, pois precisava de tempo para reunir alguns dos principais habitantes da cidade, sem os quais não poderia firmar nenhum pacto dessa natureza.

Presentes. Estado a que estão entregues os portugueses — Uma vez satisfeita a demanda, o governador mandou-nos dez bois de presente, que foram muito bem-vindos. O senhor Duguay-Trouin, em agradecimento, enviou-lhe uma centena de pães frescos e muitas garrafas do bom vinho francês. Tais artigos, estou certo, eram para eles, que se viam constrangidos a comer farinha de mandioca em lugar de pão e a beber somente água, no mínimo tão apreciáveis quanto os bois eram para nós. O governador, por isso mesmo, mostrou-se reconhecido e, alguns dias mais tarde, quando as negociações fracassaram e os reféns foram recambiados, mandou mais 12 bois de presente.

Falso alarme — No dia 7 de outubro, algumas novas suspeitas de esquadra inimiga fizeram com que todos os nossos navios grandes recebessem ordem de fundear em linha junto à fortaleza de Santa Cruz, para aí se colocarem atravessados e defenderem a entrada em caso de necessidade. As embarcações assim permaneceram por apenas três ou quatro dias, depois do que tiveram ordem para ancorar próximo à cidade. Por precaução, o *Achille* conservou-se no local até a nossa partida.

Tesouros — Enquanto isso se passava, tudo fazíamos para descobrir os lugares onde havia ouro ou prata escondidos. Uns disso se ocupavam por ordem do general e outros por pura devoção a objetos de tão agradável utilidade na vida. Alguns desses últimos, não tendo podido gozar de sua boa fortuna sem indiscrições, levantaram suspeitas. Recebemos, ao mesmo tempo, várias denúncias de que no convento de Santo Antônio, situado nos limites da cidade, deviam existir grandes riquezas escondidas. No dia 8, o senhor Brignon, com um destacamento de sua companhia, teve ordem de para lá seguir e obrigar os frades a entregar as tais riquezas. À intimação, os frades responderam que de fato o convento tinha abrigado riquezas, mas que dias antes quatro ou cinco oficiais tinham ido até eles em nome do general e, ameaçando-os com uma pistola na garganta, os obrigaram a revelar onde estavam os tesouros, os quais trataram de carregar. O senhor de Brignon, cujo aspecto é imponente, não se satisfazendo com a resposta, encostou a boca de seu fuzil no estômago do mais saliente e disse-lhe em tom firme que tal situação teria abalado qualquer outro mesmo que não fosse frade, mas que ainda devia ter restado algo e que, se não entregassem, faria todos darem o seu último suspiro. Essa intimação violenta produziu todo o efeito desejado e fez com que lhe entregassem 400 mil libras, parte em ouro em pó, parte em objetos de prata. Disseram-lhe, ainda, que os primeiros enviados tinham retirado pelo menos o dobro. Os frades foram levados à presença do nosso general e reconheceram alguns dos supostos enviados. Fizeram-se indagações, e um dos culpados, tendo desconfiado, tentou desertar para o lado do inimigo, resistindo a um oficial enviado para prendê-lo. Todavia, como entre os envolvidos na cabala encontravam-se muitos dos principais maloínos[10] da esquadra, o escândalo foi abafado. Soube-se apenas que eles tinham sido guiados por um dos cadetes do senhor Duclerc.

---

[10] Naturais de Saint-Malo.

Frades expulsos de seu convento — Os frades acabaram por ser as únicas vítimas dessa aventura, pois no mesmo dia foram expulsos de seu convento. O mesmo aconteceu no Convento dos Carmelitas, com todos os frades, velhos, mulheres e crianças que se encontravam ali refugiados. A saída destes últimos não deixou de suscitar a compaixão das almas boas, conscientes das misérias que a guerra arrasta atrás de si. E estes ainda não foram os mais infelizes. Os que partiram na noite da fuga geral ressentiram-se enormemente com a falta de recursos, de abrigo e com a fadiga da marcha. Muitos, de todas as idades e de ambos os sexos, foram encontrados mortos ao longo das estradas.

Avançamos em direção ao acampamento dos portugueses — No dia 10, o senhor Duguay-Trouin, percebendo a demora e a indecisão do governador relativamente ao resgate da cidade e querendo, por motivos essenciais, terminar esse negócio o mais depressa possível, pelo resgate ou pelo incêndio da urbe, resolveu atacar o inimigo em seu acampamento. O general acreditava que, assim procedendo, os obrigaria a uma decisão. E não se enganava, pois a presença do inimigo em uma negociação faz mais impressão sobre o povo do que todas as razões políticas que se lhes possam apresentar. Nosso general, por conseguinte, pôs-se à frente de 1.800 homens e após légua e meia de marcha, depois de seguirmos por desfiladeiros bordejados por espessos bosques — onde apenas uns 50 homens seriam suficientes para impedir a nossa passagem —, demos com uma planície que podia conter 3 mil homens em formação de batalha, mas onde todos os caminhos eram entrecortados por matos, fossos, regatos e morros. Ao alcançarmos esse local divisamos um pelotão inimigo à direita, por trás de um regato, em um pequeno bosque, e do outro lado da planície, um corpo de tropas (cerca de 300 homens), que guarnecia os entrincheiramentos à nossa frente, na margem de outro regato. O senhor de Gouyon-Beaufort, que comandava nossa vanguarda, marchou em direção a esses entrincheiramentos. Ao aproximar-se cerca de dois curtos tiros de fuzil, o inimigo abandonou a posição e adotou formação de combate mais adiante, no meio de uma encosta de morro, na frente de um bosque. Apareceu, então, um português, que se adiantou e entregou para o nosso general uma carta da parte do governador, pedindo com insistência que aceitássemos a capitulação tal como havia proposto, porque ele se encontrava absolutamente impossibilitado de reunir fundos para pagamento de uma quantia mais avultada, visto que todos os habitantes mais ricos tinham fugido, uns para o lado das minas e outros para o da Baía de Todos os Santos. Ele, no entanto, comprometia-se a acrescentar à última proposta 40 mil cruzados de seu próprio bolso. E isso era o máximo que podia fazer.

Negociação — Diante dessa iniciativa do governador o senhor Duguay-Trouin deteve as tropas e enviou alguns reféns ao acampamento, possibilitando, assim, a vinda dos delegados portugueses que deveriam acertar um acordo, pois ele não desejava retirar-se sem que o assunto ficasse resolvido de um modo ou de outro.

Condições — Muito se argumentou, de um e outro lado, em torno das condições de paz. Foram necessárias diversas idas e vindas ao governador antes que o acordo fosse concluído. Finalmente, o senhor Duguay-Trouin, vendo que não podia tirar maiores vantagens prolongando as negociações e que, dia após dia, aumentavam os motivos para apressar a sua partida, resolveu fazer a paz sob as seguintes condições: o governador pagaria a quantia de 615 mil cruzados em três parcelas, a primeira em 15 dias e a última em um mês; entregaria, ainda, 200 caixas de açúcar e 200 bois; em troca, o senhor Duguay-Trouin comprometia-se a entregar-lhe, ao partir, a cidade, as fortalezas e todos os canhões, sem nada destruir. Esse tratado foi assinado por ambas as partes, ficando verbalmente também resolvido que o governador se comprometia a enviar para a França os prisioneiros do senhor Duclerc, que há alguns meses tinham sido mandados para a Baía de Todos os Santos. Em seguida, entregaram-nos seis reféns, dos mais importantes, para garantia desse tratado. Feito isso, nossas tropas começaram a se retirar e nós regressamos sãos e salvos, sem dar um tiro. Tudo graças à covardia portuguesa que, no campo, tal como procedera na cidade, não quis tirar partido de suas vantagens.

Vantagens que obtiveram as·duas partes — Seja como for, a paz foi vantajosa para os dois lados, tanto que, nos dias que se seguiram, muitos negociantes portugueses vieram à cidade e abasteceram-se, a baixo preço, de uma quantidade de artigos que lhes eram necessários. Vendemos a eles muitas coisas que não poderíamos carregar e que seríamos forçados a destruir, pois não queríamos que se aproveitassem delas sem qualquer vantagem para nós. Foram, então, negociados todos os navios e demais embarcações que se encontravam na baía, com exceção de dois navios que o nosso general conservou: um para carregar o açúcar e o outro, as mercadorias próprias para serem vendidas nos Mares do Sul. O comando do primeiro, um navio de 44 canhões (30 dos quais montados), de nome *Rainha dos Anjos*, foi confiado ao senhor de La Ruffinière, tenente de artilharia. O outro foi entregue ao senhor de Brignon, não o oficial da marinha, mas um outro de mesmo nome, natural de Saint-Malo, escolhido pelos armadores para se ocupar de tal comissão em caso de bom êxito da empresa. O navio, de nome *Encarnação*, tinha 56 canhões, 26 dos quais montados, e era de duas cobertas e meia.

Apressamos os trabalhos — Com este último navio preparamos, para o mesmo fim, o *Concorde*, navio de nossa esquadra, comandado pelo senhor Pradel, parente do senhor Duguay-Trouin. Trabalhamos com empenho e diligência na reparação e carregamento desses três navios, segundo seus destinos. Imediatamente, depois de concluído o tratado de paz, tratamos de esvaziar a cidade de todas as maneiras possíveis, distribuindo pelos navios da esquadra aquilo que não podia ser embarcado nos três navios de carga. Desejávamos estar em condições de entregar a cidade na altura do pagamento da primeira parcela do resgate, como havia sido convencionado. Foi o que fizemos no dia 21, dia em que os portugueses vieram nos pagar.

Deixamos os portugueses entrarem na cidade — O senhor Duguay-Trouin cumpriu sua palavra, permitindo que voltassem para a cidade, e foi instalar-se, com 1.500 homens, nos Jesuítas. O bispado e os Beneditinos foram abandonados, conservando-se o forte Vermelho, o forte de São

Tiago, o da Misericórdia e o de Santa Cruz, os demais foram entregues aos portugueses. As tropas excedentes, que ocupavam diferentes postos em terra, embarcaram.

Reembarque — Os portugueses foram tão pontuais nos dois pagamentos restantes quanto tinham sido no primeiro. No dia 4 de novembro concluiu-se o pagamento do resgate e o senhor Duguay-Trouin, que estava com pressa de partir, embarcou nesse mesmo dia com todas as tropas, exceto as que se encontravam na fortaleza de Santa Cruz, que ele queria conservar em seu poder até o momento da saída.

Reflexões sobre todas as circunstâncias dessa empresa — Entre esse último embarque e a nossa partida, período em que se trabalhou com afinco, nada ocorreu digno de nota. Creio, pois, ser oportuno expor algumas observações que fiz relativamente à nossa expedição e oferecer uma ideia mais pormenorizada da cidade e do país, mais pormenorizada do que aquela que apresentei quando me ocupei da baía e de suas defesas.

É incontestável que houve tanta sorte de nossa parte quanto covardia da parte dos portugueses. Concordar-se-á facilmente com isso se se refletir sobre todas as circunstâncias que narrei fielmente. As defesas naturais do terreno, as defesas da arte militar, o número de canhões e o número de homens que estavam em condições de defender o lugar deveriam ter criado grandes obstáculos ao bom êxito da empresa. Tivemos, contudo, a sorte de encontrar o povo farto de esperar pela nossa invasão e, em decorrência disso, tranquilo — apesar dos avisos que tinha recebido — e descuidado no serviço das fortalezas da barra. Estas, se tivessem as guarnições que deveriam ter e que, por uma continuação da nossa boa fortuna, não puderam ser reforçadas em virtude da rapidez da nossa entrada, sem nenhuma dúvida, teriam nos maltratado seriamente. Contamos, ainda, na entrada, com um vento de feição e um tempo brumoso, o que fez com que fôssemos descobertos somente quando não havia mais tempo de tomar nenhuma providência. Isso lhes causou um grande susto, pois era raro que as embarcações portuguesas encontrassem circunstâncias tão favoráveis

OUTRAS VISÕES DO RIO DE JANEIRO COLONIAL

para entrarem simultaneamente, como fizemos. Eles estavam inteiramente convencidos, justificadamente, por sinal, de que era difícil para os navios transporem os fortes sem serem afundados. Se ajuntarmos a essas circunstâncias do acaso o fato de nos termos apossado da Ilha das Cobras, que os portugueses, tão pouco a propósito para eles, abandonaram e que o nosso general teve a precaução de ocupar, veremos facilmente que a felicidade contribuiu tanto para o nosso sucesso quanto a nossa bravura e a habilidade dos nossos chefes. É certo que, se não tivéssemos conseguido apoderar-nos da dita ilha, teria sido muito difícil, senão impossível, ocupar a cidade. Bastaria aos portugueses defendê-la a partir dos lugares de difícil acesso, onde muito pouco mal poderíamos lhes causar — como é fácil concluir pelo que descrevi até aqui. Mas, se devemos muito de nosso sucesso à sorte, não devemos por isso honrar menos os nossos chefes, que incontestavelmente mereceram muita glória, pois, longe de desanimarem diante de tantos obstáculos a vencer, com os quais não contavam, redobraram em cuidados e em firmeza. Devemos especialmente fazer justiça ao senhor Duguay-Trouin, que procedeu, no assalto ao lugar, tal como teria feito o general mais experimentado, tomando sempre a decisão oportuna, sem precipitações nem demora, não se deixando deter por discursos vãos e enganosas aparências, distinguindo o falso do verdadeiro e executando com firmeza as resoluções mais prudentes. Procedendo assim, o general venceu as maiores dificuldades, e as venceria mesmo que tivesse de enfrentar um governador mais hábil e corajoso, oficiais mais ciosos de sua honra e mais zelosos no serviço de seu rei e tropas mais aguerridas e mais bem-comandadas. Isso não significa que se deva, a rigor, acusar a generalidade dos militares ou a totalidade dos notáveis da cidade, pois havia entre os defensores dois regimentos de infantaria que já tinham combatido na Europa e que, segundo dizem, se ofereceram ao governador para tomar um dos nossos acampamentos antes que nos tivéssemos apossado da cidade. Caso tivessem aproveitado esse gesto de boa vontade, é provável que nos teríamos metido em apuros, na medida em que, malgrado a coragem dos nossos soldados — que se deixavam levar até onde os quiséssemos conduzir —, sentíamos a diferença que existe entre soldados adestrados no serviço em terra e aqueles que só exercem o ofício ocasionalmente, combatendo de um modo bem diferente.

O fato de que um reforço considerável vindo das Minas, reforço que teria aniquilado inteiramente as nossas esperanças, não pôde chegar a tempo demonstra, igualmente, que a sorte esteve ao nosso lado. Refiro-me ao senhor Albuquerque, governador-geral das Minas, que chegou à frente de 6 mil homens, entre brancos e negros, depois da assinatura da capitulação. É certo que, se ele tivesse chegado antes de abandonarmos a cidade, não mais poderíamos ter pretensões a tomá-la. Dizem que o senhor Albuquerque é conhecedor da arte de guerrear e que suas tropas estão habituadas ao combate em virtude da guerra quase contínua que, nas Minas, movem contra elas os paulistas. Esse senhor não quis participar de nenhuma negociação entre os portugueses e nós. Ele instalou-se num acampamento particular, próximo da cidade, esperando a nossa partida para, em seguida, restabelecer a ordem geral. Dizem que ele tem feito muitas ameaças ao governador e a vários notáveis da cidade.

Capitão Bocage — Entre os comandantes dos quatro navios de guerra portugueses havia um francês chamado Bocage, proveniente da Baixa Normandia. Esse normando serviu em Saint-Malo e por uma razão qualquer refugiara-se há muitos anos em Lisboa, onde entrou para o serviço do rei de Portugal e chegou a ser um de seus principais capitães. Durante o cerco do Rio de Janeiro, ele conquistou fama em ambos os lados. Tendo sido o primeiro a comandar a fortificação dos Beneditinos, foi ele quem nos dirigiu o fogo mais intenso que experimentamos. Os portugueses são unânimes em declarar que as coisas bem-realizadas durante o cerco foram executadas ou sugeridas pelo senhor Bocage. Na noite do abandono da cidade, ele procedeu como homem astuto, sendo o último a deixar seu posto e somente depois de ter feito repetir duas vezes, diante de seus oficiais, a ordem que lhe enviara o governador.

Alguns dias depois de assinado o acordo de paz, o senhor Bocage mandou pedir permissão ao senhor Duguay-Trouin para vir vê-lo, o que lhe foi concedido. Ele passou alguns dias entre nós e chegou mesmo a comprar um pequeno navio. Nessa ocasião, confirmou-nos o que os portugueses já nos tinham confessado: se os seus navios de guerra não estivessem na baía, a capitulação teria tido lugar nos primeiros dias da nossa entrada, o que bem demonstra como essa gente é efeminada e incapaz do menor gesto de bravura. Tal reforço serviu somente para dar-lhes tempo de sair da cidade com seu ouro, seus objetos de maior valor e suas mulheres. Depois de porem a salvo tais coisas, não lhes sobrou coragem suficiente para, com risco da própria vida, defender sua honra — sentimento que mal conhecem, pouco praticam e que ocupa o último lugar na sua escala de valores. Não nos seria, contudo, impossível apreender uma parte de seus bens e impedir a saída de muitos outros, caso dispuséssemos de maior número de homens e tivéssemos arriscado enviar uns destacamentos pelo mato para apoderarem-se de uma elevação, situada a dois tiros de canhão pelo flanco dos morros que ocupamos durante o cerco. Tudo o que saía da cidade era obrigado a passar por aí, não havendo outro caminho. De nossas colinas víamos diariamente passar, em carroças, no dorso de animais e nas costas de negros, grande quantidade de volumes, que, supõe-se, não eram constituídos pelos objetos menos preciosos existentes na cidade. É mesmo surpreendente que, malgrado a prodigiosa quantidade de transportes que vimos passar — além daqueles que não vimos —, tenhamos ainda encontrado na cidade grande número de objetos de toda espécie, o que atesta a imensa riqueza desta colônia. Para se ter uma ideia, basta lembrar: em primeiro lugar, que durante o cerco o fogo devorou dois armazéns que os franceses e portugueses diziam estar repletos de mercadorias europeias de variada espécie, mercadorias consideradas as mais valiosas da cidade, mais do que todas as outras reunidas; em segundo lugar, que só as mercadorias que enviamos aos Mares do Sul, por conta dos armadores, foram avaliadas em mais de um milhão, aos preços da França. Se juntarmos a isso mais um milhão em ouro e prata por nós encontrado, outro tanto em açúcar — tudo isso também para os armadores — e mais a importância paga pela capitulação e o produto dos navios vendidos, concluiremos facilmente que todos esses bens representavam somente uma pequena parte dos bens da cidade.

Com efeito, além de todas essas coisas, que rica pilhagem não foi feita! Quanto não se perdeu ou não pôde ser transportado! Quantos bens preciosos foram quebrados ou destruídos! Quantos ricos tecidos, aos quais não se dava importância, foram espezinhados, arrastados pelas ruas e enterrados na lama! E quanta coisa não deixamos ficar, coisas que estavam escondidas ou que desprezamos por não serem de uso corrente ou de fácil transporte! Podemos ainda ajuntar, penso eu, os terríveis estragos de toda espécie nos víveres que abundavam na cidade e que teriam sido suficientes, economicamente distribuídos, para abastecer a nossa esquadra durante vários meses. É bem verdade que esses foram, para nós, um auxílio precioso; mas quanto não se perdeu? Nas ruas, nadava-se, por assim dizer, no vinho que os nossos soldados, a tiros de fuzil ou de pistola, faziam jorrar das pipas encontradas nos depósitos. Os cereais, os legumes secos, as farinhas e outros gêneros formavam com esse vinho uma espécie de lama amassada que fazia pena ver. Não resta a menor dúvida de que, se tivéssemos posto tudo em ordem à partida, teríamos tirado muito maior proveito.

Nessas situações, é difícil estabelecer a ordem de um só golpe. O desejo ardente de pilhar, mesmo entre aqueles que não deviam se deixar levar, é tão grande que não se dá a devida atenção à brutalidade do embriagado, que para satisfazer-se fura e rompe pipas e tonéis, nos quais por vezes se afoga. Presenciamos um caso desses e vimos também inúmeros indivíduos que retiravam das casas mais do que podiam carregar, deixando cair pelas ruas, sem dar a menor importância, a metade do que levavam — que algumas vezes era o que levavam de melhor. Em quantas oportunidades, belas e curiosas porcelanas e móveis preciosos foram despedaçados por aqueles que, à procura de coisas mais sólidas, não queriam dar-se ao trabalho de carregá-los! É preciso ter sido testemunha de tais fatos para se poder fazer deles uma ideia justa, e eu me tornaria fastidioso se quisesse pormenorizar todas as infâmias que foram praticadas nessa cidade.

Sacrilégio — Não passarei, entretanto, em silêncio sobre os sacrilégios cometidos em algumas igrejas, onde vasos sagrados foram roubados, depois de ter sido deitado por terra o que deve nos conduzir ao céu. Crime tão detestável quanto impossível de ocultar à justiça divina! Foram saqueados também muitos ornamentos de igrejas, que suscitaram uma busca minuciosa. O senhor Duguay-Trouin tratou de restituí-los ao bispo do Rio de Janeiro, não retendo consigo nada que fosse do uso das igrejas.

Uma casa protegida pelo céu — Uma única casa da cidade escapou ao saque, pois ninguém se lembrou de nela penetrar, muito embora estivesse situada próximo de um de nossos corpos de guarda. O seu dono, ao regressar, contando encontrar uma grande desordem, ficou admirado de ver tudo arrumado como deixara. Os portugueses e os franceses de M. Duclerc asseguram que ele e sua família têm a reputação de serem as pessoas mais honestas da cidade. Foi sem dúvida para recompensar sua virtude que o Senhor poupou sua casa dos indivíduos ávidos de tudo mexer.

Feira — Enquanto estivemos nos Jesuítas ou no forte Vermelho, depois de termos deixado a cidade, houve, por assim dizer, uma feira quotidiana ao pé do forte da Misericórdia, onde atracavam nossas chalupas. Portugueses e franceses aí negociavam com vantagem para ambas as partes, uns comprando barato o que certamente não poderiam recusar por preços bem mais altos e outros transformando em pequeno volume o que os embaraçava por ser grande. Poder-se-ia, talvez, atribuir essa indulgência à ruptura de um negócio que quiseram fazer os portugueses, comprando os carregamentos dos dois navios destinados aos Mares do Sul. O certo é que eles só deixaram de insistir a esse respeito quando descobriram outro meio de obter o que lhes era necessário. E deram com isso, creio eu, grande prazer àqueles a quem eram destinadas tais mercadorias e, principalmente, àqueles que deveriam vendê-las e que fizeram os fardos e as faturas. Vendemos também aos portugueses a maior parte da pólvora que encontramos em diferentes locais. A importância correspondente (100 mil libras) não deixou de ser considerável, e o senhor Duguay-Trouin, conforme o costume, a distribuiu proporcionalmente entre todos os comandantes de sua esquadra.

Os sinos e os canhões de ferro fundido, principalmente muitos que têm as armas francesas, valeriam, talvez, uma grande quantia na França. Todavia, uma vez que no tratado de paz não houve menção a eles, nem verbalmente nem por escrito, agimos de boa-fé e não os levamos, na esperança de que o governador proceda corretamente conosco, apressando a volta dos oficiais franceses que ele mandou para a Baía de Todos os Santos — cujo chefe é o tenente de navio senhor de Ruy, imediato do senhor Duclerc. Esses prisioneiros, afirmo, não terão motivos para se queixar, porque os tratados nem sempre saem como desejamos.

Presa portuguesa vinda do mar — Durante a nossa estada nessa baía, depois da conclusão do acordo de paz, chegaram quatro pequenos navios, que certamente não esperavam ter de entregar de graça suas mercadorias — infelizmente, mercadorias de pouco valor. Dizem que outros navios alcançaram a entrada da barra e provavelmente informados do que se passava, fugiram imediatamente. Um deles, asseveram alguns, era de 30 canhões e estava carregado de tabaco, presa que teria nos valido 100 mil escudos. Comentou-se também que se tivéssemos uma boa fragata cruzando fora da barra, entre a baía e a Ilha Grande, teríamos feito presas muito mais valiosas. Isso pode até ser verdade, contudo poderia também gerar alguns problemas, e, não devo duvidar, o senhor Duguay-Trouin não teria deixado de enviá-la, caso julgasse conveniente.

O certo é que, três ou quatro dias depois da nossa entrada na baía, fomos informados de que se armava, junto à cidade, uma espécie de bergantim ou sumaca, que posteriormente saiu em missão. Soubemos que o navio pertencia aos jesuítas e que estes o tinham, por assim dizer, carregado de ouro. Era um carregamento extremamente valioso e, se tivéssemos feito sair uma chalupa armada na noite seguinte, nós o teríamos aprisionado ou aprisionado alguma piroga ao longo da costa, onde também se podem encontrar riquezas. A chalupa, pelo menos, teria descoberto e reconhecido todos os cursos de água até a Ilha Grande, o que poderia, talvez, ter suas vantagens. Objetou-se que seria perigoso correr tais riscos enquanto não estivéssemos senhores das fortalezas. No entanto, quando dela nos apoderamos, havia realmente algum perigo? Não é sabido que toda esta costa é limpa, cheia de fundeadouros, e que os ventos a temer servem para retornar à baía? Para mais, entre os tantos negros que aprisionamos ou que vieram se entregar a nós, não haveria algum com bastante conhecimento da costa para nos conduzir ao longo dela e servir de guia aos competentes oficiais que estariam nas nossas chalupas?

Termino minhas observações concernentes a essa expedição informando que os negros que capturamos durante a guerra foram distribuídos pelos navios cargueiros, para serem posteriormente vendidos, e que os que vieram a nós espontaneamente foram espalhados por todos os navios e postos à disposição dos oficiais, que tiveram a liberdade de escolher, se desejassem, de qual se apossar.

Judeus — Acrescentarei que, no último dia de nosso embarque, os judeus capturados pela Inquisição subiram clandestinamente a bordo, pois o senhor Duguay-Trouin não quis envolver-se. Bourguignon, que tinha comprado um de nossos lanchões, nele embarcou com sua família. A mulher de Saint-Malo, acompanhada de sua filha e do marido, fez o mesmo em outro lanchão que se achava bem-provido de escravos de ambos os sexos e de outras comodidades. A embarcação, porém, era muito apertada, e enquanto aguardavam a nossa partida eles permaneceram a bordo do nosso navio, onde havia maior conforto.

É tempo de concluir estas observações, nas quais me detive demasiado unicamente para agradar ao leitor. Vou, agora, substituir o seu enfado, descrevendo-lhe este país o mais exatamente possível ou, pelo menos, tal como eu o concebo.

Descrição da cidade — Começo pela cidade, cujo verdadeiro nome é São Sebastião, sendo vulgarmente conhecida pelo mesmo nome da baía. Ela está edificada, como vimos acima, em uma planície à beira-mar, sendo limitada em seus dois extremos por morros que constituem duas belas defesas. As ruas são todas retas, e as casas, que contam com dois andares, às vezes três, são de pedras rebocadas e, na sua maioria, cobertas com telhas. Elas são cômodas, alegres e muito asseadamente pintadas de cal. Todo o terreno da cidade é plano e deve medir, entre os referidos morros, cerca de meia légua ou três quartos de légua de contorno. Depois da capital, que é a Baía de Todos os Santos, esta urbe é a mais importante de toda a costa do Brasil. Ela é sede de uma capitania geral, que governa toda a costa — daqui até o rio da Prata, onde acaba o Brasil —, e possui um bispado, um presídio e uma Casa da Moeda. Veem-se, na cidade, muitos conventos de diferentes ordens religiosas, das quais as mais conhecidas são aquelas dos reverendos padres jesuítas e a dos beneditinos.

O Convento dos Jesuítas está construído, como já vimos, fora da cidade, em um local privilegiado. Duas ladeiras magníficas dão-lhe acesso, uma da cidade e outra do mar, junto à fortaleza da Misericórdia. No dia do nosso reembarque, nossas tropas desfilaram por esta última, enquanto as tropas portuguesas, em coluna de 12 homens de frente, subiam pela outra, com a finalidade de substituir-nos e manterem-se no alto da ladeira até que tivesse terminado o nosso desfile. Diz-se que o convento, tal qual está, deve ter custado mais de dois milhões. O edifício realmente é grande, vasto e de bela aparência, com lindos detalhes de arquitetura, detalhes arrojados, como uma espécie de aposento, muito elevado, situado ao canto do convento, de onde se tem uma vista das mais vastas e graciosas do mundo. Existe aí um jardim que, pela sua situação e pelos seus recursos, poderia tornar-se, em nossas mãos, dos mais organizados e grandiosos do mundo. Nada disso, porém, ocorre, e o jardim está repleto de frutos e legumes da terra desordenadamente distribuídos. Há nele uma árvore de canela que dizem ser o único exemplar em toda a América. Mastiguei uma folha verde dessa

Outras visões do Rio de Janeiro colonial

árvore, que tem o mesmo gosto da casca. De resto, há apenas 25 anos que esses bons padres começaram a sua instalação no local, onde mantêm um colégio. Asseguraram-nos, no entanto, que cerca da terça parte das casas da cidade lhes pertence, que possuem, perto da urbe, o mais belo engenho de açúcar do país e que, a 6 ou 7 léguas daqui, próximo ao mar, possuem uma propriedade considerável, de nome Santa Cruz. Se juntarmos a tudo isso as grandes riquezas que ocultaram no pequeno prédio de que falei anteriormente, verificar-se-á que esses religiosos não perderam tempo desde a sua instalação. Mas, para defini-los com mais precisão, direi que todos os que vimos tinham o mesmo aspecto dos da Europa, a mesma reserva de atitudes e a mesma política em todas as suas negociações. Seria também justo citá-los como as mais ou, mesmo, como as únicas pessoas honestas da cidade, de todas as classes e profissões.

Quanto ao Convento dos Beneditinos, não é tão espaçoso como o dos Jesuítas, mas sua igreja é maior e mais notável, formando um conjunto em nada inferior ao outro. Sobe-se aí por uma bela ladeira, bem mais suave e mais curta do que a dos Jesuítas. Do alto, tem-se, igualmente, uma bela vista. A construção, mais regular no todo que a sua congênere, não é menos sólida, pois, apesar do grande número de tiros de canhão disparados em cheio, da Ilha das Cobras — que se encontra, por assim dizer, à queima-roupa —, somente a muralha fronteiriça da ilha ficou consideravelmente danificada. E isso não obstante a sua grossura e os blocos de pedra que a atravessam quase que completamente. Foi essa muralha que poupou o resto das edificações de maiores avarias. Garantiram-me, entretanto, que os frades não desembolsarão menos de 50 mil escudos para reparar os prejuízos que lhes causamos. E foi menos do que mereciam, dizem os próprios portugueses, que odeiam esses religiosos pelo seu orgulho e insolente depravação.

Todos os demais conventos têm a aparência conforme à riqueza que possuem, sendo em geral asseados e bastante grandes. As igrejas são so-berbas em esculturas e dourados. Vê-se, também, nos seus interiores, grande número de quadros e ornamentos, o que demonstra que esse povo não deixa de ter um certo gosto pelas obras de arte ou que, pelo menos, as reconhece e deseja possuí-las.

O bispado encontra-se, como referi, igualmente fora da cidade, sobre uma elevação, o morro da Conceição, que tem o ar de um verdadeiro calvário. Uma ladeira bastante estreita e íngreme lhe dá acesso. Quando nos encontramos no alto, o terreno mostra-se com belo aspecto, entrecortado por alamedas de laranjeiras muito bem-dispostas; coisa incomum nas demais plantações dos arredores, onde tudo cresce ao acaso e sem a menor simetria. A diferença, porém, não causa espanto, afinal, aí existia antes da guerra um Convento de Capuchinhos franceses da província da Bretanha, os quais foram expulsos pelos portugueses no começo do conflito. O prédio não é menos cômodo por dentro do que agradável por fora. Ignoro se alguma coisa foi alterada depois que o bispo o transformou em sua residência, parece-me, todavia, que aí se encontram mais lugares abandonados do que cuidados e embelezados.

O bispo — A consideração que pessoalmente merece esse bispo, embora nunca o tenhamos visto, fez com que o general se empenhasse em coibir qualquer estrago ou saque a esse edifício. Embora isso não tenha sido alcançado inteiramente, essa habitação foi a que menos sentiu a cobiça francesa. Esse bom prelado passa por ser um santo homem entre os de sua nação e deu disso provas positivas aos da nossa, distribuindo mais de 10 mil escudos aos prisioneiros das tropas do senhor Duclerc. Estes certamente teriam morrido sem o seu socorro e o de alguns outros habitantes que felizmente eram dotados dessa virtude cristã. Tal empenho, entretanto, não impediu que morresse de fome quase a metade dos prisioneiros, muitos dos quais feridos. Os portugueses tiveram a desumanidade de recusar que um cirurgião francês os examinasse. A esse respeito os soldados do senhor Duclerc contaram-nos que testemunharam crueldades dignas de animais ferozes e também curas que poderiam passar por milagrosas.

Profecia — Retorno ao santo bispo. Todos asseguraram-nos de que há não muito tempo ele profetizou, em um dos seus sermões, a nossa invasão, bradando que as abominações cometidas na cidade, se não cessassem, atrairiam sem tardar as iras do Senhor. Seja por prudência cristã ou por inspiração divina, o certo é que o bispo não se enganou. Essa foi, talvez, a causa de toda a nossa boa sorte: Deus quis servir-se de nós para castigar esse povo, que, entre todos do mundo, é o mais dissoluto em seus costumes e o mais desprezível em seu caráter.

Costumes dos habitantes — Com efeito, vícios de toda espécie reinam soberanamente entre os indivíduos de ambos os sexos e de todas as classes. Os frades, principalmente, não importando a ordem a que pertençam — excetuando a dos jesuítas, que procedem como referi —, vivem em uma licenciosidade e depravação de horrorizar os nossos mais renomados libertinos. Eles são tão ignorantes quanto corruptos, tão insolentes quanto orgulhosos, enfim, são a tal ponto detestáveis que só merecem desprezo. Os padres seculares não levam de modo algum uma vida pública tão escandalosa. A razão de tal diferença é que o bispo os fiscaliza o mais que pode e os castiga severamente, se levarmos em conta os hábitos do país. Ele, contudo, não tem autoridade sobre os monges, que não se incomodam com suas repreensas. Assim, não obstante todo o seu empenho junto ao rei de Portugal para corrigi-los — como prova o grande número de cartas de seu soberano que encontramos e lemos no seu gabinete de trabalho ou biblioteca —, ele nada tem conseguido.

Natureza do terreno — Pode-se, com inteira justiça, aplicar a este país o provérbio italiano que diz: *Bona tierra, mala gente*. A terra, com efeito, é fértil até no cume das mais altas montanhas e tem tantas qualidades boas quanto têm más os habitantes. Tudo o que não é cultivado está coberto de árvores, as quais fornecem todo tipo de madeira e frutas nativas da América. A terra a que se dá o trabalho de preparar produz geralmente tudo o que nela se planta ou semeia. Se a política de Estado o permitisse, seria possível produzir aqui quase tudo o que temos na Europa. Por motivos óbvios, a produção de vinho e de trigo é particularmente proibida. Desde alguns anos vem sendo proibida também a cultura do tabaco, deixando-a para a Baía de Todos os Santos, que comercializa grande quantidade desse artigo. Produz-se aqui, principalmente, o açúcar, que é um dos melhores de toda a América. A terra é geralmente tão abundante em minerais, em ouro sobretudo, que não posso omitir um detalhe que vi nos primeiros dias de nosso desembarque: eu e um grupo de oficiais estávamos junto ao senhor Duguay-Trouin no alto de um morro, de onde ele observava a cidade e as fortificações, quando os portugueses dispararam um tiro de canhão que caiu próximo de nós, enterrando-se no solo cerca de dois pés. Tivemos a curiosidade de desenterrá-lo com o fito de conhecer-lhe o calibre. Qual não foi nossa surpresa quando o vimos todo dourado, com pequenas e finas partículas desse precioso metal que o calor do projétil tinha atraído, dada a abundância que havia no local.

Animais — O país também não é menos abundante em animais de toda espécie. Entre os da Europa não faltam os bovinos, os carneiros e os porcos, bem como belos cavalos e toda qualidade de aves domésticas e selvagens, como por exemplo o faisão, a perdiz, a galinha d'angola, o papagaio e o periquito; sem falar ainda dos muitos pássaros raros que não temos na Europa. Os caçadores encontraram, igualmente, cabritos-monteses, coelhos, macacos — que os habitantes acham bons para comer —, lagartos maiores do que lebres, com cheiro de almíscar, e vários outros animais que não conhecemos. O país fornece, igualmente, belos couros de tigres, de serpentes de diferentes espécies e de jacarés de razoável tamanho.

Pesca — O mar é muitíssimo piscoso. Ele alimenta, por assim dizer, todo esse povo, que prefere o peixe à carne. Além de inúmeras espécies muito boas e desconhecidas entre nós, pescam-se excelentes salmonetes, linguados e chernes.

Clima — O clima é muito agradável e salubre. Excetuando as chuvas abundantes, em certas estações, e alguns dias de calor, quando falta a viração, pode-se dizer que é muito bom e, apesar de o local se encontrar muito próximo do sol, temperado.

Comércio — Pode-se avaliar o comércio da cidade pelo grande número de navios que encontramos no porto. Também é essa a única ocupação honesta dos habitantes, que não deixam de ser muito hábeis na matéria. Recebem da Europa o vinho, as aguardentes, as farinhas e todas as outras mercadorias necessárias ou agradáveis no dia a dia. Das Minas, na costa da África, é trazida uma grande quantidade de negros, que lhes é absolutamente necessária. Da Índia Oriental recebem, de dois em dois anos, uma urca com tudo o que lá se produz de mais magnífico e curioso. Tantas comodidades que lhes fornecem todas as partes do mundo apenas lhes custam um pouco de empenho em fazer trabalhar os negros, já que vivem mergulhados numa moleza tamanha que são incapazes de fazer algo por suas próprias mãos. São sensuais a um ponto tal que, acredito, se nos prazeres dos sentidos pudessem dispensar-se da ação, deixariam o esforço aos seus escravos. Por aí se pode concluir que é preciso que a terra seja excelente, como de fato é, para tornar esse povo tão opulento e permitir comprar todas aquelas coisas que ela não produz. O açúcar paga, sem dúvida, uma parte; mas daria somente para comprar uma pequena parcela de tudo se a abundância das minas de ouro não oferecesse um valor muito maior.

Minas de ouro — Essas minas estão espalhadas em diferentes zonas que, em conjunto, constituem uma vasta extensão do país. Um grande número de portugueses tem se dirigido para essas zonas, construindo grandes aldeias e mesmo cidades. Aí fazem trabalhar uma infinidade de negros, os quais são obrigados a entregar aos seus senhores uma certa quantidade de ouro por dia. Aquele que deseja começar a trabalhar ou que, por sua conta, pretende explorar diversas minas faz com que os oficiais reais lhe concedam a posse de uma área de terra proporcional à sua capacidade de exploração, onde se tenham verificado indícios da existência de ouro — a adjudicação não é feita de graça. O proprietário manda então cavar uns tantos pés quadrados e, algumas vezes, vê suas esperanças frustradas, não encontrando ouro nem para pagar as despesas. O mais frequente, contudo, é que, tendo cavado três ou quatro pés, ele encontre um veio que muito produzirá até alcançar o tufo, além do qual é inútil prosseguir. E o trabalho não se esgota aí. Quando se acha ouro em pó, ouro raras vezes suficientemente grosso para ser distinguido, é forçoso levar a terra a lavadouros, onde, a poder de água, toda a terra se dissolve e é arrastada, ficando o ouro no fundo de cubas feitas expressamente para esse fim. Todo esse ouro é geralmente da mais alta qualidade e em tão grande quantidade que, se pagassem fielmente o quinto ao rei de Portugal, como é de seu direito, ele seria, sem contestação, o soberano mais rico da Europa. Essa nação, todavia, é muito ávida de bens e o metal é facilmente ocultável. Por consequência, Sua Majestade não recebe mais do que a centésima parte do que lhe é devido. Isso não impede que anualmente ele retire daqui grandes quantias, já descontadas as despesas que tem com os seus oficiais, tropas e praças-fortes do Brasil, que aumentam de dia para dia e que estão cada vez mais bem-aparelhadas.

Minas de prata — A prata é aqui bem mais rara do que o ouro. Não que não existam minas. O morro em forma de pão de açúcar, que assinala a entrada da baía, é uma delas. Contudo, é proibido, sob pena de morte, explorá-la. Tal proibição, segundo ouvi dizer, deve-se a uma política de Estado. A autorização faria com que todos corressem ao local para fazer escavações, pois, em razão da facilidade de transporte, do menor valor a ser pago ao rei e talvez ainda de outros motivos que não consegui apurar, a despesa que teriam seria pouca.

Despesas das minas — Na verdade, é extraordinário o quanto se gasta nas minas. Tudo o que vale uma moeda de ouro no Rio de Janeiro nas minas vale pelo menos dez vezes mais. Muitos portugueses garantiram-me que, em certas ocasiões, se conseguiu apurar 2 mil francos com a venda, aos negros, de um único quartão de aguardente.

Dificuldades do caminho — A distância daqui às minas mais povoadas é apenas de 40 léguas. É verdade que o caminho é extremamente áspero e que nada se pode transportar a não ser nas costas dos negros,

Outras visões do Rio de Janeiro colonial

pois os cavalos e mulas não podem subir serras tão difíceis e íngremes. Há mesmo um local, em meio a essas serras, em que dois homens podem se falar, estando um deles com três dias de avanço sobre o outro. Diante disso, não é de se admirar que o senhor Albuquerque tenha chegado tarde demais para socorrer esta cidade, embora tivesse sido avisado pelo governador por ocasião do recebimento da falsa notícia de que fôramos avistados em Cabo Frio. Há, entretanto, um caminho mais cômodo, mas que por falta de embarcações era impossível de ser trilhado pelas tropas, pois mais da metade do percurso é feito por mar. A terra firme é alcançada pela Ilha Grande, no fundo de uma baía de nome Parati. Essa ilha, situada a 20 léguas ao sul do Rio, forma uma parte da referida baía de Parati, e daí às minas o caminho é mais fácil e mais curto. Esse caminho é conhecido há muito pouco tempo. O valor dessas minas, situadas muito perto do Rio, também há pouco tempo foi reconhecido. Somente depois disso a cidade ganhou a importância que tem. Antes era a Baía de Todos os Santos que, com dificuldades inimagináveis, mantinha comunicações por terra com as minas, situadas a mais de 200 léguas de distância.

Inquietação dos portugueses relativamente aos paulistas — Os portugueses testemunharam-nos a sua inquietação com os acontecimentos que teriam lugar nas minas durante a ausência do senhor Albuquerque e suas tropas, pois estavam em guerra com os paulistas. Estes poderiam muito bem aproveitar a oportunidade para pilhar as instalações das minas, uma vez que não tinha ficado grande força para guardá-las.

O que são os paulistas — É preciso saber que esses paulistas são um amontoado ou mistura de todos os povos e raças, mistura em que predomina a raça portuguesa, e que são mais ou menos como os flibusteiros. Há muito tempo eles se estabeleceram em uma zona do território próximo das minas, onde têm uma bela cidade chamada São Paulo, da qual tiram o nome com o qual se designam. Sempre reconheceram o rei de Portugal como seu soberano; todavia, quando o monarca quis dar-lhes um governador, opuseram-se e expulsaram o representante de Sua Majestade, constituindo uma pequena república que tem como lei fundamental nunca receber comandante da parte do rei, mas pagar-lhe, não obstante, o quinto do ouro que extraem das minas — e, pelo que se diz, são muito corretos nisso. Esse espírito de independência os tem muitas vezes conduzido à guerra. E eles a têm feito, sem, no entanto, alcançarem a liberdade almejada ou serem totalmente subjugados. Os paulistas não estão afastados do mar; o porto de Santos, no sul da costa, que passa por ser muito bom e seguro, é o seu escoadouro.

Preparativos para a nossa partida — Uma vez liquidadas todas as nossas contas com os portugueses, postos os navios de carga em condições de fazer vela e organizada toda a esquadra, no dia 11 de novembro levantamos âncora e fundeamos ao largo da baía, a fim de ficarmos em melhores condições para a aparelhagem final. Ao cair da noite incendiamos o navio de guerra que havia encalhado e rebentado ao bater na Ilha das Cobras. Os portugueses recusaram-se a arrastá-lo, e o senhor Duguay-Trouin não quis deixar-lhes um tão belo casco. Foi um magnífico fogo de artifício, agradável a ambas as partes: nós comemorávamos o regresso à nossa pátria e os portugueses o fato de que, em breve, se veriam à vontade em sua casa.

Saída da baía — No dia 12, pela manhã, o senhor Duguay-Trouin mandou dar o tiro de canhão da partida e içar o sinal de aparelhar. Toda a esquadra saiu, indo fundear fora da baía, junto às ilhas que se encontram a 2 léguas de distância da barra, exceto o *Magnanime* e o nosso navio, que, tendo demorado um pouco para aparelhar, foi forçado a fundear novamente na baía, à entrada da barra, pois o vento terral, que sopra todas as manhãs, cessou repentinamente.

Abalroamento — A correnteza nesse ponto era tão forte que fomos impelidos para a frente. Tendo fundeado apenas com uma pequena âncora e um cabo, abalroamos o *Magnanime*, que fundeara em nossas águas, enrascando as nossas enxárcias da mezena no seu gurupés. Como, porém, muito a propósito, veio a viração, preparamos nossa mezena e, largando o cabo da âncora, conseguimos escapar com ligeiras avarias em ambos os navios. Navegamos, então, em busca de um local mais seguro e cômodo. No dia 13 saímos da baía, nós e o *Magnanime*, com o auxílio de um pequeno terral e das chalupas. Fomos obrigados a fundear novamente um pouco além da barra, em 18 braças. Ao soprar a viração, aparelhamos com toda a esquadra e pusemo-nos ao largo. O vento soprava de S.S.W.

Retiramos nossa guarnição da fortaleza de Santa Cruz — Ao transpormos a barra e colocarmo-nos em posição de não mais sermos obrigados a novamente entrar, a guarnição que tínhamos na fortaleza de Santa Cruz embarcou nas lanchas que lá deixáramos para esse fim e veio sem demora para bordo.

CHANCEL DE LAGRANGE

Nossa esquadra, ao avistar as terras que formam a entrada da baía do Rio de Janeiro, continuou a forçar velas. Seguindo as determinações do Conselho, todos os navios conservaram-se em linha, não tomando conhecimento nem dos perigos da entrada, nem da artilharia das fortalezas que a defendiam. O cavaleiro de Courserac, comandando o *Magnanime*, navio de 75 canhões, deveria entrar na frente, pois já frequentara este porto. Atrás dele entrariam cinco navios de porte e, em seguida, o restante da esquadra. Ainda que o mar estivesse agitado, tudo parecia correr de modo a favorecer o nosso feliz sucesso. Uma espessa bruma veio nos favorecer ainda mais e fez com que o inimigo se apercebesse da nossa presença demasiado tarde. Tenho para mim que o melhor método para obter êxito numa expedição distante é atacar abruptamente os sítios que temos a intenção de tomar, ainda que as tripulações venham fatigadas de uma longa viagem. Deve-se tirar partido do desespero reinante no lugar atacado, sem deixar tempo para o inimigo se recompor. Enfim, ou corre-se o risco de ser derrotado ou volta-se para trás sem nada empreender.

Uma vez dado o sinal, a armada, às 2 horas da tarde, aproveitando um excelente vento de leste, forçou as velas, rumando a princípio para norte e, em seguida, para noroeste, com o objetivo de, apesar da artilharia dos fortes e dos navios inimigos, transpor a embocadura. O cavaleiro de Courserac, que ia à frente, recebeu o fogo do grande forte de Santa Cruz, que conta com 46 canhões, e do forte de São João, de 18 canhões. A resposta da mosquetaria e da artilharia do cavaleiro de Courserac, de 36 e 24 libras de bala, foi tão vigorosa que a esquadra — cada embarcação fazendo fogo dos dois bordos contra as fortalezas —, meia hora depois, estava dentro da baía. Tínhamos, na transversal, a Ilha da Boa Viagem, contra a qual abrimos fogo. O mesmo fizemos contra o forte da Ilha de Villegagnon, de 20 canhões, o qual, subitamente, sem que soubéssemos o porquê, voou pelos ares com toda a sua guarnição e três capitães portugueses. Esse acidente abalou enormemente o almirante Maquinês, que resolveu encalhar os seus quatro navios de guerra no porto, sob a proteção das fortalezas, sem que nada pudéssemos fazer para impedir tal manobra.

À medida que entrávamos nesta grande baía, descortinava-se diante dos nossos olhos a cidade com os magníficos edifícios dos Jesuítas e dos Beneditinos, edifícios sem igual no mundo e que formam com as demais construções a mais bela perspectiva do universo. Às 4 horas da tarde a armada, longe do alcance dos canhões da cidade e das fortalezas, enfim lançou ferro. Esta baía, que conta com mais de 20 léguas de circunferência, pode abrigar comodamente mais de mil navios.

Convenhamos que um ataque para entrar num porto dificilmente é tão rápido, bem-sucedido e com tão poucas baixas como foi o nosso. A verdade é que, não obstante os avisos que os habitantes há dois meses receberam de Lisboa, dando conta do armamento da nossa esquadra, e não obstante o fato de terem fundeado, sob a proteção das fortalezas, os seus navios de guerra com o intuito de barrar a nossa entrada, a verdade, dizia, é que fomos favorecidos pela neblina, que nos permitiu surpreendê-los, e pelo vento, que nos possibilitou alcançar rapidamente a velocidade de 3 léguas horárias. Os portugueses disseram que nunca suas frotas tinham conseguido transpor a embocadura daquela maneira e que, ao contrário, levavam de sete a oito dias para entrar. Essas tão favoráveis circunstâncias são daquelas que os líderes raramente encontram e que em nada diminuem o mérito e o brilho de suas ações.

Foi no dia 12 de setembro, à tarde, que forçamos a entrada do porto do Rio de Janeiro. E assim procedemos não obstante os muitos fortes e baterias, em número de 17, e as diversas precauções que o inimigo tivera tempo de tomar — ainda encontramos no porto o paquete inglês que trouxera a notícia da preparação da nossa esquadra. O ataque custou-nos, entre mortos e feridos, somente 60 baixas, incluindo um oficial. Perdeu-se um outro grupo devido à explosão de um canhão de ferro de um dos nossos navios. A fragata *Concorde*, atravessada por uma bala de 36 libras, quase foi ao fundo. A embarcação escapou porque pôs-se prontamente a navegar de banda. A noite desse dia passou sem que houvesse qualquer movimentação de uma parte ou de outra, ambas se preparando para o dia seguinte. Aproveito a oportunidade para descrever a baía e seus arredores, de modo a dar a conhecer as dificuldades que encontramos.

Descrição e situação do Rio de Janeiro

A cidade do Rio de Janeiro, por alguns chamada de São Sebastião, em razão de os índios que ocupavam o lugar terem sido vencidos pelos portugueses no dia desse santo, está situada na extremidade sul do reino do Brasil, quase sobre o trópico, isto é, a 23°20' da linha. Depois da Baía de Todos os Santos, ela é a cidade mais importante do país, tanto em decorrência da proximidade com as minas quanto em razão do movimento de seu porto, que anualmente recebe frotas vindas de Portugal, trazendo as mais belas mercadorias da Europa, e navios ingleses e holandeses, que no seu retorno das Índias Orientais e do Japão utilizam o lugar como entreposto e deixam aqui suas preciosas cargas do Oriente. A cidade tira seu nome de uma grande baía, com cerca de 20 léguas de circunferência, à beira da qual está localizada. Fundada e cuidadosamente fortificada há cerca de 200 anos pelos portugueses, essa bela colônia rende muitos dividendos à Coroa portuguesa, dividendos das minas, do excelente açúcar, do tabaco, da madeira para tintura e de outros bens que aqui se produzem anualmente.

A entrada da baía do Rio de Janeiro é pouco mais larga que um tiro de canhão e, o que torna o acesso difícil, dividida ao meio por um rochedo, que abre duas passagens, ambas defendidas por duas boas fortalezas. A da direita de quem entra, de nome Santa Cruz, foi construída sobre a ponta de um rochedo ou promontório que o mar banha por todos os lados. Ela possui uma dupla fortificação de pedra, sendo considerada pelos portugueses inexpugnável. Estes instalaram aí 46 peças de canhão, dez das quais de 36 libras de bala, e estavam persuadidos de que nenhum navio do mundo passaria por essa artilharia sem ser posto a pique — ilusão por nós desfeita. A cerca de uma milha de Santa Cruz foi colocada uma bateria de seis canhões, impedindo o desembarque do lado da terra. O forte de São João, de 18 peças de bom calibre, localiza-se em frente; além dele, no mesmo lado, há ainda uma bateria de seis peças. Depois de ultrapassar todas essas fortificações, entra-se na baía, a qual é repleta de ilhas e enseadas e lugar de deságue de grandes rios. Em uma dessas ilhas, de nome Villegagnon — o aventureiro francês que há cerca de 100 anos construiu aí uma fortificação —, há um bom forte com 20 canhões, dois dos quais de 56 libras de bala. Não sabemos ao certo se esse forte foi pelos ares porque as balas que disparamos atingiram a pólvora ou porque os portugueses foram negligentes. Seja como for, o comandante, dois capitães e 50 soldados aí morreram miseravelmente. Em frente à Ilha de Villegagnon, há um rochedo elevado, sobre o qual foi edificada uma igreja, de nome Nossa Senhora da Boa Viagem, e instalada uma bateria escarpada de seis canhões. A um tiro de fuzil desse rochedo acha-se um forte quadrado, guarnecido por artilharia, que cobre à flor da água.

A cidade, que a essa altura da baía se mostra por completo, localiza-se à esquerda da entrada e oferece, graças aos seus belos edifícios, situados em colinas sempre verdejantes, o mais belo panorama que se pode imaginar. Uma outra ilha, com cerca de meia légua de circunferência, denominada

Ilha das Cobras, dá cobertura a parte da cidade e, por meio de um banco de areia e alguns rochedos, forma o seu porto, onde é difícil de entrar. Os portugueses instalaram sobre essa ilha uma bateria com oito peças, da qual rapidamente nos tornamos senhores. Tal operação muito contribuiu para a sua derrota, pois desembarcamos na ilha muitos morteiros e soldados.

Observam-se, no interior da cidade, quatro pequenos fortes e seis conventos magníficos — capazes de alojar toda a corte e o séquito de um grande príncipe —, além de quatro igrejas paroquiais, um hospital bem-aparelhado e inúmeras capelas de particulares. Não há residências para religiosas. O primeiro dos fortes referidos, situado na costa, sobre a ponta de um rochedo que avança para dentro da baía, denomina-se Santiago. Ele conta com uma bateria de dez peças. O segundo é a cidadela de São Sebastião, que nós apelidamos de forte Vermelho ou dos Jesuítas. Situado sobre o cume de uma montanha, essa fortificação domina a cidade, a planície, o ancoradouro e a baía. Trata-se de um edifício quadrado, que conta com um bom fosso e com dez bons canhões de ferro fundido, sendo considerado de grande valia na defesa local. O terceiro forte, de nome Santa Luzia, encontra-se a dois tiros de fuzil do segundo e comanda a planície e a baía. É uma construção quadrada e comprida, que conta com uma bateria de oito peças, instaladas à flor da água. Finalmente, o quarto forte, o dos Beneditinos, não é propriamente um forte, não passando, na verdade, de uma bateria, constituída por oito peças, com boas trincheiras espalhadas por toda a elevação. Além de proteger o convento e comandar a cidade, essa fortificação bate o ancoradouro e a baía. Fizemos nosso primeiro ataque desse lado.

A cidade encontra-se, pois, situada em meio a todos esses fortes, num vale pantanoso e rodeado por montanhas, as quais são ocupadas ora por fortificações, ora por igrejas. À primeira vista, o lugar não é passível de ser atacado a não ser através dos pântanos ou de caminhos impraticáveis, cobertos por salgueiros ou figueiras-da-barbaria. Foi por esses caminhos que o atacou o senhor Duclerc, ano passado, sendo derrotado e preso no interior da cidade. O lado que dá para o campo é guarnecido com trincheiras e com canhões, colocados aqui e ali; o lado que dá para o mar é igualmente, defendido por canhões, mas de menor calibre. De sorte que, nos 15 fortes que os portugueses se ufanavam de ter à disposição para sua defesa e nas diversas trincheiras, havia cerca de 150 canhões em bateria. Eles poderiam ainda lançar mão de um número considerável de peças disponíveis nos quatro navios de guerra que estavam ancorados no porto, caso não tivéssemos tomado e queimado inteiramente essas embarcações.

No tocante às igrejas, quatro delas disputam em beleza e magnificência com todas aquelas da Europa: a dos Beneditinos, a dos Jesuítas, a do convento de Santo Antônio, ou dos Recoletos, e a dos Carmelitas. Essas casas religiosas contam com excelentes dependências e dispõem de capelas ornadas com ouro, lazurita, mármore e delicadas pinturas; ao todo, elas abrigam cerca de 300 religiosos. As três primeiras estão situadas sobre três montanhas que comandam a cidade, e a dos Carmelitas encontra-se no meio da rua dos Mercadores. Esta, embora muita rica, perde em beleza para aquelas.

O Bispado, chamado de Conceição ou Convento dos Capuchinhos, acha-se sobre uma elevação. O edifício, rodeado por laranjeiras e limoeiros, é digno de nota. A catedral localiza-se um pouco distante da cidade, próxima aos Jesuítas. A arquitetura desse edifício merece a atenção dos curiosos. Na encosta do morro que abriga a igreja dos Jesuítas encontra-se o Hospital da Misericórdia, onde muitos franceses foram inumados. A renda dessa casa, dizem, alcança 40 mil cruzados, ou seja, 80 mil libras. A cidade conta ainda com quatro igrejas paroquiais — São Diogo, Nossa Senhora da Candelária, São José e Rosário, dispondo esta última de uma bela capela para os soldados — e com cerca de 2.500 fogos, distribuídos em ruas largas e, na sua maioria, retas.

A residência do governador foi reformada recentemente, pois os franceses a queimaram ano passado. Resta ainda uma espécie de torre por acabar. A maioria das casas é ornada com balcões e construída em estilo moderno, com três ou quatro andares. Há uma Casa da Moeda, onde todo o ouro que vem das minas é fundido, a fim de ser convertido em dobrões ou em peças de 24 libras marcadas com quatro letras erres, indicando que vêm do Rio de Janeiro. O ouro aqui extraído é o mais puro e fino do mundo. A cunhagem dá-se por ordem régia, com o intuito de evitar que se cometam fraudes contra os direitos do rei, caso o ouro fique em pó ou em barra. O Tribunal da Inquisição atua mais rigorosamente aqui do que em Portugal. Encontramos 70 pessoas acusadas de judaísmo que, por ordem dos tribunais de Lisboa, estavam detidas no Convento dos Jesuítas. Demos liberdade a elas. Eis o verdadeiro estado em que se encontrava a cidade do Rio de Janeiro quando a atacamos. Resta-nos somente dar a conhecer o poderio da guarnição local e o número de habitantes.

Havia no local três batalhões de tropas regulares, pois os habitantes, em razão dos reiterados avisos vindos de Lisboa, esperavam-nos há muito tempo. O primeiro, que contava com 400 homens vestidos com uma farda verde e amarela, era comandado pelo coronel ou mestre de campo João de Paiva Souto Maior. O segundo, cuja farda era vermelha e amarela, era comandado pelo coronel dom Francisco Xavier de Castro Morais, sobrinho do governador. O terceiro, de farda azul e verde, era comandado pelo mestre de campo dom Antônio de Amaral. Os soldados dos navios e as gentes da marinha formavam dois outros batalhões, sob as ordens do almirante da armada portuguesa Costa de Maquinês. Subordinava-se a esse oficial o francês Bocage, capitão de um navio de guerra do rei de Portugal.

Todas essas tropas somavam uns mil homens. Havia ainda 150 ingleses — pertencentes a um navio dessa nação que rumava para Madras e daí para a China —, cerca de 10 mil habitantes armados, acompanhados por seus escravos, e cerca de 40 mil almas de todos os sexos e idades que residiam na cidade.

No referente a víveres e munições, o Rio de Janeiro encontrava-se muito bem-abastecido. A frota de Portugal chegara há pouco, e a cidade dispunha de tudo o que necessitava. Cada casa tinha suprimentos para dois meses, o que pudemos constatar pela grande quantidade de farinhas, aguardente, carnes salgadas, peixes secos, bacalhau, óleos, manteiga e, sobretudo, velas que encontramos. Ao todo, havia cerca de 400 mil libras de mercadorias nas casas e nos armazéns, cada libra valendo dois escudos. E isso apesar de os nossos soldados, durante as suas guardas, terem posto a perder muitos artigos. A frota portuguesa trouxera produtos de Portugal, da França, da Inglaterra, da Itália e das Índias, coisas que nunca antes tínhamos visto. As casas particulares pareciam armazéns, repletas de curiosidades da Europa, da China, das Índias Orientais, da Pérsia e do Japão. O valor de tais bens ultrapassava os 4 milhões. Nossos soldados, porém, quebraram uma grande quantidade de porcelanas, secretárias e bufês de laca da China, espelhos, cristais, quadros, cadeiras de marfim, madeiras odoríferas e outros móveis preciosos. Desperdiçou-se, durante o saque dessa desafortunada cidade, cerca de 3 milhões. Isso sem contar as casas que foram queimadas pelo inimigo em retirada ou por nossas bombas.

O governador em exercício, o cavaleiro da Ordem de Cristo, Francisco de Castro Morais, há muitos anos ocupava o cargo em nome de Sua Majestade. Era um homem de temperamento pusilânime e de medíocre capacidade, a quem ninguém dava ouvidos. O governador estava inchado de orgulho com a derrota que, no ano anterior, impingira ao senhor Duclerc. Na ocasião, ele mandara organizar oito dias de festejos públicos, nos quais foram exibidas, em triunfo, bandeiras francesas ensanguentadas que, amarradas ao rabo de cavalos, eram arrastadas pela rua. Os naturais e estudantes representaram, a propósito da façanha, uma comédia bastante impertinente, que encontrei impressa no Convento dos Jesuítas. Todos os anos um combate era simulado no mesmo local onde o senhor Duclerc capitulara, e no final os fanfarrões fingiam levar o capitão francês como prisioneiro. No final da festa, todos participavam de um grande regalo. Nossa esquadra ofereceu-lhes um espetáculo de outro gênero, deixando-lhes um excelente motivo para uma bela tragédia.

O governador pensou que atacaríamos a cidade como havia feito o senhor Duclerc, e que invadiríamos as ruas, onde os soldados, ansiosos pela pilhagem, debandariam. Havia trincheiras na frente de todas as ruas e, no meio destas, fornilhos e minas. Depois da chegada da frota de Portugal, a pólvora era tão abundante que a encontramos até mesmo em casas de campo. Uma vez concluídos os tratados, revendemos uma parte aos portugueses por uma gorda quantia e ainda embarcamos, apesar do muito que foi desperdiçado, mais de 300 barris.

A região circundante, toda entrecortada por bosques, montanhas, outeiros e vales, é uma das mais belas do universo. Desfrutando de um clima continuamente temperado, está sempre coberta por laranjeiras, limoeiros, canas-de-açúcar e árvores constantemente verdes. O ar é, segundo se crê graças às árvores frutíferas e às parreiras, excelente. O trigo não cresce no lugar, devido à existência de umas formigas que comem suas raízes. O único incômodo que sentem tanto os estrangeiros quanto os naturais é um tipo de verme que penetra na sola dos pés, verme que é chamado por eles de bicho-de-pé, e por nós de níguas. Vi alguns prisioneiros franceses que perderam os pés e as pernas por causa desses insetos, que roem as carnes até os ossos e mesmo os ossos, se não são extraídos prontamente. Ninguém está isento desse mal, e quase todos os franceses padeceram dele. Os portugueses lavavam diariamente os seus pés com água morna e algumas ervas.

Os arredores da cidade, numa circunferência de 30 léguas, estão cheios de belas casas, algumas com engenhos de tamanho considerável. Um número inacreditável de escravos negros trabalha nessas propriedades, que produzem o açúcar mais branco e mais apreciado de todas as Índias. A cidade está situada a cerca de 80 léguas das minas de ouro de São Paulo, São Francisco e Ouro Preto, bem como de outros semelhantes cantões. Para alcançá-los é necessário atravessar montanhas e percorrer caminhos muito difíceis, pelos quais só se encontram habitações aqui e ali.

É o grande comércio das minas que faz a opulência do Rio de Janeiro. A região está sob o governo de dom Antônio de Albuquerque, que lá fundou quatro povoados, circundados por fortificações. Residem em tais burgos cerca de 30 mil homens brancos, entre portugueses e paulistas — habitantes de uma cidade vizinha, de nome São Paulo —, além de 100 mil escravos negros que, depois de extrair o ouro de debaixo da terra, ainda lavam o metal, o purificam e o transformam em pó e em lingotes. Uma mina deve dispor de água nas suas proximidades, sem o que é considerada inútil e rapidamente abandonada.

Eis a ideia mais precisa que posso oferecer do Rio de Janeiro, de suas forças e da região circunvizinha à cidade.

Depois de termos entrado, vencendo a oposição das fortalezas de Santa Cruz, de São João, de Villegagnon e de Nossa Senhora da Boa Viagem, resolvemos atacar o lugar. Ignorávamos, ainda, o assassinato do senhor Duclerc, crime cometido contra um prisioneiro de guerra, a sangue-frio e com o consentimento do governador, do ouvidor ou prefeito da cidade, dos coronéis e de todos os habitantes principais, como viríamos a provar. A notícia de tal crime nos teria incitado à vingança, se a autoridade dos oficiais não tivesse contido a fúria dos soldados, de resto já bastante insuflados por saberem do cruel tratamento a que tinham sido submetidos os prisioneiros franceses que estavam na cidade. Estes foram deixados aos caprichos de uma populaça insolente, que por mais de uma vez deliberou cortar-lhes a garganta. Se não fosse a autoridade do bispo, que a tudo se opôs energicamente e procurou minorar o sofrimento dos miseráveis prisioneiros, vendo-se mesmo obrigado a ministrar-lhes o Santíssimo Sacramento para que escapassem da tempestade que a gente miúda faria desabar sobre suas cabeças, o rei certamente teria hoje 400 soldados a menos.

Ataque ao Rio de Janeiro

No dia 13, tendo o senhor Duguay-Trouin dado ordens para atacar, enquanto bombardeávamos a cidade e as fortalezas, o senhor de Gouyon, à frente de 400 soldados, embarcou em 12 chalupas e, ao nascer do dia, desembarcou na Ilha das Cobras. Os portugueses, mesmo auxiliados pelos fortes dos Jesuítas e dos Beneditinos, foram rapidamente desalojados de suas trincheiras. O senhor de Gouyon apossou-se, então, de oito canhões

OUTRAS VISÕES DO RIO DE JANEIRO COLONIAL

e fortificou a sua posição nesse local estratégico com tranquilidade. A perda da praça foi decisiva para a derrota dos portugueses, pois instalamos aí, sem perda de tempo, três morteiros e uma boa bateria de canhões. O comando da fortificação foi entregue ao tenente de navio cavaleiro de Saint-Simon, que se saiu muitíssimo bem. Feito isso, nossas chalupas, não obstante o fogo de mosquetaria dos fortes e da cidade, apoderaram-se de um navio de guerra de 50 canhões, que estava encalhado num banco de areia próximo à Ilha das Cobras. Em tal ocasião, o capitão de um navio português de 60 canhões, que ostentava um pavilhão quadrado no mastro de mezena, temendo que sua embarcação caísse em nossas mãos, pôs fogo na pólvora que se achava a bordo. A outra embarcação, de 50 canhões, duas horas mais tarde, também voou pelos ares. Vimos pedaços de seus canhões serem lançados ao ar e caírem a uma grande distância terra adentro, espalhando uma fumaça que durante um curto espaço de tempo escureceu o dia. Tudo isso se passou às 7 horas da manhã. As tripulações desses navios e algumas milícias das vizinhanças reuniram-se, então, na costa, com o propósito de impedir nosso desembarque, que seria feito com a cobertura da artilharia de três fragatas. Estas, todavia, não puderam se aproximar em razão do pouco fundo, e a nossa frota de chalupas foi batida pela artilharia dos três navios. Fomos obrigados a nos colocar fora do alcance de suas balas, mas armamos as chalupas com o firme propósito de na noite seguinte apanharmos os três.

Às 6 horas da tarde dez dessas chalupas, sob o comando do senhor de Beauve, partiram com a incumbência de realizar a missão. Eu comandava a chalupa do *L'Aigle*, com metade da minha companhia de granadeiros. Vagamos toda a noite, na surdina, ao longo da costa. A escuridão favoreceu-nos de tal modo que conseguimos nos meter entre a costa e os navios, de modo a impedir os inimigos de encalhar ou de escapar depois de terem colocado fogo na pólvora. Foi assim, no mais completo silêncio, que cada um dos navios portugueses foi abordado por três das nossas chalupas. Suas tripulações, todavia, já tinham se retirado para a terra, de onde abriram fogo sobre nós. Fiz uma única descarga de mosquetaria sobre um dos navios, depois do quê, subimos a bordo, subida bastante difícil de ser feita durante a noite, pois o navio era muito alto. Apoderamo-nos das embarcações portuguesas sem a menor resistência, mas não sem inquietação, pois o inimigo, antes de partir, deixara acesos os pavios da pólvora que deveria mandar-nos pelos ares. Um artilheiro evitou que isso ocorresse no navio que abordamos, o que permitiu que tivéssemos uma noite tranquila. Não a aproveitamos, no entanto, para dormir, pois ao raiar do dia seguinte tomamos mais cinco navios mercantes, três dos quais, os de maior porte, foram guarnecidos com artilheiros e munições e utilizados para apoiar o desembarque. Um deles, de nome *Rainha dos Anjos*, foi guarnecido com 50 canhões, o segundo, com igual número, e o terceiro, com 40 peças. Os três estavam carregados de açúcar e de outras mercadorias. Depois desse sucesso, o senhor Duguay-Trouin não mais teve dúvidas sobre o desembarque geral das tropas, que foi feito sob a proteção dos referidos navios.

Destarte, no dia 14, às 8 horas da manhã, todas as canoas e chalupas da armada, plenas de soldados, reuniram-se nos ditos navios, para que as tropas desembarcassem todas ao mesmo tempo. Pisamos em terra numa angra cheia de rochedos e de difícil abordagem. Nossos homens meteram-se na água até a cintura para alcançar a praia, e à medida que chegavam eram postos em formação de combate pelos oficiais. Tudo isso foi feito sem nenhuma oposição. Depois de realizada essa operação, a armada marchou em direção a um outeiro, onde o Conselho se reuniu para decidir qual a melhor maneira de atacar a praça. Os 3 mil homens de que dispúnhamos foram divididos em três brigadas, formando três corpos: dois estacionados sobre duas montanhas de considerável tamanho e um terceiro, sob as ordens diretas do senhor Duguay-Trouin, instalado na planície, entre as duas elevações. Tal disposição permitia que socorrêssemos uns aos outros mais facilmente. À tarde, minha companhia de granadeiros, com 300 homens, sob o comando do cavaleiro de Courserac, foi destacada para reconhecer as imediações. Demos numa região erma, com caminhos estreitos, onde o inimigo facilmente nos teria emboscado.

Caminhamos até o cume de uma montanha, ocupado por uma igreja e por uma bela casa. Não nos foi possível avançar mais, pois ao pé da dita montanha corria um riacho cuja ponte havia sido destruída pelos portugueses. Recebi ordens para avançar e atravessar o rio no vau, mas foi inútil. Os portugueses, posicionados do outro lado, gritavam insultos e diziam que cairíamos em suas mãos e passaríamos maus bocados. Tais bravatas, que naquele momento nos era impossível revidar, obrigaram-nos a retornar ao acampamento, onde os soldados se acomodaram entre as laranjeiras e os limoeiros. Estes eram em tão grande número que permitiram aos homens recolherem lenha para aquecer as suas marmitas. Tínhamos já transferido 400 homens para a Ilha das Cobras e aí instalado, apesar do constante fogo dos fortes, uma possante bateria. Durante a noite jogamos tantas bombas sobre a cidade que os padres, as crianças, as mulheres e outras bocas inúteis viram-se obrigados a deixá-la e a ganhar o campo.

No dia 15, ao nascer do sol, uma de nossas partidas encontrou alguns prisioneiros franceses que tinham escapado do cativeiro. Eles confirmaram a morte trágica do senhor Duclerc, assassinado em seu leito após quatro meses de prisão — uma ação detestável de ser cometida contra um prisioneiro de guerra e valente soldado. Asseguraram-nos que o lugar estava todo minado e todas as ruas contavam com trincheiras. Os inimigos acreditavam que ingenuamente entraríamos na cidade, como fizera o senhor Duclerc, e que nos venceriam da mesma maneira. Disseram, também, que a conquista da Ilha das Cobras muito inquietara os inimigos — porque daí facilmente se poderia arruinar a cidade — e que seus companheiros eram mantidos dentro de enxovias, onde pereciam de fome, sede e ainda corriam o risco diário de serem degolados pela população. Contaram, por fim, que todas as bocas inúteis já tinham deixado a cidade e que o governador e o comandante da frota desejavam montar uma vigorosa defesa, pois, assim como não esperavam complacências de nossa parte, prometiam igualmente não nos facilitar a vida.

Nessa tarde punimos dois marujos que tinham se afastado das tropas para pilhar e enviamos alguns soldados para capturar bois nas proximidades da cidade. Um esquadrão inimigo saiu-lhes no encalço, mas nada conseguiu. Perdemos um oficial e quatro soldados na Ilha das Cobras, por causa do fogo de um canhão e da mosquetaria dos Beneditinos, a qual o cavaleiro de Saint-Simon obrigou a se retirar das janelas do convento a tiros de carabinas e morteiros. Quase todo o mal de que padecemos deveu-se ao senhor Bocage, um francês que comandava esse posto e que fez excelente uso de sua bateria.

No dia 16, ao nascer do dia, 35 a 40 mulheres vieram entregar-se no quartel do senhor de Gouyon, *para ter pão*, diziam elas. Expulsamos, porém, essas cortesãs para a cidade debaixo de fortes ameaças, pois acreditávamos que se tratava de uma manobra do inimigo para pôr a perder os nossos soldados. Às 10 horas os portugueses puseram fogo em alguns de seus armazéns e em um de seus navios. No mesmo dia, instalamos uma bateria de dez canhões sobre uma península, de modo a cobrir o flanco do forte e do Convento dos Beneditinos. No dia 17, um prisioneiro francês chegou ao acampamento e relatou que todo o ouro e a prata estavam sendo levados para fora da cidade e enterrados nos Conventos dos Jesuítas e de Santo Antônio. Como a nossa pequena armada só podia atacar a cidade por um lado, era-nos impossível impedi-los de transitar para a região circunvizinha, toda ela coberta por florestas, pântanos e lagos.

Na manhã desse mesmo dia destacamos 50 soldados para apresar o gado. O inimigo tentou impedi-los, provocando uma escaramuça. De um lado e de outro vieram reforços, e antes de cada um retirar-se muitos soldados caíram feridos. Os inimigos, que tinham montado em seus fortes um número significativo de canhões, fizeram fogo pesado sobre nossas baterias, as quais, por estarem ainda incompletas, não responderam.

No dia 18, os portugueses atacaram um de nossos postos avançados. Os senhores Boutteville, capitão dos granadeiros, e Liesta, comandante do posto, os rechaçaram, perseguindo-os até os bosques e arbustos em que se esconderam. Subitamente, no entanto, saiu da cidade um reforço de 300 homens. Mandamos a eles um batalhão e o combate novamente reacendeu. A ação estendeu-se até o entardecer, quando os inimigos, aproveitando-se da floresta, bateram em retirada, deixando para trás 60 mortos e feridos e três prisioneiros, que expiraram uma hora mais tarde. Recolhemos no campo de batalha muitos fuzis, arcos, flechas, espadas e piques. Depois do ocorrido, tratamos de melhor fortificar o posto, pois tivemos um oficial e 14 soldados feridos, além de um caporal morto. Durante o combate, o forte dos Jesuítas fez pesada descarga sobre o nosso acampamento.

Um bergantim inimigo quis deixar o porto, com o intuito de ir avisar as outras colônias sobre o que aqui se passava. Nossos navios, contudo, abriram fogo e impediram-no. Depois disso, transferimos para a Ilha das Cobras, como reforço, três companhias de infantaria. Ao entardecer, vimos uma grande luz na cidade; era uma procissão, seguida pelo povo, pelos magistrados e pelos militares. Um prisioneiro francês, recém-chegado ao nosso acampamento, contou-nos que os seus companheiros que ainda se encontravam detidos temiam ser destroçados pelas nossas bombas. Nessa mesma noite o senhor Bocage pôs fogo em seu navio que estava encalhado próximo aos Beneditinos.

No dia 19, estando as baterias quase prontas, o senhor Duguay-Trouin enviou, por intermédio de um tambor, uma carta ao governador, conclamando-o à rendição. O capitão dizia-lhe que os nossos canhões, morteiros e navios atravessados estavam prontos para reduzir a cidade a cinzas, sem que ele nada pudesse fazer. Dizia-lhe, também, que o rei, seu amo, estava indignado com o cruel tratamento infligido aos prisioneiros franceses, uma parte dos quais morrera na penúria, e que, no referente ao assassinato do comandante, o senhor Duclerc, cometido na residência de um dos ajudantes de tenente da cidade, ele saberia, uma vez tomada a praça, identificar os culpados por crime tão brutal. Por fim, incitava-o a deliberar com rapidez, se é que, de fato, era sua intenção poupar a cidade da fúria dos soldados.

Durante a negociação cessamos todas as hostilidades. A leitura da carta, porém, causou o mais profundo pavor aos responsáveis pela morte do senhor Duclerc, que souberam que não poderiam esperar nenhuma clemência, caso caíssem em nossas mãos. O governador Francisco de Castro Morais respondeu de modo deveras judicioso, procurando justificar-se de tudo quanto lhe fora imputado. Fui, então, solicitado para esclarecer os termos da resposta e traduzi-la para a nossa língua. O governador afirmava que os prisioneiros franceses tinham sido mais bem tratados do que mereciam, pois não passavam de corsários. A despeito disso, dizia ele, os víveres não lhes haviam faltado e o tratamento que receberam foi, por ordens do rei de Portugal, de acordo com as práticas de guerra. Quanto ao assassinato do senhor Duclerc, prosseguia, mandara realizar todas as perquirições possíveis para descobrir os autores, os quais seriam exemplarmente punidos caso fossem identificados. No referente à praça que o rei lhe tinha confiado, concluía ele, defendê-la-ia até a última gota do seu sangue, esperançoso de que o deus das armas sustentasse a justiça de sua causa e o protegesse de seus inimigos, cujas ameaças não o intimidavam.

Uma resposta tão firme levou-nos a crer que ele resistiria ao sítio com determinação. Assim, desde a tarde do dia 19 todos os nossos morteiros e uma parte das baterias passaram a atirar contra a cidade e suas fortificações. Além de servir-nos da bateria da Ilha das Cobras, composta por 22 canhões e cinco morteiros, e de dez canhões, colocados na península, que batiam de flanco os Beneditinos, atravessamos o *Mars* para que pudéssemos utilizar os seus 25 canhões. Dispúnhamos, ao todo, de 57 peças postas em bateria, afora os morteiros. Nossa intenção não era nem arrasar nem incendiar o Rio de Janeiro, mas sim pôr fora de ação os fortes e as baterias que a protegiam, na medida em que desejávamos nos apossar das riquezas da cidade. Nessa noite, cinco soldados que saíram do acampamento com o propósito de ir pilhar para os lados da cidade foram capturados, reconduzidos e condenados a ter as cabeças cortadas. A sorte escolheu um deles para ser executado, todavia, no momento de impor o castigo, o rogo dos oficiais fez com que o condenado fosse perdoado.

No domingo, 20 de setembro, a partir da alvorada, nossas baterias de canhões e morteiros, com o *Mars* amarrado, bombardearam furiosamente a cidade e os fortes, reduzindo a pó, apesar da espessura de suas muralhas e paredes, a fortificação e uma parte do Convento dos Beneditinos — o que obrigou o senhor Bocage, que aí se encontrava com os seus melhores soldados, a abandonar o local. A artilharia e as bombas do *Mars* arruinaram um grande número de casas na cidade. A fortaleza de São Sebastião também foi bastante castigada, o que levou o restante da população a abandonar a cidade, carregando consigo suas mulheres, seus escravos e seus bens mais valiosos. Vimo-los fugir sem que pudéssemos evitar, pois era impossível acometer simultaneamente a praça por todos os lados, cercada como era de pântanos e matagais, sobretudo para as bandas do forte de São Sebastião. Mas tanto esse quanto os outros fortes continuaram a atirar diariamente sobre nossas baterias, até que as mesmas os fizeram calar.

Durante a noite, um bergantim português, aproveitando-se da escuridão, fez vela para a Baía de Todos os Santos. O senhor Duguay-Trouin, vendo os vastos danos que lhes causara nossa artilharia, ordenou que ao nascer do dia seguinte (21 de setembro) se atacasse o Convento dos Beneditinos por mar e por terra. Para isso, embarcamos, sob as ordens do senhor de Gouyon, 700 homens em nossas chalupas, os quais ocuparam, no período da noite, os navios encalhados próximo aos Beneditinos e se puseram prontos para desembarcar ao primeiro sinal. Coube-nos promover, simultaneamente, um ataque com 1.500 combatentes às trincheiras da Conceição.

Tais projetos, no entanto, foram interrompidos por dois fatos inusitados. O primeiro foi o desabar de uma tempestade, com raios e trovões, seguidos de um copioso aguaceiro, que molhou nossas tropas até os ossos e pôs a maior parte de suas armas fora de combate. O segundo foi protagonizado pelos inimigos. Cerca da meia-noite, tendo eles se apercebido do nosso desembarque, simularam que iam reforçar o posto dos Beneditinos e, não obstante a tormenta, abandonaram a cidade em direção às montanhas. A confusão foi tanta que, pelos caminhos, uma infinidade de pessoas foi arrastada pela enxurrada. A própria tropa, o governador e os principais oficiais, tomados pelo terror, pelo medo de serem capturados e tratados sem piedade, como prometêramos — tratamento de que se julgavam merecedores, em razão das crueldades que tinham praticado contra os nossos —, abandonaram covardemente o Rio de Janeiro e seus fortes, deixando para trás até mesmo os prisioneiros franceses. É verdade, porém, como viemos depois a saber, que o governador, o comandante da esquadra, o intendente e o senhor Bocage não conseguiram, com suas ameaças, impedir a debandada e se viram obrigados a seguir os soldados e os habitantes, temendo ser os únicos a ficar em uma cidade completamente deserta.

Na madrugada do dia 21, ignorando a fuga do inimigo, que tinha deixado içados seus pavilhões e insígnias nos mastros das fortalezas, e temendo que o profundo silêncio reinante não constituísse senão uma armadilha, o senhor Duguay-Trouin ordenou que procedêssemos ao ataque segundo o que fora estabelecido. Nisso chegou ao acampamento um prisioneiro francês que escapara em uma piroga, o senhor de Lassalle, e comunicou ao general o verdadeiro estado em que se encontrava a cidade. Ele confirmou que a urbe se achava minada em alguns locais e que o governador e sua guarnição tinham vergonhosamente desertado desde meia-noite, refugiando-se no campo, em um sítio que, por precaução, fora previamente fortificado. Ainda segundo ele, no Rio de Janeiro existiam muitas riquezas em mercadorias e móveis preciosos, dos quais poderíamos nos apossar sem maiores dificuldades.

Depois de desembarcadas as forças na proximidade dos Beneditinos, tomamos a direção do bispado, com nove companhias de granadeiros na dianteira, e subimos o morro, sob a copa de grandes árvores, com o intuito de alcançar umas trincheiras, guarnecidas de boa artilharia, que se encontravam no alto. As companhias, tanto quanto permitia o terreno, colocaram-se em posição de combate. Um batalhão foi destacado para ir ao posto dos Beneditinos arriar o pavilhão português e içar o nosso. O comandante destacou, também, três companhias de granadeiros para extinguir os incêndios que consumiam algumas casas no coração da cidade e libertar os prisioneiros franceses. Fomos, então, em diligência até a cadeia, mas os mesmos tinham já evadido. Libertamos cerca de 350 homens, entre guardas-marinhas e oficiais, todos do departamento de Rochefort. Há dois dias esses homens não comiam nem bebiam e estavam irreconhecíveis, quer pela extrema miséria a que se achavam reduzidos, quer pelo cruel e desumano tratamento que lhes infligiram os portugueses, quer, ainda, pelo constante temor de serem degolados pela canalha. Tocou-nos profundamente ver o estado lastimável em que se encontravam. Do total dos prisioneiros, 200 já tinham perecido e, por diversas vezes, cogitou-se matar os outros, ao que sempre se opuseram com veemência o bispo e o padre jesuíta Antônio Cordeiro. Não saberia exprimir a alegria daqueles infelizes quando puderam abraçar seus companheiros. E como se achavam completamente nus, dirigiram-se a algumas casas de comércio portuguesas, que os vestiram bastante bem.

Entrementes, nossas três companhias, sob o comando do senhor de Courserac, foram enviadas aos principais postos da cidade, postos que o bombardeio deixara em ruínas. Uma das companhias encontrou resistência em uma casa defendida por ingleses; o local, porém, acabou por cair. Passamos, então, por uma das portas da cidade e apoderamo-nos do forte de Santiago, situado à beira-mar, bem como do Hospital Geral, onde deixamos um bom número de guardas. Subimos, em seguida, até o Convento dos Jesuítas — um dos mais grandiosos edifícios existentes nas Índias, ornado com duas soberbas igrejas — e estabelecemos aí o nosso alojamento. Ocupavam a casa um numeroso grupo de mulheres e alguns oficiais portugueses feridos. Encontramos, preso no lugar, o capelão das tropas do senhor Duclerc.

O senhor Duguay-Trouin, por sua vez, dirigiu-se para o forte de São Sebastião à frente de algumas companhias. Ele havia sido advertido de que o inimigo deixara no local uma mina de 300 barris de pólvora. Um mineiro acorreu ao local e retirou o estopim, que já estava quase no final. Feito isso, ele ordenou que uma companhia tomasse posse do forte de Santa Luzia e de uma bateria baixa, próxima da catedral. Depois que todos os fortes estavam suficientemente guarnecidos, os chefes retornaram aos Jesuítas e mandaram entoar, pelos capelães da armada, um *te-déum*, dando graças pelas poucas baixas que tivemos durante a conquista: 100 homens ao todo, entre mortos e feridos. Na mesma tarde uma companhia recebeu ordens para ocupar o Convento de Santo Antônio, situado em uma colina fora da cidade — um posto avançado e estratégico.

Desse modo, no dia 21, data em que se comemora São Mateus, ao meio-dia, assenhoramo-nos por completo da cidade e de todas as fortificações, excetuando a fortaleza de Santa Cruz. Encontramos pouco ouro e pouca prata, mas era tão grande a quantidade de víveres diversos, de mercadorias e de móveis preciosos à disposição de soldados e marujos — não obstante as precauções tomadas e as severas punições impostas pelo general, eles saquearam e pilharam a cidade por seis semanas —, que ficamos surpreendidos com o quanto se recolheu. É inegável que tivemos grande sorte em conquistar o Rio de Janeiro quase sem perdas a lamentar, e isso graças à pusilanimidade do governador e de seus oficiais. Essa presa, somada à destruição da frota mercante e dos quatro navios de guerra portugueses, constituiu uma perda considerável para a Coroa portuguesa, que tem no Brasil sua maior fonte de rendas. O prejuízo pode ser estimado em mais de 20 milhões para os portugueses e em 2 milhões para os ingleses, sem contar o grande número de bancarrotas que o ocorrido provocou na Europa.

Encontramos, ainda, fundeados no porto, oito navios pequenos, entre os quais um proveniente de Angola. De modo que quatro navios de guerra, 21 embarcações mercantes e dois navios ingleses foram apresados e queimados com todos os seus víveres e munições. A praça havia sido abandonada aos nossos. E tudo graças ao poder de fogo de nossas baterias, sobretudo daquela instalada na Ilha das Cobras, posto do mais alto valor estratégico. Asseguraram-me que, mais tarde, os próprios portugueses vieram a construir no local uma boa cidadela. É o mesmo que dizer *depois da morte, o médico*.

Durante toda a noite do dia 21 exercemos redobrada vigilância em todos os pontos que ocupáramos, pois viemos a saber que o governador pedira ajuda ao general das minas Antônio de Albuquerque, que era esperado a qualquer momento. No dia 22, o general fez publicar um bando, pelo qual fazia saber que seriam condenados à morte marinheiros, soldados ou quem quer que fosse pego pilhando. Em seguida, na companhia do senhor Ricouart, intendente-geral da esquadra, ele foi inventariar os armazéns da cidade, encontrando-os muito bem-abastecidos com excelentes mercadorias. Ao retornar, o general mandou um ultimato à fortaleza de Santa Cruz. O oficial que comandava o lugar, ressentindo-se já da carência de víveres e não contando com mais do que uma pequena guarnição para defendê-lo, respondeu que, caso respeitássemos as honras de praxe em tais situações e lhe fornecêssemos um navio para que se retirasse livremente, o entregaria em nossas mãos. Realizado o acordo, o capitão do forte veio pessoalmente à cidade saudar o senhor Duguay-Trouin. Para o comando da fortificação o general designou o senhor Destrys, à frente de 100 homens. Nessa mesma tarde vieram a nós, do acampamento inimigo, alguns religiosos. Eles desejavam, em nome dos habitantes locais, tornar-nos cientes da sua extrema miséria e suplicar que poupássemos as suas residências. Respondemo-lhes que, caso quisessem ocupar novamente a cidade, seriam bem-acolhidos e que não éramos tão perversos quanto lhes tinham feito crer. Os monges aludiram, também, a seus conventos, sobre o que não lhes demos muita atenção. No dia 23 cortamos a cabeça de três dos nossos soldados que tinham saqueado e incendiado algumas casas. No mesmo dia recobramos os sete estandartes que o senhor Duclerc perdera ano passado; a bandeira branca, no entanto, já havia sido enviada para Lisboa.

No dia 24 o comandante inglês que se encontrava no fundo da baía com seu navio rendeu-se. Logo, porém, ele entrou num acordo conosco e pagou 20 libras de prata e algumas mercadorias pelo seu próprio resgate e da sua embarcação. O capitão rumava para a China e, de passagem, deixaria em Madras, nas Índias Orientais, o governador que seguia a bordo. Ele pareceu-nos bastante irritado com os portugueses, que há quatro meses vinham impedindo que prosseguisse viagem. Causara-lhe especial indignação a desprezível covardia desses homens. Seu imediato, em meio à desordem, furtara-lhe uma chalupa e 200 mil libras.

Apesar dos convites que fizemos ao bispo, aos jesuítas e aos burgueses para regressar à cidade, estes não aceitaram e preferiram correr o risco de ver queimados seus mosteiros e residências a cair em nossas mãos. Eles estavam seguros de que, de um dia para outro, chegaria da região das minas, sob o comando do general Albuquerque, governador da rica região, um socorro de 5 mil homens para nos atacar. Os habitantes depositavam grande confiança no valor e na competência desse homem, o contrário do que sentiam em relação ao senhor Costa de Maquinês, que enlouquecera ao ver-se constrangido a mandar pôr fogo em seus navios.

No dia 26, os inimigos, sob o comando de Bento do Amaral, o mais valente e renomado dos capitães portugueses, autor de muitas mortes, atacaram um dos nossos postos e foram rechaçados por duas companhias de guardas. Amaral bateu-se corajosamente; sua gente, porém, o abandonou, e ele foi ferido, morrendo duas horas mais tarde. Seu cavalo, avaliado em mais de 200 pistolas, foi remetido, juntamente com suas bonitas armas, ao nosso general, que gratificou os soldados por terem bem-cumprido o seu dever durante a batalha, batalha da qual saímos com 12 feridos.

No dia 27, o padre Antônio Cordeiro, o mais capaz e hábil da Companhia, intentou fazer um acordo para o resgate da cidade, das fortalezas, dos conventos, da artilharia, da pólvora e dos navios que apresáramos. O general concedeu-lhe cinco dias para realizar as negociações e enviou tudo por escrito ao governador. Esse bom religioso fez diversas idas e vindas do acampamento inimigo à cidade, mas tudo em vão. Isso muito irritou o senhor Duguay-Trouin. No dia 28, um batalhão e minha companhia de granadeiros receberam ordens de ir à procura de um tesouro que, segundo diziam, estava escondido em uma casa dos jesuítas. O cavaleiro de Courserac, que nos comandava, tendo o auxílio de dois guias ao deixar a cidade, dividiu a tropa em dois grupos e tomou a esquerda, rumo às montanhas. Ele, entretanto, perdeu-se pelo caminho, sem conseguir mais nos encontrar. Tomamos a direita e, sob as ordens do senhor de Kéravel, seguimos pela planície, com o intuito de encontrar-nos com outro grupo, em um lugar distante uma légua. Depois de uma hora de marcha, com água acima dos joelhos, chegamos perto de uma grande casa. Durante todo o dia esperamos inutilmente pelo senhor de Courserac. E esperamos na maior inquietação, pois encontrávamo-nos a um tiro de fuzil do inimigo, cujo acampamento, disposto à nossa volta, contava com cerca de 4 mil homens. Veio, então, até nós o padre Cordeiro e pediu-nos encarecidamente que não avançássemos mais, pois o governador, que se encontrava nas proximidades com suas tropas, aniquilar-nos-ia facilmente. O padre garantiu-nos que logo iria tentar restabelecer as negociações e que aguardássemos ao menos que ele voltasse ao acampamento, o que prontamente concordamos. Percebemos, contudo, pelo seu gesticular, que Sua Reverência temia que queimássemos os seus belos engenhos de açúcar. Entrementes, o senhor de Kéravel destacou um oficial para ir avisar ao general a nossa situação e receber suas ordens. O senhor Duguay-Trouin, tão logo soube do perigo iminente de sermos atacados e dominados, avançou com 100 granadeiros, seguidos de três batalhões como proteção, e determinou a nossa imediata retirada, pois a noite se aproximava. Executamos a retirada à vista do inimigo, caminhando todo o tempo pela água deixada pela grande tempestade que caíra. Minha companhia de granadeiros fechava a marcha da coluna em retirada. Alcançamos a cidade fatigados, sem ter encontrado nenhum tesouro. Quando nos encontrávamos próximos do acampamento do governador, ele remeteu-nos, por intermédio de um religioso, a carta que o nosso comandante lhe enviara para que fosse traduzida para o português, pois não conseguira entender uma única palavra do que estava escrito. Cuidei de fazer, sobre um caixote, a dita tradução e entreguei-a ao emissário.

No dia 29, o governador comunicou ao senhor Duguay-Trouin que lhe enviaria a qualquer momento dois jesuítas respeitáveis, com o fim de iniciar as conversações. Pedia-lhe, porém, que tratasse bem os reféns e que remetesse dois dos seus homens, de igual qualidade, os quais prometia receber com a maior cortesia. Após eu ter dado conta do conteúdo da carta ao general, traduzi a resposta, na qual o nosso comandante frisava que estava enviando dois oficiais de qualidade, a saber: um capitão de granadeiros, que entendia e falava perfeitamente bem o português,[11] e um comissário dos navios, ambos vivamente recomendados. O general dizia, ainda, ter confiança de que, acertado o tratado, teria a honra de encontrar pessoalmente o governador, e arrematava assegurando ser seu humilde criado. Assim foi que me designaram, na companhia de um amigo, para servir de refém junto a essa canalha que, ao menor capricho, enforca ou apunhala um indivíduo honesto; muito embora o padre Cordeiro e os dois reféns garantissem a minha vida.

No dia 30, os nossos navios começaram a fazer a aguada, recolher a lenha e embarcar as provisões necessárias. A cidade continuava a ser implacavelmente pilhada pelos soldados e marujos, malgrado a punição de alguns. Tomamos um navio português, vindo dos Açores, que entrara no porto carregado de vinhos e farinhas. Pela manhã, o governador mandou um oficial pedir ao general que não embarcasse as mercadorias em seus navios de imediato, pois desejava comprá-las. O oficial comunicou também que, às 3 horas da tarde, seriam enviados dois representantes do governador, um mestre de campo e o juiz-de-fora, acompanhados de uma escolta — que permaneceria estacionada a meio caminho entre o acampamento e a cidade.

Eu e meu companheiro partimos a cavalo, conduzidos pelo major-general senhor de Saint-Germain. O padre Cordeiro e uma companhia de granadeiros nos escoltaram até a distância de meia légua da cidade, onde já se encontravam os reféns portugueses e uma companhia de combate.

---

[11] O próprio Lagrange.

Depois de alguns cumprimentos de parte a parte conduziram-me ao acampamento inimigo e o senhor major levou os portugueses para o Convento dos Jesuítas. As negociações deveriam durar sete dias.

Trégua e conversações com os portugueses

Meu colega e eu fomos conduzidos por aquelas pessoas de bem a uma bela casa de campo. Aí fomos recebidos muito cortesmente pelo intendente-geral, por três coronéis e por numerosos oficiais e religiosos, que nos convidaram para comer. O lugar era cortado por rios e riachos, e coberto por laranjeiras, limoeiros e bananeiras. Viam-se, também, inúmeras plantações de batata e de mandioca — com esta última os habitantes faziam o seu pão. A caça era farta, podendo-se encontrar todo tipo de aves e animais selvagens. O gado era abundante, e nos matos havia grande quantidade de tigres, veados, ursos, macacos e papagaios. Os muitos lagos das redondezas estavam abarrotados de peixes e de frangos-d'água. A madeira encantava pela diversidade de cores: o vermelho do acaju, o amarelo da arapoca, o verde do guáiaco e o negro do ébano.

No dia 2 de outubro, o coronel Francisco Xavier de Castro Morais, sobrinho do governador, veio visitar-me, da parte de seu tio, e jantou comigo. Esse jovem, casado com uma jovem muito bonita e muito rica, perdeu o pai, ano passado, na batalha contra as tropas do senhor Duclerc e tinha acabado de perder um irmão no forte de Villegagnon. Sua residência na cidade havia sido saqueada pelos soldados, e tanto ele quanto sua esposa ficaram sem magníficas roupas. Presenteei-o com pão e vinho, e ele, em retribuição, me deu alguns doces e um macaco. Ao entardecer, partiu com seu regimento.

Eu era vigiado por uma companhia e recebia frequentes visitas desses senhores. No dia 3, por determinação do governador e do general da esquadra, fui visitado pelo sargento-mor Martim Correia, que se fazia acompanhar dos senhores Marcos da Costa, Manuel Lopes, do intendente Francisco José da Costa e de seu sobrinho Francisco Xavier, bem como pelo senhor José Correia de Castro, cavaleiro da Ordem de Cristo e governador da Ilha de São Tomé. Esses senhores disseram-me temer que a conferência fosse interrompida a qualquer momento, tendo em vista a quantia exorbitante que o general exigia de resgate. De fato, o senhor de Ricouart, intendente da armada, escrevera-me dizendo que os parlamentares portugueses estavam obstinados em oferecer somente 600 mil cruzados, equivalentes a 1.200 libras, pelo resgate das fortificações com suas artilharias, da cidade e região circunvizinha. Proposta que foi recusada peremptoriamente. Tinham sido concedidas mais 24 horas para melhor estudo da situação, ao fim das quais recomeçariam as hostilidades. Nesse mesmo dia, os inimigos enviaram um boi ao senhor Duguay-Trouin, o qual foi retribuído com uma carroça carregada com pão e vinho, coisas que lhes faziam falta.

No dia 4, os portugueses, querendo obsequiar-me, convidaram-me para assistir ao exercício de suas tropas. A incapacidade do sargento-mor dava pena. Uma companhia de negros livres, armada de carabinas e sabres apeirados de prata, executou razoavelmente o exercício. Esses indivíduos, no entanto, traziam continuamente sobressaltada a população rural, pelos seguidos assaltos que praticavam em suas casas. É de assinalar que todos os portugueses torciam pelo bom êxito das negociações.

No dia 5, os negociadores portugueses persistiam em oferecer uma soma bastante módica. Depois de sete dias as negociações foram bruscamente interrompidas, os reféns foram restituídos a ambas as partes e a guerra voltou a frequentar os pensamentos de todos. Ao retornar à cidade, todos os meus companheiros me abraçaram, pois temiam que eu tivesse sido maltratado por aquela gente vingativa. Entrementes, o governador enviou-nos 12 bois de presente.

No dia 6, o senhor Bocage, um francês que há tempos se casara em Lisboa, escreveu ao senhor Duguay-Trouin, rogando que lhe vendesse uma embarcação e que lhe enviasse um suprimento de pão e vinho, artigos que faltavam nas montanhas. Resolvemos minar e fazer saltar pelos ares todas as fortificações e fortes do lugar, pondo fogo, em seguida, às casas e aos

Outras visões do Rio de Janeiro colonial

conventos, caso o governador e os monges não se resolvessem. Um dos nossos mergulhadores trouxe à tona vários canhões de ferro fundido, pertencentes aos três navios de guerra portugueses que, como descrevemos anteriormente, explodiram. Levamos, ainda, para outras embarcações, 22 canhões de ferro fundido do *Baroquine*, que havia sido encalhado e avariado pela artilharia do forte de São Sebastião.

No dia 7, apesar das proibições, a cidade continuou a ser implacavelmente pilhada. Houve uma perda de cerca de 3 milhões em móveis, os quais foram estragados, quebrados, amassados e jogados no meio das ruas. Os soldados carregaram para os navios tudo o que puderam lançar mão.

No dia 8, o general, o senhor intendente, o major e os oficiais de maior patente, devido a certas notícias veiculadas por judeus recém-saídos das prisões da Inquisição, dirigiram-se ao convento dos padres recoletos de Santo Antônio, situado fora da cidade, com o fim de lá proceder a uma busca. Esse magnífico edifício, construído no alto de uma colina, poderia alojar comodamente mil pessoas. Umas 12 capelas colocadas em diversos pontos do convento, capelas douradas e decoradas com excelentes afrescos, testemunhavam a opulência do lugar. Os bons religiosos que aí habitavam tinham escondido, em catacumbas e lugares secretos, as riquezas dos principais da cidade. Obrigamos esses monges devotos, em parte com rogos e em parte com ameaças, a revelar os tais esconderijos. O primeiro que descobrimos guardava 200 libras de ouro em pó e em peças, grande quantidade de pedras preciosas e cofres recheados de prataria e cruzados, tudo avaliado em 350 mil libras.

Devo dizer que, além dos paramentos religiosos, telas, porcelanas, tapeçarias e móveis pertencentes a particulares, objetos que os nossos soldados da guarda trataram de carregar, nunca vi algo tão perfeito quanto as esculturas e os dourados de uma nova igreja que esses frades estão construindo. Igualmente rica é a capela dos Beneditinos, avaliada em 2 milhões. Existe aí a imagem de um santo negro, vestindo hábito franciscano, de nome São Benedito. Os portugueses garantiram-me que ele foi mesmo canonizado.

No dia 9 prendemos diversos portugueses e negros, que vieram do acampamento inimigo, onde morriam de fome, para pilhar as casas da cidade. Matamos alguns e pusemos os outros para correr. Um navio inimigo que entrava no porto reconheceu-nos e fugiu para a Ilha Grande. Na tarde desse mesmo dia, o senhor Duguay-Trouin escreveu ao governador uma mensagem — que eu verti para o português —, na qual agradecia o bom tratamento dispensado aos reféns e lhe fazia saber que mandara minar a cidade e suas fortificações, com o intuito de fazê-las saltar pelos ares e, em seguida, incendiar as casas restantes. Adiantava, ainda, que investiria com todas as suas forças contra o acampamento. Prosseguia, entretanto, exortando o governador a salvar essa belíssima colônia para seu príncipe e seus habitantes, o que poderia ser conseguido mediante o pagamento de 2 milhões de libras. Ele, general, contentar-se-ia com esse valor, pois notara que mais não poderia exigir, em face da manifesta má vontade dos particulares, que tinham ocultado suas riquezas. O general concluía dizendo que aguardava uma resposta até a manhã do dia seguinte.

No dia 10, como tardava a resposta, partimos em campanha, com 2 mil bons soldados, deixando guarnições nas fortalezas de Santa Cruz, de Santa Luzia e da Ilha das Cobras, afora alguns corpos de guarda estacionados nos Jesuítas, nos Beneditinos, em Santo Antônio e no Carmo. Marchamos, em formação de combate, diretamente para o acampamento inimigo. Depois de uma légua de caminhada, encontramo-los, com seus pelotões estendidos em linha de batalha, a fim de defender o lugar. Ao alcance de um tiro de fuzil, as tropas pararam para fazer um pequeno repasto antes do combate. Alguns oficiais inimigos, a cavalo, vieram observar-nos, e, quando menos esperávamos, surgiram dois portugueses, que solicitaram falar com o nosso general. Eles disseram-lhe que a carta chegara muito tarde às mãos do governador, razão pela qual não fora possível dar uma resposta mais cedo. Fui, então, enviado ao acampamento inimigo para explicar nossas últimas deliberações, a saber: se no prazo de quatro horas as nossas exigências não fossem atendidas, retomaríamos as armas. O governador chamou-me à parte e, sem descer do seu cavalo, brindou-me com uma hora de lamúrias sobre o estado dos cofres públicos. Disse ele que, muito ao contrário do que se julgava na França e mesmo em Portugal, a vizinhança das minas não havia trazido ouro para a região, e que havíamos recolhido, no Convento de Santo Antônio, todas as riquezas que os habitantes da cidade ocultaram. Sua casa, prosseguiu ele, por duas vezes fora saqueada e incendiada: uma, ano passado, pelo senhor Duclerc, e outra, este ano, por nós. Sendo assim, ele pedia encarecidamente que levasse tais coisas ao conhecimento do general e lhe dissesse que poderia nos entregar, no máximo, 600 mil cruzados, correspondentes a 100 mil libras, além de mais 10 mil cruzados, provenientes do seu próprio bolso, destinados a indenizar os referidos prisioneiros, o Estado-maior, os reféns e aqueles que padeceram todos os sofrimentos sem retirar nenhum proveito. Entregaria também 100 caixas de açúcar, de mil libras cada uma, e 200 bois para a nossa tripulação. Essa era, segundo ele, a sua última proposta, e, caso não a aceitássemos, afirmava, poderíamos desmantelar os fortes, destruir a cidade e queimar os campos. Quanto a ele, decidiria entre se defender ou, caso isso se mostrasse impossível, embrenhar-se pelas montanhas, o que não nos traria nenhum proveito.

Realmente, como vim a verificar, o povo encontrava-se reduzido a um estado de profunda miséria, pois, obrigado a fugir para salvar a própria pele, abandonara roupas e comida, coisas que agora lhe faziam muita falta. O governador prometeu, ainda, resgatar as mercadorias levadas dos armazéns, os produtos saqueados pela soldadesca, os navios mercantes apresados e toda a pólvora apreendida. Como garantia da sua palavra, ele comprometeu-se a mandar-nos seis reféns, escolhidos entre os principais da cidade.

Relatei a dita proposta ao senhor Duguay-Trouin, que reuniu os oficiais com a finalidade de ouvir-lhes sobre o assunto. Todos concordaram que se deviam aceitar as ofertas do governador, pois era melhor do que nada. Concordaram, também, que não havia sentido em levar a guerra ao interior do Brasil, na medida em que tomaria muito tempo e acarretaria a perda de nossas tropas. Retornei ao acampamento inimigo e transmiti ao governador que a proposta havia sido aceita e ratificada. Então, todos os coronéis, capitães e oficiais portugueses vieram demonstrar a grande alegria que lhes causava o fato de terem sido poupados da guerra. Assegurei-lhes que seriam todos muito bem-tratados e dirigi-me para a cidade. Seguiram comigo, na qualidade de reféns, o coronel João de Paiva Souto Maior e o tesoureiro-geral José da Costa, que pernoitaram na cidade, enquanto aguardavam quatro outros reféns que deveriam se apresentar no dia seguinte pela manhã. Nossas tropas também regressaram, com água até os joelhos, para os seus alojamentos na cidade.

No dia 11, o presidente, o sobrinho do governador e dois capitães apresentaram-se ao general como reféns. Acompanhei-os em uma visita à cidade, cujo estado foi considerado por eles deplorável, incluindo as casas. Esperamos, com impaciência, de 12 a 15 dias, prazo que eles requereram para receber o ouro em pó e em barras, escondido nas montanhas. Durante esse tempo, permitimos que os portugueses visitassem a cidade e os arredores.

No dia 13, duas pequenas embarcações portuguesas, provenientes da Baía de Todos os Santos, entraram no porto e foram capturadas. Elas estavam carregadas de farinha, faianças e azeite. Os reféns argumentaram que se tratava de uma presa ilegal. Replicamos, todavia, que o tratado se referia apenas à terra e não ao mar.

No dia 14 soubemos que o general Albuquerque estava chegando com suas tropas e que o primeiro pagamento não seria mais efetuado. O senhor Duguay-Trouin viu-se, então, obrigado a transferir os reféns para navios, o que os mortificou ao ponto de redobrarem as instâncias junto ao governador, para que este remetesse a soma prometida. O intendente, porém, inimigo mortal dos franceses, recusava-se a repassar o dinheiro do rei e da bula papal que tinha sob sua responsabilidade.

Entrementes, o senhor Albuquerque, que desde a sua chegada se tinha inteirado dos termos do tratado, já devidamente assinado, exigiu que ele fosse cumprido pontualmente, censurando com dureza a conduta do oficial de finanças. Passamos toda essa noite em estado de prontidão.

No dia 15, o governador enviou uma longa carta ao senhor Duguay-Trouin, acerca do tratamento dispensado aos reféns, assegurando que não era homem de faltar à palavra dada. Explicava, também, que tinha, de fato, desde os primeiros dias do ataque francês, solicitado a ajuda do senhor Albuquerque, mas que dispunha de autoridade para fazê-lo partir. O governador, por fim, pedia que o general retirasse os reféns dos navios e os trouxesse de volta para a cidade.

No dia 16, nossas tropas foram dispostas numa planície, em ordem de batalha, e fizeram seus exercícios diante do sobrinho do governador, o coronel Francisco Xavier, que se encontrava magnificamente vestido, e de Martim Correia, major de regimento. Viemos a saber que alguns dos nossos soldados estiveram em um campo minado, vendendo produtos do saque. Eles, todavia, foram logo detidos e ameaçados de morte, pois tinham ultrapassado os guardas aduaneiros e entrado em zona proibida.

No dia 18 decapitamos um marinheiro que roubara vasos sagrados. Os portugueses começaram a regressar às suas casas, que estavam reduzidas às paredes e ao teto. O senhor Bocage veio trazer seus cumprimentos ao senhor Duguay-Trouin e acertar um preço para o navio mercante. Na ocasião, ele criticou severamente a manobra do governador.

No dia 21, os portugueses a quem tínhamos confiado a guarda dos reféns trouxeram-nos 160 mil libras de ouro em pó e confirmaram que Antônio de Albuquerque acabara de chegar das minas de ouro, à frente de 1.500 cavaleiros e 3 mil homens de infantaria, homens que, a caminho da cidade, devastaram campos e destruíram casas.

No dia 23, os portugueses deveriam entregar-nos 400 mil libras de ouro em pó e receber de volta os reféns. Fui, então, convidado para servir de intérprete e comunicar que os escravos vinham a caminho, trazendo o ouro, escoltados por uma companhia de infantaria do almirante Maquinês. Voltei com eles ao acampamento português, onde fui muito bem-tratado tanto pelo governador quanto por seus oficiais. Era essa a terceira vez que me encontrava entre aqueles cavalheiros. O general Albuquerque e o almirante da frota João da Costa Maquinês prestaram-me muitas honras.

No dia 28, o senhor Duguay-Trouin, depois de embarcar todas as mercadorias, entregou a cidade aos portugueses. Acompanhado por 1.500 homens, ele se retirou para o Convento dos Jesuítas, mantendo sob seu controle todas as fortalezas, inclusive a de Santa Cruz, com o propósito de melhor garantir nossa saída para o mar. Feito isso, foi autorizado o comércio entre franceses e portugueses. Estes compraram de volta dos soldados quase todos os móveis, o que permitiu aos nossos especularem com o preço e retornarem para a França com avultadas somas.

No dia 30, depois de permanecer sete dias entre os inimigos, voltei finalmente à minha companhia, que havia embarcado durante a minha ausência. Resolvi, então, ir despedir-me do governador. Este disse-me que ainda haveríamos de nos ver na cidade, antes da partida, e presenteou-me com três caixas de açúcar, com 1.200 libras cada — presente que aceitei, após a autorização do senhor Duguay-Trouin. Infelizmente, porém, tive o azar de perdê-las no naufrágio do *Fidèle* e do *Aigle*. Fiz uma planta do porto e da cidade, com todos os navios de guerra em formação de combate, conforme sua ordem de entrada, sem me esquecer da frota portuguesa e de nossas baterias, e presenteei o senhor Duguay-Trouin. No dia 2 de novembro recebemos o dinheiro do resgate da pólvora e restituímos os seis reféns. Os soldados portugueses começaram a reocupar suas posições na cidade e nós continuamos a vender-lhes os navios e as mercadorias apreendidos.

No dia 4, ao cair da tarde, o senhor Duguay-Trouin embarcou com todas as tropas que restavam e desocupou as fortalezas, mantendo, até a nossa partida, somente as da Ilha das Cobras e a de Santa Cruz. Os portugueses mostravam-se incomodados com a nossa presença e aguardavam impacientemente a nossa partida. Trabalhamos dia e noite para aparelhar o *Concorde* e o *Firmament*, uma de nossas presas. Carregamo-los com um sem-número de mercadorias destinadas a Lima e ao Panamá, nos Mares do Sul. As embarcações, porém, mostraram-se em mau estado, assim como estava em mau estado uma outra presa de 50 canhões, a *Rainha dos Anjos*, que havia sido carregada de açúcar e posta sob o comando do senhor Rufinière. Todos os outros navios foram vendidos. Mandamos, ainda, pôr fogo em um navio de guerra, encalhado na Ilha das Cobras, e num navio mercante. Nossas embarcações, durante todos esses dias, estiveram repletas de portugueses. Eles vinham resgatar da nossa tripulação as mercadorias e móveis que tinham sido pilhados. O pagamento era feito com ouro em pó, trazido das minas em grandes sacos de couro.

No dia 10, deixamos a Ilha das Cobras, pois após 50 dias de permanência no Rio de Janeiro tinha chegado a hora de retornarmos à França. No dia 12, a frota aparelhou e foi ancorar fora do porto, com 20 a 22 braças de fundo. No dia 13 saímos da baía, depois de o general ter feito embarcar a guarnição que se encontrava na fortaleza de Santa Cruz.

JOSEPH COLLET

Senhor, tanto a data quanto o assunto desta carta irão surpreendê-lo, mas a situação é mesmo a que se segue. No dia 18 de agosto entramos no porto do Rio de Janeiro, tendo para isso desviado 5° do caminho que havíamos estabelecido. As razões de tal desvio serão explicadas pelo capitão Austen e por seus oficiais. Quatorze dias depois da nossa chegada, o senhor Duguay-Trouin, à frente de 15 navios de guerra franceses, algumas fragatas e duas bombardas, entrou no porto e em menos de uma hora assenhorou-se dele. E isso apesar da oposição dos fortes portugueses e de quatro dos seus navios de guerra. Em três dias os franceses apossaram-se da cidade e de todos os fortes, que eram bastante poderosos. As forças terrestre e naval francesas perfaziam cerca de 3.500 homens. Os portugueses, por seu turno, contavam com mil soldados das tropas de linha, 200 marinheiros, 4 mil cidadãos armados e entre 7 e 8 mil negros. Todos, depois de uma pequena canhonada e sem que houvesse um único ferido, deixaram a cidade durante a noite, mandando à frente suas mulheres e riquezas. Assim procederam não por falta de armas ou munição, pois estas foram deixadas para trás em grandes quantidades.

No que toca ao nosso navio, logo que o combate teve início, ele foi deslocado baía acima, longe da artilharia do inimigo, mas ao alcance de sua vista. O capitão Austen deliberou que se renderia mediante a primeira intimação. Quanto a mim, estava relutante em entregar-me e resolvi, na primeira noite, deixar o navio e instalar-me em terra, de onde aguardaria que a sorte da cidade fosse decidida. Se o impasse se prolongasse, eu escaparia, pois era certo que os franceses tomariam o nosso navio quer a urbe fosse ou não capturada. Quando, porém, a cidade sucumbiu, constatei que poderíamos esperar mais dificuldades da parte dos portugueses do que da parte dos franceses. Por isso, resolvi dirigir-me à cidade e render-me pessoalmente ao general francês. Ao descer o rio, no entanto, observei que o nosso navio, situado um pouco mais acima, ainda ostentava as cores inglesas. Subi a bordo e soube que eles não tinham sido intimados. Permaneci na embarcação duas noites. O capitão mantinha-se firme na resolução de entregar o navio. Seguindo a minha deliberação anterior, tomei, então, um barco e dirigi-me para terra com o propósito de, juntamente com meu filho e mais dois senhores, render-me ao senhor Duguay-Trouin. O nosso contramestre, cumprindo ordens do capitão, tratou imediatamente de seguir-nos num barco com o intuito de apresentar a rendição do navio — o que foi feito cordialmente.

Os franceses acolheram-nos de maneira bastante civilizada, e eu pus-me a pensar numa maneira de continuar a minha viagem para a Índia sem ter de retornar à Europa, o que seria de grande importância tanto para a Companhia quanto para mim. Propus, então, a eles comprar uma de suas embarcações pequenas. Eles disseram-me que havia alguns bergantins e outras embarcações ancoradas no porto, mas que nenhuma delas estava em condições de enfrentar a viagem em questão. Disseram-me, ainda, que poderiam me vender o meu próprio navio. Prontamente recusei essa proposta, primeiramente, porque não queria antecipar-me ao capitão Austen, que poderia desejar resgatar a embarcação, em segundo lugar, porque tinha razões para suspeitar, levando em conta as suas condutas, que certos membros da tripulação esperavam um qualquer falso pretexto para difamar-me — o que, com a graça de Deus, ainda não tinham conseguido. Os franceses permitiram que eu visitasse os bergantins e as demais embarcações, os quais correspondiam ao que me tinham descrito.

Cerca de 15 dias mais tarde, recebi uma carta do capitão Austen, na qual ele me informava que os franceses não venderiam o *Jane* sem a sua carga e que, se eu quisesse, poderia comprar as duas coisas. Soube, pela carta, que ele tentara negociar o navio e fui procurá-lo para saber se as negociações tinham se estendido à carga. Ele me disse que não. Tratei imediatamente de entrar num acordo para comprar o navio e os bens. Finalmente, fechei o negócio; mas a que preço? Paguei o valor total de ambos a preços ingleses. A maior parte da mercadoria, entretanto, deve ser debitada na conta da Companhia, pois consiste em provisões para a guarnição e petrechos navais. Pensei que seria do interesse da Companhia reaver tais artigos, mesmo que a custo primário, afinal, eles poderão ser necessários na Índia. Para mais, os franceses deram-me um salvo-conduto, válido por sete meses, que nos dará garantia contra eventuais inimigos.

Passo agora, depois desse longo preâmbulo, àquilo que interessa ao senhor e ao cavalheiro envolvido na nobre missão de propagar o Evangelho nas Índias Orientais. Estou agora de posse de todo o material que se encontrava a bordo do navio e levo comigo o senhor Jonas Fink, que será conduzido até seu posto. Deveria, para ser justo, proceder com o senhor tal como procedi com a Companhia, isto é, cobrar-lhe o custo primário pelas mercadorias, contudo, meu desejo em promover tão meritório trabalho levou-me a deliberar de outro modo. Resolvi emitir em seu nome, nesta data, uma fatura no valor de 150 libras, a ser paga ao senhor John Bedwell, ou a algum representante dele, um mês após o seu recebimento. Entreguei ao senhor Fink, por conta desse valor, as coisas que lhe foram confiadas e comprometi-me a levá-lo, com as ditas coisas, para Madras. Não tenho dúvidas de que tal acordo satisfará o cavalheiro envolvido e que a fatura será pontualmente saldada. Espero fazer vela em uma semana.

EDIÇÕES UTILIZADAS

A narrativa da tomada do Rio de Janeiro por Duguay-Trouin foi editada pela primeira vez em 1712, sob o título *Relation de la prise du Rio de Janeiro par une escadre des vaisseaux du roy, commandé par Duguay-Trouin*. Em 1730, ela reaparece nas *Mémoires* do navegador, obra que seria reeditada inúmeras vezes em língua francesa (pelo menos dez, somente até 1800). Em 1941 sai, na *Revista do Instituto Histórico e Geográfico Brasileiro* (volume 176), a primeira e única tradução portuguesa do fragmento referente ao Rio de Janeiro, tradução que coube ao comandante Adalberto Rechsteiner. Utilizamos a primeira das duas edições publicadas por Pierre Mortier no ano de 1740, considerada uma das melhores edições da obra.

A narrativa de Guillaume François Parscau, cujo manuscrito se encontra na Biblioteca do porto de Breste, conheceu duas edições: uma publicada por Doneaud du Plan, na *Revue Maritime et Coloniale* (tomo 95), em 1885; e outra preparada por Louis Miard e publicada nas *Actes du cinquantenaire de la création en Bretagne de l'enseignement du Portugais*, em 1977. Há uma tradução brasileira, assinada pelo citado Adalberto Rechsteiner (*RIHGB*, 176), feita a partir da edição de 1885. As edições francesas, ambas consultadas na presente tradução, apresentam diferenças mínimas.

No tocante à narrativa de Lagrange, conhece-se somente uma edição do seu manuscrito — que se encontra na Biblioteca Nacional de Madri. Essa edição, preparada a partir de uma cópia dos originais feita por Cláudio Ganns (que os descobriu), veio a público em 1961, nas páginas da *Revista do Instituto Histórico e Geográfico Brasileiro*. Juntamente com o original francês, foi publicada uma tradução para o português, assinada por Mário Ferreira França.

Finalmente, no referente à correspondência pessoal do governador Joseph Collet, ela foi publicada uma única vez, no ano de 1933.

Duguay-Trouin, René. *Mémoires de monsieur Du Guay-Trouin*. Amsterdã: Pierre Mortier, 1740, p. 165-200.

Parscau, Guillaume François. "Journal Historique ou Relation de ce qui s'est passé de plus mémorable dans la campagne de Rio de Janeiro par l'escadre du roi commandés par M. Duguay-Trouin en 1711". In: *Actes du cinquantenaire de la création en Bretagne de l'enseignement du Portugais*. Paris: Presses du Palais Royal, 1977, p. 185-224.

Lagrange, Louis Chancel de. "Campagne du Brésil faite contre les Portuguais, 1711". In: *Revista do Instituto Histórico e Geográfico Brasileiro*, vol. 270, 1967, p. 18-44.

Collet, Joseph. *The Private Letter Books of Joseph Collet*. Introdução e notas de H. H. Dodwell. Londres, Nova York: Longmans, Green and Co., 1933, p. 1-16.

BIBLIOGRAFIA

Boxer, Charles R. *A idade de ouro no Brasil*. Trad. de Nair de Lacerda. São Paulo: Companhia Editora Nacional, 1963.

Brazão, Eduardo. *As expedições de Duclerc e de Duguay-Trouin ao Rio de Janeiro, 1710-1711*. Lisboa: Divisão de Publicações e Bibliotecas, Agência Geral das Colônias, 1940.

Dujarric-Descombes, Alfred. "Le Chevalier Du Lagrange Chancel — son voyage en Périgord". In: *Bulletin de la Société Historique e Archéologique du Périgord*. Tomo XLIII, 1916.

Fragoso, Augusto Tasso. *Os franceses no Rio de Janeiro*. Revisão, acréscimos e anotações pelo general Antônio de Sousa Júnior. Rio de Janeiro: Biblioteca do Exército, 1965.

Ganns, Claudio. "Memória de um marinheiro francês, no século XVII". In: *Revista do Instituto Histórico e Geográfico Brasileiro*, vol. 250, 1961, p. 3-19.

LAGRANGE, Louis Chancel de. "Tomada do Rio de Janeiro em 1711 por Duguay-Trouin". Introdução, tradução e notas pelo almirante Mário Ferreira França. In: *Revista do Instituto Histórico e Geográfico Brasileiro*, vol. 270, 1967, p. 3-124.

LA LANDELLE, Gabriel de. *Histoire de Duguay-Trouin*. Paris: Sagnier et Bray, 1844.

PONCETTON, François. *Monsieur Duguay-Trouin, corsaire du roi*. Paris: Plon, 1930.

POULAIN, Jean. *Histoire de Duguay-Trouin et de Saint-Malo, la cité-corsaire*. Rennes: Découvrance, 1994.

RUDEL, Yves-Marie. *Duguay-Trouin, corsaire et chef d'escadre (1673-1763)*. Paris: Perrin, 1973.

VÁRIOS. *Actes du cinquantenaire de la création en Bretagne de l'enseignement du Portugais*. Paris: Presses du Palais Royal, 1977.

Edward Kimber

*E*dward Kimber *nasceu em Londres, em 1719, e morreu na mesma cidade, em 1769. Filho de um pregador batista que abandonou o púlpito para dedicar-se às atividades de editor, o jovem londrino teve como tutor o próprio pai, que o iniciou no mundo das letras. Assim, desde muito cedo, o rapaz passou a auxiliá-lo na edição da prestigiada* London Magazine, *escrevendo, por vezes, poemas, pequenos ensaios e obituários para a publicação. Em 1742, ele deixa a Inglaterra e, por razões desconhecidas, muda-se para a América. Depois de uma rápida passagem por Nova York e por outras cidades americanas, dirige-se para a Geórgia, e durante 15 meses presta serviços ao governador Oglethorpe.*

Em 1744, Kimber retorna à Inglaterra e publica, nas páginas da London Magazine, *suas impressões sobre a América. Entre 1750 e 1765, paralelamente às atividades militares que desenvolvia, o londrino atuou empenhadamente como escritor, compilador e editor, obtendo, com a publicação de oito pequenos romances, uma modesta reputação literária. Os seus livros, todos anônimos e redigidos na primeira pessoa, são memórias de terceiros, supostamente baseadas em papéis ou no diário do retratado. Na verdade, são romances de aventura, bem ao gosto da época, recheados de intrigas amorosas, identidades trocadas, encontros casuais, fugas e salvamentos.*

Um dos heróis *cuja vida Kimber colocou no papel e mandou editar é um tal Neville Frowde, de Cork. Nada conseguimos apurar sobre esse capitão, não conseguimos nem mesmo confirmar se ele de fato existiu. Frowde, segundo nos conta Kimber, perdeu-se de seu navio no litoral brasileiro, a bordo de uma chalupa. Depois de passar algumas dificuldades e conseguir ajuda num forte português, alcançou o porto do Rio de Janeiro no início do ano de 1735. O desafortunado capitão permaneceu em solo carioca até 18 de maio do mesmo ano, deixando, de sua curta estada na cidade, as impressões que se seguem.*

Em meados de fevereiro alcançamos um pequeno forte, guarnecido por cerca de 20 portugueses, onde permanecemos cinco ou seis dias. Fomos muito bem-recebidos pelo comandante do local, que pôs até um cavalo à minha disposição. Em 28 dias e sem qualquer acidente, alcançamos o forte de São João. Despedi-me, então, afetuosamente dos meus salvadores, tomei um bote que se encontrava nas proximidades do forte e dirigi-me ao Rio de Janeiro. Depois de passar 38 dias afastado do meu navio, apesar de muito fatigado, estava em perfeita saúde.

Nenhum mortal pode imaginar a alegria que tomou conta do meu coração quando o governador, depois de receber-me e ouvir a minha história, informou-me de que o meu navio ancorara na baía no dia anterior. Imediatamente, Sua Excelência enviou-me ao encontro do capitão Courtney, a quem estava ansioso por rever. Quando nos reencontramos, pude apreciar a grandeza de coração dessa honrada criatura, que chorou ao me abraçar. O capitão explicou-me que, como não conseguia obter nenhuma notícia minha e de meus companheiros, retornou ao navio e ordenou que fossem feitas buscas frequentes na tentativa de localizar-nos. Infelizmente, tais buscas mostraram-se infrutíferas, e, passados cerca de sete dias, ele viu-se, com pesar, obrigado a deixar o lugar. A viagem para o Rio de Janeiro foi permeada de obstáculos, sendo que, no trecho final, os homens passaram muita fome. De toda a tripulação, somente seis marujos tinham conseguido sobreviver.

OUTRAS VISÕES DO RIO DE JANEIRO COLONIAL

Depois de lamentarmos o destino do nosso grande amigo Davidson, partilhamos uma refeição, que o bom governador mandara preparar, e voltamos para o nosso navio. Uma vez instalados a bordo, lastimamos novamente o terrível infortúnio que se abateu sobre nós e derramamos lágrimas de contentamento pelo nosso atual estado e pela possibilidade de rever o céu sob o qual nascemos.

Findados os lamentos, pusemo-nos a analisar qual seria o melhor caminho a seguir. Sabíamos que o nosso navio estava num estado tão miserável que para repará-lo gastaríamos não somente um bocado de tempo, mas também muito dinheiro. Ademais, não tínhamos mais necessidade de ir para a Jamaica, visto que, da Irlanda, poderíamos informar os interessados do triste fim da nossa viagem e remeter-lhes o resto da carga. Deliberamos, então, vender, na cidade — onde esperávamos obter um bom preço —, o navio e o que havia sobrado das mercadorias, e comprar uma passagem para nós e para os seis sobreviventes no primeiro navio que zarpasse para Portugal. Não me esqueci de presentear, com as melhores roupas, linhos e outras mercadorias, os meus salvadores do forte de São João e o gentil comandante do pequeno forte onde eu fora recebido com grande simpatia. Obsequiamos, também, com bonitos presentes, o governador e o nosso cônsul, que nos ajudou em tudo o que estava ao seu alcance. Foi através dessas amizades que, não obstante as taxas de alfândega que nos foram cobradas, conseguimos vender o navio e a sua carga por um preço quase tão bom quanto aquele que conseguiríamos nos Mares do Sul. Disponho agora, além de algumas roupas de uso pessoal e de roupas de cama, somente do baú que foi de meu pai e da minha própria pessoa.

Pusemo-nos prontos para embarcar no primeiro navio que fizesse vela para Portugal. Levávamos, em nossos bolsos, 100 peças e algumas letras para sacar em Lisboa, no valor de 3.560 moedas de ouro. Os seis homens que nos acompanhavam receberam 30 pistolas cada um e, em vez de voltarem para casa como passageiros, resolveram prestar serviço numa

171

embarcação portuguesa. Ao constatarmos que estavam sob as ordens de um bom comandante, separamo-nos deles mais tranquilamente.

Não tínhamos ainda escolhido um navio para viajar quando um acontecimento inesperado indicou-nos o caminho a seguir. Estávamos, então, sem nenhuma ocupação e vivíamos muito socialmente entre os portugueses, frequentando diariamente suas casas da cidade e do campo. Aí divertíamo-nos tanto quanto era possível a homens que estão distantes de seus amigos e de seu país natal. Um dia, jantando com um mercador português, soubemos que um navio a ele consignado estava pronto para levantar âncora. O mercador sugeriu que visitássemos a embarcação. Aceitamos e fomos recebidos muito polidamente pelo capitão. Mal tínhamos fixado os olhos um no outro, lançamo-nos num cordial abraço, demonstrando que o inesperado encontro causara alegria a ambas as partes.

Rapidamente, tornei-me grande amigo do capitão Viegas, com quem outrora, na Jamaica, antes da minha partida para a trágica viagem, estabelecera alguma intimidade. O capitão vinha, desde então, navegando por estes mares e negociando de porto em porto. Agora, sua intenção era limpar o navio e pegar uma carga para a Europa. Nada no mundo poderia ter sido mais oportuno do que esse feliz reencontro. O capitão viu com muita simpatia a perspectiva de ter-nos como passageiros e, depois de muito lamentar o malogro da nossa viagem, pôs à nossa disposição todas as acomodações de que o seu navio dispunha. A companhia desse cavalheiro fez com que as horas corressem de maneira prazerosa. Esperamos cerca de oito semanas, tempo que levou o capitão para finalizar os seus negócios, e nós para nos despedirmos dos nossos amigos e do cônsul. Embarcamos no dia 18 de maio de 1735 e rapidamente perdemos a terra de vista.

Olhei, então, mais uma vez para a costa onde sofrera muitos e grandes infortúnios, os quais quero varrer da minha mente. Rever, no entanto, o cenário em que perdi meu querido e leal pai de criação e muitos dos meus mais próximos companheiros tocou fundo no meu peito e fez brotar lágrimas nos meus olhos. É verdade, no entanto, que nesse mesmo local a suprema bondade do Todo-Poderoso interveio visível e miraculosamente a nosso favor. A Ele rendemos, pois, glória, honra e louvor, para todo o sempre, amém.

EDIÇÃO UTILIZADA

Utilizamos a terceira edição das supostas aventuras do capitão Neville Frowde, edição publicada em 1792, em Berwick, por W. Phorson. Não tivemos acesso às duas edições anteriores, que segundo o *General Catalog of Printed Books* foram publicadas em Londres (a primeira por J. Wren e a segunda por editor desconhecido), nos anos de 1758 e 1773.

KIMBER, Edward. *The Life, Extraordinary Adventures, Voyages, and Surprising Escapes of the Captain Neville Frowde, Written by Himself*. Berwick: W. Phorson; B. Law and Son, 1792, p. 182-186.

BIBLIOGRAFIA

KIMBER, Edward. *A Relation of a Late Expedition to St. Augustine*. Edição e introdução por John Jay Tepaske. Gainesville: The University Presses of Florida, 1976.

_____. *Itinerant Observations in America*. Editado por Kevin J. Hayes. Newark: University of Delaware Press; Londres: Associated University Presses, 1998.

KIMBER, Sidney Arthur. "The 'Relation of a Late Expedition to St. Augustine', with Biographical and Bibliographical Notes by Sidney A. Kimber". In: *The Papers of the Bibliographical Society of America*. Chicago, 1934, vol. 28, p. 81-96.

John Bulkeley e John Cummins

*P*ouco *conseguimos apurar sobre John Bulkeley e John Cummins. Sabe-se, pela narrativa que deixaram, que viajavam no* Wager, *navio pertencente à esquadra que o almirante inglês George Anson conduziu aos Mares do Sul, em 1740.*[12] *As embarcações zarparam da Ilha de Santa Helena em setembro desse ano, ganhando o litoral de Santa Catarina em 17 de dezembro. Na passagem do Atlântico para o Pacífico, o* Wager, *navio velho e malconservado, sofreu danos irreparáveis, perdeu contato com os demais vasos e no dia 14 de março de 1741 naufragou nas imediações da Patagônia. Depois de uma série de conflitos e insubordinações, os sobreviventes dividiram-se em dois grupos: um pequeno número de marujos, sob o comando do capitão Cheap e do então guarda-marinha John Byron, dirigiu-se para o norte, com a esperança de apossar-se de algum navio espanhol ou tomar algum porto chileno; um segundo grupo, liderado pelo artilheiro John Bulkeley e pelo carpinteiro John Cummins, embarcou no batelão que fora salvo do naufrágio e rumou para o sul, com o propósito de atravessar o Estreito de Magalhães e abrigar-se no Brasil.*

Em 28 de janeiro de 1742, ultrapassados inúmeros obstáculos, 30 dos 70 homens do grupo liderado por Bulkeley e Cummins entraram na baía

---

[12] Sobre a viagem de Anson, ver: *Visões do Rio de Janeiro colonial. Antologia de textos (1531-1800)*, p. 97-103.

rio-grandense. Os náufragos foram muito bem-acolhidos pelo governador e deixaram-se ficar na região cerca de dois meses. Alguns marujos, entretanto, esperançosos de retornar para a Inglaterra, resolveram partir para o Rio de Janeiro.

Os desafortunados marujos do Wager *chegaram à cidade no dia 12 de abril e aí permaneceram até 20 de maio de 1742. Desses trinta e poucos dias de visita restaram dois testemunhos: um, assinado pelos líderes dos marujos que rumaram para o Brasil, John Bulkeley e John Cummins; outro, atribuído ora a autor desconhecido, ora a um certo John Young, tanoeiro do* Wager*. Em* Visões do Rio de Janeiro colonial *apresentamos o relato de Young. Complementamos agora a história da passagem dos náufragos pela cidade com a narrativa de Bulkeley e Cummins.*

Na segunda-feira, dia 12, lançamos âncora em frente à cidade do Rio de Janeiro. No dia 13, pela manhã, apresentamo-nos ao governador. Nesse encontro estava presente um cirurgião batavo, que falava um excelente inglês. Depois de ouvir as nossas desventuras, o governador fez do referido cirurgião o nosso cônsul e comunicou-nos que teríamos uma casa confortável e um suprimento de lenha; avisou-nos, também, de que cada homem receberia um soldo diário de 8 vinténs. Por fim, o governador advertiu-nos de que deveríamos evitar desentendimentos no seio do nosso grupo — advertência que nos comprometemos a observar.

Um fidalgo, juntamente com o cônsul, levou-nos à nossa habitação: uma casa espaçosa e bonita, própria para pessoas de distinção. Como era o nosso primeiro dia em terra, fomos presenteados com um jantar e uma ceia, que foram tomados em conjunto pelos oficiais e marujos. Desde que deixamos a Ilha de Cheap, essa era a primeira vez que o contramestre comia em companhia dos oficiais. O cônsul foi extremamente gentil e enviou-nos uma mesa, bancos, potes para água e uma série de outras coisas úteis — tudo proveniente da sua própria casa. Encontrávamo-nos, como se vê, muito satisfatoriamente instalados.

Na quarta-feira, dia 14, pela manhã, o cônsul, com o intuito de pagar o nosso soldo, conduziu-nos ao Tesouro. A pedido seu, o senhor Oakley, cirurgião das Forças Terrestres de Sua Majestade, assinou pelo recebimento. O contramestre, que se julgava nosso capitão, não gostou nada dessa distinção. Quando o dinheiro foi recebido, o cônsul quis dá-lo para o cirurgião distribuir; este, contudo, recusou-se a fazê-lo, alegando que isso daria ao contramestre, homem propenso à desordem, motivo para causar uma altercação. Diante dessa recusa, o cônsul julgou por bem fazer as vezes de pagador.

Ele reuniu-nos e anunciou que, a princípio, era vontade do governador que cada homem recebesse 8 vinténs. Sua Excelência, contudo, determinou posteriormente que os marujos recebessem 6 vinténs e os oficiais, 10. Tal distinção devia-se ao seguinte: enquanto os primeiros poderiam trabalhar na cidade e ganhar algum dinheiro, os outros eram obrigados a viver somente das pensões. A novidade irritou enormemente o contramestre, que não abria mão de quantias iguais para ambos os grupos. Os oficiais, visando facilitar as coisas, recomendaram que assim fosse feito. O cônsul, porém, disse que o dinheiro ou seria dividido como ordenara o governador ou não seria, de modo nenhum. O contramestre, irritado, voltou-se contra o tanoeiro, dizendo que ele não era oficial. A tal protesto o cônsul respondeu: *Mestre! Creio que o tanoeiro é honrado o suficiente para aceitar como um homem a sua situação; e, ainda que a sua posição não o permita, pagarei a ele os 8 vinténs do meu próprio bolso.* O contramestre dirigiu-se, então, a mim e pôs-se a insultar-me da forma mais vil e grosseira, afirmando, entre outras coisas, que o tanoeiro estava envolvido com piratas — referindo-se ao grupo dos oficiais. Quando o dinheiro foi distribuído, explicamos ao cônsul que não tínhamos até aquela data convivido com o contramestre e que, tendo em vista o seu temperamento perverso e turbulento, bem como o seu linguajar desrespeitoso, não poderíamos tolerá-lo mais. O contramestre, ciente da nossa posição, resolveu juntar-se aos marujos, deixando, como desejávamos, o quarto da frente para os oficiais.

Solucionado o problema, trancamos as duas portas que davam acesso ao nosso alojamento e saímos para passear pelas redondezas. Quando retornamos, ao entardecer, encontramos as portas arrombadas. Uma pequena espada que possuía, juntamente com a bainha que a acompanhava, estava em frangalhos. Como se isso não bastasse, o contramestre mandou um irlandês, seu companheiro de quarto, arrumar uma confusão conosco. Esse homem e um marujo de nome Richard East atacaram a mim e ao tanoeiro. East golpeou-me inúmeras vezes, até que decidi defender-me, dominando-o rapidamente. Nesse meio-tempo, o carpinteiro chamou os guardas, e o irlandês pôs-se em fuga. Pedi aos guardas que prendessem o tal East. O oficial, porém, advertiu-me de que só poderia levá-lo preso se eu o acompanhasse também. Respondi que o faria de bom grado.

A prisão está instalada no palácio do governador. Permaneci poucos minutos no local, pois Sua Excelência mandou-me chamar, interrogou o oficial sobre o ocorrido e deliberou que eu voltasse para casa, mantendo East como prisioneiro. Ao entrar em casa, encontrei o contramestre e dois outros renegados espancando o tanoeiro. Logo que me viu, ele começou a proferir uma série de impropérios.

Ficamos apreensivos com esses acontecimentos e resolvemos deixar o nosso alojamento. Na manhã seguinte, o senhor Oakley e o senhor Cummins procuraram o cônsul. Ele veio até a nossa casa, reuniu todos os homens e disse: *Causa-me espanto que os senhores, depois de suportarem juntos tantas privações e dificuldades, não consigam viver em paz.* Objetamos que oficiais e marujos jamais tinham compartilhado as refeições e que, a ter de conviver com o contramestre, preferíamos alugar uma casa em um lugar retirado. O contramestre, ao ouvir isso, pôs-se, na sua habitual linguagem insolente, a xingar-nos de velhacos, vilões e piratas.

Uma das primeiras exigências do governador foi a de que evitássemos desavenças, todavia o contramestre não permitiu que desfrutássemos de um único momento de tranquilidade no Rio de Janeiro.

O cônsul acompanhou-nos a uma casa, localizada numa vila de pescadores, a cerca de 2 milhas da cidade. Alugamos essa nova moradia por 10 xelins mensais, divididos entre sete pessoas: eu, o carpinteiro, o cirurgião, dois mestres, o tanoeiro e um marujo. Sentíamos, agora, que estávamos em segurança. No dia seguinte, contudo, à tarde, dois amigos do contramestre — um caixeiro irlandês e um desertor do serviço de Sua Majestade — vieram visitar-nos. Eles foram extremamente impertinentes, e não só nos interrogaram sobre os motivos dos desentendimentos referidos como ainda, alegando cumprir ordens do *nosso comandante*, o contramestre, exigiram ver o meu diário. Disse-lhes que o diário não era segredo para ninguém e que todos poderiam lê-lo. Ressaltei, no entanto, que não permitiria que parte alguma fosse copiada. Eles, então, tomaram um copo de ponche e foram embora. Nesta cidade, um homem é obrigado a sofrer ofensas calado, pois ao mostrar-se muito indignado, ele corre sério risco de perder a vida. Por aqui, os rufiões cobram muito pouco pelos seus serviços. Julgo mesmo que não há lugar no mundo onde se possa contratar um assassino por melhor preço.

Entre 9 horas e 10 horas da noite, três homens bateram na nossa porta. Um deles disse que estivera comigo e com o tanoeiro naquela tarde. Desconfiados das intenções desses visitantes, mantivemos a porta fechada, alegando que era muito tarde, que não tínhamos nenhum negócio a tratar com eles e que voltassem no outro dia pela manhã. Eles, entretanto, insistiram que devíamos abrir, dizendo que era melhor fazê-lo espontaneamente naquele instante do que involuntariamente três horas mais tarde. Não entendemos bem o significado dessa ameaça, mas imaginamos que iriam à cidade buscar reforços para invadir a casa. Como não tínhamos com o que nos defender, decidimos passar a noite no campo.

Na manhã seguinte, recorremos ao cônsul, que nos transferiu para uma casa situada no centro da cidade. Ele contou à vizinhança a nossa desavença com o contramestre e recomendou a todos que zelassem pela nossa vida e pelo diário que eu trazia. A propósito do diário, o cônsul solicitou a um vizinho que o guardasse, juntamente com outros papéis que nos pertenciam. O povo do local comprometeu-se a proteger-nos com suas vidas de todo aquele que tentasse nos molestar.

No sábado, dia 18, pela manhã, o cônsul mandou-nos chamar e disse: *Senhores, soube que a vida de três dos vossos corre perigo e temo pelas atitudes que o contramestre possa tomar contra eles. Resolvi, pois, embarcá-los num navio que vai para a Bahia e daí para Lisboa. O capitão dessa embarcação dispôs-se a levá-los desde que tenham um passe do governador e trabalhem para pagar as suas passagens.*

Na terça-feira, 20 de maio, à tarde, eu (John Bulkeley), o carpinteiro (John Cummins) e o tanoeiro (John Young) embarcamos no navio brasileiro *São Tubes*, navio de 28 canhões, comandado pelo senhor Teófilo Ortega Ferrara, com destino à Bahia e a Lisboa.

EDIÇÃO UTILIZADA

A narrativa de Bulkeley e Cummins veio a público pela primeira vez em Londres, no ano de 1743. A obra foi reeditada nos anos de 1757 e 1927. Conhecem-se ainda uma tradução para o alemão, de 1745 (reeditada em 1749), e uma tradução para o português, assinada por J. Carvalho, de 1936. Utilizamos a primeira edição em língua inglesa.

BULKELEY, John e CUMMINS, John. *A Voyage to the South Seas, in the Years 1740-1741*. Londres: Jacob Robinson, 1743, p. 192-205.

BIBLIOGRAFIA

BULKELEY, John e CUMMINS, John. *A Voyage to the South Seas, in the Years 1740-1741*. Introdução e notas de Arthur D. Howden Smith. Londres: George G. Harrap & Company, Ltd., 1927.

CARVALHO, J. *Uma viagem aos Mares do Sul nos anos de 1740-1741*. Rio de Janeiro: Cia. Brasil Editora, 1936.

FAZENDA, José Vieira. *Antiqualhas e memórias do Rio de Janeiro*. Rio de Janeiro: Separata da *Revista do Instituto Histórico e Geográfico Brasileiro*, tomo 88, vol. 142, 1921, p. 58-63.

TAUNAY, Afonso de Escragnolle. "Os náufragos do Wager". In: *Revista do Instituto Histórico e Geográfico Brasileiro*, tomo 92, vol. 146, 1922.

YOUNG, John. *An Affecting Narrative of the Unfortunate Voyage and Catastrophe of his Majestys Ship Wager*. Londres: John Norwood, 1751.

Pierre Sonnerat

O navegador e naturalista francês Pierre Sonnerat (1745-1814) celebrizou-se por suas longas perambulações pelos mares da Índia e da China entre os anos de 1768 e 1805. Explorando as ilhas dessas regiões, Sonnerat reuniu valiosas coleções, com as quais enriqueceu o Gabinete de História Natural de Paris. As suas andanças por mares distantes ficaram registradas em dois livros: Viagem à Nova Guiné *(1776) e* Viagem às Índias Orientais e à China *(1782).*

Na segunda edição dessa última obra, que veio a público em 1806, Sonnerat resolveu incluir o relato de um anônimo sobre o Rio de Janeiro, cidade pela qual ele nunca havia passado. A inclusão deveu-se ao fato de ser o Rio, esclarece-nos o naturalista, "um ponto de arribada bastante frequentado pelos navios que vão para as Índias ou de lá retornam". *Para além dessa breve explicação, ele pouco mais nos adianta. Acerca do autor do relato, limita-se a afirmar que se tratava de um respeitado oficial da marinha francesa, não revelando nem o seu nome, nem a embarcação em que viajava. Por sorte, encontramos na Biblioteca da Ajuda, em Lisboa, um manuscrito anônimo,*[13] *datado de 1748, cujo conteúdo parece ter sido*

---

[13] Sobre o relato encontrado na Biblioteca da Ajuda, ver: *Visões do Rio de Janeiro colonial. Antologia de textos (1531-1800)*, p. 104-117.

extraído do manuscrito que em 1806 o naturalista francês decidiu editar. O documento da biblioteca lisboeta — um fragmento contendo cerca de 50% do texto publicado em 1806 —, embora não revele o nome do autor, traz ao menos algumas informações sobre a embarcação e sobre o porquê de sua arribada no porto carioca.

Por ele ficamos sabendo que a embarcação era o L'Arc-en-ciel, navio francês de 50 canhões, pertencente à esquadra de guerra do marquês d'Albert. O navio partiu de Breste no dia 24 de janeiro de 1748 com destino a Pondichéry, onde os franceses combatiam as tropas inglesas lideradas por lorde Clive. Devido ao mau tempo, o L'Arc-en-ciel, na altura das Canárias, perdeu contato com a frota e no dia 22 de abril do mesmo ano veio dar no porto do Rio de Janeiro. O navio permaneceu aí ancorado por quase um mês (10 de maio de 1748), período durante o qual o misterioso oficial francês, que transitou livremente pela cidade, tomou minuciosas e curiosas notas sobre a urbe e sobre seus habitantes, notas que o leitor poderá agora apreciar na íntegra.

Uma narrativa sobre o Rio de Janeiro, capital do Brasil, não deveria, à primeira vista, fazer parte de um livro de viagens às Índias e à China. Contudo, se levarmos em conta que essa cidade, ou melhor, seu porto, é um dos maiores e mais belos do mundo e um ponto de arribada bastante frequentado pelos navios que vão para as Índias ou de lá retornam, veremos que essa narrativa não está assim tão fora de lugar. Para mais, a curta descrição da cidade que ora divulgo está repleta de detalhes curiosos, detalhes que não deixarão de interessar o leitor. O texto foi escrito por um antigo oficial da marinha francesa, um homem respeitado tanto pelos seus talentos quanto pela sua bravura. Fui informado da existência do manuscrito e, tenho certeza, fiz bem em retirá-lo da obscuridade em que jazia.

FRAGMENTO DE UM DIÁRIO DE CAMPANHA DE UM NAVIO DO REI ENVIADO ÀS ÍNDIAS ORIENTAIS

No dia 15 de abril de 1748,[14] pela manhã, avistamos as montanhas da costa brasileira. Aproximamo-nos a 4 ou 5 léguas da costa e aí nos mantivemos na esperança de contatar, sem muita demora, um barco pesqueiro do lugar que nos guiasse. Passamos, todavia, o dia, a noite e uma parte do dia seguinte esperando. Foi somente a 16 de abril, às 2 horas da tarde, que o tão aguardado barco surgiu diante das nossas lunetas. Ao avistá-lo, a apreensão de ter de entrar num porto, situado numa costa pouco conhecida, desapareceu e deu lugar à alegria. Sentíamo-nos já no Rio de Janeiro, em meio às provisões de que tanto necessitávamos. Encorajados por essa possibilidade, os doentes que estavam menos abatidos trataram de ajudar na manobra necessária para alcançar o tal pesqueiro. Quanto aos mais moribundos, antes que perguntassem com impaciência se o pesqueiro ainda estava longe, foram trazidos para a ponte, de onde podiam desfrutar do prazer de vê-lo com seus próprios olhos. Disparamos dois tiros de canhão, um ao hastear o pavilhão, para chamar a atenção da gente do barco, e o outro, momentos depois, para fazê-los entender que queríamos lhes falar. Tivemos a satisfação de sermos compreendidos e de abordá-los às 5 horas da tarde. O único português que se encontrava a bordo era o capitão do navio, pois a tripulação era composta por oito negros. Havia na embarcação uma grande quantidade de um tipo de peixe, chamado sarda, cuja carne, firme e bela, não era nada macia. Todavia, como não dispúnhamos de nenhuma outra provisão, o pescado foi atacado com avidez, tanto pelos sãos como pelos doentes.

O capitão português mostrou-se relutante em guiar-nos até o Rio de Janeiro, distante ainda cerca de 60 léguas do lugar onde estávamos. O governador, dizia ele, ficaria descontente e acabaria por castigá-lo. Muito o preocupavam também os eventuais prejuízos pecuniários que teria na

---

[14] A data foi omitida no texto de Sonnerat.

pesca, não só em razão do tempo que despenderia para nos levar, mas também pelas despesas com o salário e a alimentação dos negros. O aspecto pecuniário, em particular, muito o inquietava, o que nos fez rapidamente concluir que ele queria cobrar pelos seus serviços. Comprometemo-nos, então, a pagar-lhe bem e asseguramos-lhe que o governador não reprovaria o fato de ele nos servir. Dissemos-lhe também que, caso se recusasse a nos ajudar, o reteríamos a bordo e faríamos com que fosse punido no Rio de Janeiro, cuja entrada trataríamos de encontrar por nossa própria conta. As promessas e ameaças surtiram efeito, e o pescador, depois de alguma encenação, na qual ele coloriu um pouco mais o suposto medo que tinha do governador, dispôs-se a levar-nos. Determinado a conduzir o navio, ele fez-nos passar, alegando que pretendia evitar o baixio do Cabo de São Tomé, por lugares onde, a cada nova medição de sonda, encontrávamos diferenças tão extraordinárias que tínhamos a constante sensação de estar mais próximos do perigo que desejávamos evitar. A braçagem das sondas variava subitamente de 65 para 15 braças, com diferenças de fundo e na cor da água. Nossos temores, todavia, dissiparam-se, pois encontramos bom fundo — assinalado nos mapas. Dobramos o Cabo Frio e no dia 22 de abril, às 7 horas da tarde, ancoramos a 2 léguas da embocadura do Rio de Janeiro. Tínhamos deixado Breste há 90 dias.

A primeira atitude do comandante do nosso navio foi enviar um grupo de oficiais — entre os quais me encontrava — para informar o governador da nossa chegada e tratar com ele, antes que entrássemos no porto, os detalhes da saudação. No dia seguinte, às 5 horas da manhã, deixamos o navio com a firme convicção de que, no mais tardar por volta das 10 horas, estaríamos de volta para aproveitar a maré, aparelhar e entrar no porto ainda no mesmo dia. Tínhamos, porém, avaliado mal o trajeto que deveríamos percorrer e ignorávamos outros motivos de retardamento que, como se verá, teríamos de enfrentar.

Depois de despender um bom tempo para alcançar a embocadura, que se achava a mais de 2 léguas do navio, e de enfrentar um mar encapelado, que muito dificultava o remar, um grito para que atracássemos, vindo do forte de Santa Cruz, atrasou-nos ainda mais. Fomos obrigados a dar uma grande volta, que nos foi indicada pelos sentinelas do lugar, e encostar em uma cala, situada do lado de dentro da baía, onde nos esperava o comandante do forte — um jovem bastante enfeitado. Acomodado num belvedere próximo, na companhia de uma dama, ele cumprimentou-nos polidamente e ordenou que seu major, que desde a nossa chegada se encontrava já a bordo, nos conduzisse ao governador. Seguiu-nos uma canoa, que levava a bordo um sargento com sua partasana.

Ao desembarcarmos na cidade, uma prodigiosa multidão de mulatos e negros investiu contra nós. Teríamos passado maus bocados se não estivéssemos com um condutor, o qual, usando de sua autoridade, afastou a populaça curiosa e nos livrou do incômodo.

Dom Fernando Freire,[15] capitão-geral, governador da província e das minas, acabava de sair da missa na igreja do Carmo, situada na esquina de seu palácio, quando nos aproximamos, acompanhados do major do forte de Santa Cruz. Ele estava a pé e vinha precedido por cerca de 40 oficiais, atrás dos quais caminhava sozinho, sob um guarda-sol carregado por dois negros. O major anunciou-nos e Sua Excelência cumprimentou-nos muito polidamente e pediu que o acompanhássemos até o seu palácio. Nós o seguimos, mas acabamos por perdê-lo de vista na primeira sala, um cômodo amplo como nunca tínhamos visto, que estava cheio de oficiais. Passamos, depois, a uma segunda sala, para onde muitos dos cortesãos se dirigiram. Estes fizeram-nos sentar e disseram-nos que o governador teve uns compromissos urgentes e se viu obrigado a adiar a nossa audiência.

Talvez a nossa entrada no porto e o regulamento referente à saudação, assuntos dos quais eles presumiam que trataríamos, estivessem sendo, naquele momento, deliberados em conselho. Nada, porém, nos foi informado. É verdade que a ausência do major do forte de Santa Cruz, que também desaparecera, dava força à nossa suposição. O profundo

---

[15] Gomes Freire de Andrade.

silêncio de todos os que nos rodeavam, por sua vez, fazia antever que teríamos dificuldades para nos arranjarmos. Tal situação inquietou-nos bastante, especialmente pelo fato de que passava das 11, hora em que o nosso navio já deveria estar velejando para aproveitar a maré. Temíamos que o capitão, ao entrar na baía, seguisse o nosso costume e saudasse a terra somente depois de ter baixado âncora. Tínhamos sido informados de que o costume local mandava que o navio saudasse ao passar pelo forte de Santa Cruz. Em uma palavra, tínhamos medo de que um mal-entendido decorrente da diferença de costumes pusesse tudo a perder entre gentes ciosas e ciumentas da dignidade de seus respectivos príncipes. Estávamos nesse estado de inquietação, lamentando não poder informar a tempo o capitão das resoluções de dom Fernando, quando houve uma súbita movimentação entre os oficiais que estavam nas duas salas. Entrou, então, um camareiro, que abriu a porta de uma terceira sala — guardada por dois bons granadeiros, com baionetas na ponta dos fuzis — e anunciou a vinda do governador. O camareiro, que era francês, fez-nos entrar na tal terceira sala e disse-nos que seu mestre não tardaria. De fato, daí a pouco o governador apareceu, convidou-nos a sentar, puxou uma cadeira e sentou-se em frente a nós, a pouca distância. Num excelente francês, ele perguntou-nos as razões da nossa arribada. Explicamos-lhe que tínhamos a bordo muitos doentes de escorbuto, doentes que, após muito terem sofrido com o racionamento de provisões, sobretudo de carneiros e aves, a maior parte dos quais havia sido morta e consumida durante um período de mau tempo que apanháramos logo na partida da França, há alguns dias estavam de todo sem comer. O capitão, prosseguimos, para suavizar o fardo desses doentes, não conservara quase nada para a sua própria mesa. Diante de tais circunstâncias, dissemos que esperávamos da parte dele o socorro que se pode esperar de potências amigas e aliadas. A intenção do nosso capitão era entrar no porto com o navio do rei da França, e, para tal, tinha nos encarregado de avisá-lo disso e de interrogá-lo acerca da saudação. Depois que ele tivesse se manifestado sobre esse ponto, pedir-lhe-íamos licença para nos retirarmos e irmos avisar o capitão com a máxima urgência, pois aproximava-se a hora da maré.

Dom Fernando disse-nos, então, que o rei seu mestre, amigo e aliado de Sua Majestade Cristianíssima, tinha lhe dado ordens expressas de zelar pelos franceses que viessem a arribar nos seus domínios e de os ajudar em tudo o que fosse necessário, cultivando a paz e a união entre as duas Coroas. Dito isso, o governador perguntou-nos quais as nossas patentes e se o navio, sendo de propriedade do rei, estava armado para a guerra. Após respondermos a essas questões, ele prosseguiu dizendo que o forte de Santa Cruz, situado na entrada da baía, era o principal do país e estava encarregado de receber dos navios as saudações devidas às fortalezas do rei. O número de saudações, explicou, dependia da qualidade do capitão e do navio. Entretanto, em razão de a nossa embarcação ser francesa, co-mandada por um capitão e armada pelo rei, como havíamos lhe assegu-rado, ele seguiria as determinações do seu rei e daria ordens para que as saudações dos súditos de um tão grande rei como o nosso fossem respon-didas tiro por tiro.

Em seguida, na qualidade de amigo da nação francesa, o governador pediu-nos que enviássemos os seus cumprimentos ao capitão e lhe disséssemos que, em tudo que dependesse dele, governador, seríamos atendidos. Recomendou-nos, ainda, que o melhor lugar para a ancoragem era atrás da Ilha das Cobras, onde comumente os navios de guerra portugueses fundeavam. Por fim, advertiu-nos que, por razões de seguridade pública, teria de ser cumprida uma formalidade, a saber: o navio, logo que baixasse ferro, teria de ser visitado por oficiais da saúde, encarregados de examinar os doentes que trazíamos. Tratava-se, complementou, de uma medida usual, extensiva a todos os navios que entravam no porto, inclusive os portugueses, e não feria as prerrogativas do rei da França. Encerrado esse assunto, dom Fernando, polidamente, colocou-nos algumas questões sobre a situação política na Europa e, após termos pedido licença para irmos avisar o comandante dos resultados da nossa negociação, conduziu-nos até a porta da segunda sala. Deixamo-lo muitíssimo satisfeitos com seu procedimento.

Mal tínhamos embarcado na nossa canoa quando o major do forte de Santa Cruz, que não estivera presente na nossa audiência, juntou-se a nós. Ele trazia consigo as ordens para que o forte respondesse os tiros um a um. Pedimos a ele que embarcasse rapidamente, pois tínhamos pressa de ir à fortaleza e ao navio levar as determinações do governador. Ao alcançarmos a embocadura, avistamos o navio sob velas, aproveitando a maré para entrar — como havíamos imaginado na casa de dom Fernando. Diante de tal visão, tanto o major quanto nós notamos que não tínhamos nem um instante a perder. Ele embarcou na canoa que nos seguia e foi informar os seus superiores das determinações do governador, buscando evitar, na passagem do navio pelo forte, o mal-entendido que o caso da saudação e da resposta poderia causar.

Tivemos tempo somente de aproximarmo-nos do navio ao alcance da voz, pois este já estava próximo do forte. E conseguimos isso somente depois de termos puxado por nossos remadores, prometendo-lhes alguma recompensa. O major, que percorrera um caminho bem mais curto do que o nosso, havia já alcançado o seu destino, o que nos tranquilizou um pouco. Gritamos para o comandante do nosso navio que fizesse a saudação ao passar pelo forte, saudação que seria respondida tiro por tiro. O capitão ordenou, nesse momento, que fossem disparados 15 tiros de canhão, os quais foram respondidos um a um. Pouco depois, subimos a bordo e comunicamos ao capitão tudo o que havíamos acertado com dom Fernando. Seguindo as determinações deste, fomos ancorar atrás da Ilha das Cobras.

Estando nós ancorados, o capitão, não tendo mais nada que o prendesse a bordo, convidou-nos a acompanhá-lo numa visita ao governador, de quem iria solicitar urgência no envio da ajuda de que necessitávamos. Dirigimo-nos, então, para o palácio. Quando lá chegamos, a guarda tomou armas e distribuiu-se em duas fileiras, abaixo de uma abóbada que serve de entrada ao edifício. Passamos pelo meio e, na companhia do comandante das tropas e de outros oficiais que tinham ido nos receber à porta, fomos conduzidos, pelos cômodos a que me referi anteriormente, para a sala em que tivéramos a audiência da manhã. Os dois granadeiros que estavam de guarda apresentaram as armas e um major anunciou o capitão a dom Fernando, que se encontrava no fundo da sala. Os dois caminharam um em direção ao outro e encontraram-se no meio do recinto. Deram-nos, em seguida, algumas cadeiras de braços, colocadas abaixo daquelas ocupadas pelo capitão e pelo governador, que se encontravam lado a lado (o capitão à direita e dom Fernando à esquerda). Os oficiais portugueses retiraram-se todos, demonstrando o grande respeito que têm pelos seus vice-reis ou governadores-gerais. Pareceu-nos que nem o comandante das tropas estava dispensado dessa formalidade.

Após os cumprimentos de praxe e alguns comentários sobre a nossa navegação, o capitão tratou de expor ao vice-rei as ordens que o levavam à Ile-de-France e a situação dos nossos doentes, pedindo-lhe autorização para estabelecer um hospital em terra e aí fixar uma guarda francesa. O capitão solicitou, também, que lhe fosse permitido negociar livremente com os habitantes os víveres e as provisões necessários não só para a nossa arribada como para a longa travessia que faríamos ao sair dali. Por fim, ele explicou ao governador que estávamos sem nenhum dinheiro, pois tínhamos nos separado do navio de nossa esquadra que levava o caixa coletivo, e aproveitou para demandar-lhe, em nome do rei, que emprestasse a soma necessária para pagar todas as nossas despesas.

O governador concordou polidamente com tudo, acrescentando somente que não poderia nos adiantar o dinheiro em menos de dois dias. Adiantou, porém, que facilmente encontraríamos crédito na cidade, sobretudo depois que ele fizesse publicar um aviso atestando que o nosso navio pertencia ao rei da França e recomendando que os preços a serem cobrados de nós pelas mercadorias de que necessitávamos fossem os mesmos praticados no comércio diário. O governador assegurou-nos, ainda, que daria ordens para que nenhum branco, negro ou mulato hostilizasse a nossa tripulação, sob pena de serem severamente castigados na primeira reclamação.

No referente ao dinheiro, a situação era bastante embaraçosa para nós, pois tínhamos necessidade dele para pequenas despesas. O capitão, porém, por sorte, tinha algumas piastras e ofereceu-se para trocá-las e dividir a soma obtida. Resolvido tudo a contento, deixamos dom Fernando, cumprindo o mesmo cerimonial da entrada, e fomos lançar as bases do nosso hospital.

Para tal fim sugeriram-nos que ocupássemos uma longa fileira de casas térreas, apropriadas para o que tínhamos em mente. Fomos, sem demora, conhecer o local. As casas estavam situadas numa bela enseada, visível do navio, próxima a uma encosta coberta de laranjeiras e limoeiros de agradável perfume. Além disso, eram cômodas e contavam com muitas fontes de água nas vizinhanças. Tratamos logo de ocupá-las. Os oficiais da saúde foram ao navio e fizeram transportar para o lugar os doentes mais graves, com os leitos e víveres que o navio podia ainda fornecer. A carne fresca veio de um açougueiro precavido que, pela manhã, ao sinal da nossa chegada, tinha se abastecido. Arranjaram-se, ainda, aqui e ali, algumas aves, e, à custa de muito empenho, colocamos em terra os miseráveis naquele mesmo dia. Finalmente, eles puderam respirar aliviados.

O restante dos doentes foi enviado para terra no dia seguinte. O comandante, como referi, convertera as suas piastras em dinheiro do país, e nós levamos ao hospital aves e legumes em grande quantidade, uma carne fresca que conseguimos a crédito, além de pão e vinho de nosso próprio consumo. Em suma, levamos para lá uma alimentação restauradora para os nossos pobres escorbúticos. Alguns cirurgiões cuidavam dos doentes, os marujos faziam as vezes de enfermeiros e um encarregado do almoxarifado distribuía os víveres. Foi também estabelecida uma guarda, sob a vigilância de um oficial, de modo que tudo acabou por funcionar com a ordem e a disciplina de um verdadeiro hospital portuário.

Livramo-nos, então, de um sem-número de inconvenientes, que apenas aqueles que passaram por situações similares saberão avaliar. A partida da maioria dos nossos doentes, bem como dos serviçais que os acompanhavam, deixou o navio deserto. Os poucos que restaram recordavam o cruel estrago causado pelo escorbuto. Ao menos agora não ouvíamos mais os gritos dos escorbúticos, nem mirávamos os seus rostos descarnados e acinzentados, que despertavam uma compaixão inútil e anunciavam o que o futuro nos reservava. No hospital, encontramo-los já com um ar mais saudável e rodeados de alimentos em abundância, bem como de outras benesses próprias para, em parceria com o ar do país, concorrerem para o seu pronto restabelecimento. Os que tiverem bom coração saberão julgar o que experimentamos nessas diferentes situações, em que a humanidade se torna mais solidária.

A parte da tripulação que restou a bordo não permaneceu ociosa. Logo que partiram os doentes, fizemos com que eles limpassem e aromatizassem o navio, deitassem fora a água, descarregassem e arrumassem a carga, trocassem uma boa parte da enxárcia que o mau tempo havia danificado e, por fim, que tornassem a carregar o navio, fizessem a aguada e embarcassem a lenha que havia sido, na falta de pessoal, recolhida pelos portugueses e seus escravos. Os carpinteiros e calafates trataram de consertar tudo o que estava rompido ou furado. Os veleiros, que quase não tinham abandonado suas agulhas desde que uma rajada de vento dispersara a nossa esquadra, na saída de Breste, trabalhavam noite e dia tanto para reparar o pouco que restara das nossas velas quanto para fazer umas novas com um pano embarcado para esse fim. Tínhamos também alguns ferreiros do lugar consertando as ferragens, imprescindíveis nas lides do navio e que faltaram durante a travessia.

Tomar conta dos doentes e, ao mesmo tempo, cuidar desse verdadeiro rearmamento do navio eram tarefas bastante trabalhosas. Nos finais do dia, porém, encontrávamos um tempo livre para visitar dom Fernando e pedir-lhe dinheiro. Por fim, acabamos por recorrer a um comerciante, que concordou em adiantar a soma, cobrando 10% de juros. O acordo, largamente desvantajoso para nós, sobretudo porque acreditávamos que o tesouro do rei de Portugal nos seria aberto para empréstimo, teve de ser subscrito. Tínhamos negócios com particulares, estávamos já comprometidos verbalmente com os proprietários do hospital e dos fornos que cozinhavam o nosso pão em terra, devíamos para os ferreiros portugueses e para outros profissionais a que constantemente recorríamos, em suma, o dinheiro era fundamental para que pudéssemos adquirir as coisas necessárias para a viagem do Rio de Janeiro à Ile-de-France. Como se vê, tomaríamos o dinheiro com grande satisfação, sob essa ou quaisquer outras condições, pois ele nos era absolutamente imprescindível.

A necessidade a que acabo de me referir e a completa escassez de recursos do capitão, que consumira suas últimas piastras com as primeiras despesas, tornaram-se um grande problema no Rio de Janeiro, pois, como não encontramos ninguém que nos fornecesse refeições diárias, éramos obrigados a ir diretamente ao mercado público e a comprar, em dinheiro, as aves, os legumes e todos os demais víveres necessários, excetuando a carne de vaca. Recordo-me, ainda, dessa tarefa, que nos obrigava a ir ao mercado pela madrugada para que nada faltasse aos doentes e para que fossem saciados os outros, que ficariam, sem os víveres, rapidamente esgotados pelo trabalho no navio. As compras eram feitas por intermédio de um intérprete, eram difíceis de concluir e consumiam muito tempo, pois tínhamos que adquirir grandes quantidades.

De posse do dinheiro para atender a todas as necessidades dos doentes, estes restabeleceram-se a olhos vistos, beneficiando-se da qualidade do ar e dos alimentos, da limpeza do local onde estavam instalados e dos cuidados dos cirurgiões. O resto da tripulação trabalhou vigorosamente no navio. Sob os olhos e as determinações dos oficiais, sentimos crescer, a cada dia, a esperança de reencontrar os nossos companheiros de viagem, dos quais o furor dos ventos nos separara.

O capitão — que, como todos os seus oficiais, apresentava os sintomas do escorbuto — alugou uma casa que dava para o porto, no alto de uma elevação próxima ao hospital, e aí desfrutou de uma estada cômoda e saudável. Ele mantinha no local uma cama e uma segunda mesa que, nos intervalos do serviço, nos cedia. Tanto aí quanto no hospital, éramos brindados com o odor das laranjeiras e limoeiros das redondezas, que estavam carregados. Na casa, especialmente, havia sempre um frescor agradável, propiciado tanto pela disposição dos cômodos quanto pela proximidade do mar. Essa vida prazerosa que passamos a levar rapidamente restaurounos das fadigas passadas e preparou-nos para suportar a dura jornada que ainda estava por vir.

Foi por essa ocasião que o governador nos fez a sua primeira visita. Veio Sua Excelência num belo cavalo cinza malhado, cuja sela era coberta de ouro e pedraria. Sua pistola, espada, suas esporas e o cabo de seu chicote eram em parte ou totalmente de ouro. Ele vestia um traje vermelho, bordado também em ouro, e levava, sobre o chapéu, uma pena branca colocada com muita graça, um pouco mais alto do que comumente usamos na França. Dom Fernando tinha cerca de 55 anos. A gota abatera-o um pouco, mas ainda fazia bela figura. Sua chegada à casa do capitão deuse por volta das 4 horas da tarde. Ele vinha acompanhado por inúmeros oficiais, bem-montados, cuja magnificência dos uniformes competia com a do seu. Não havia guardas com a comitiva, pois Sua Excelência não julgava correto levá-los numa visita à casa de um amigo.

O comandante quis recebê-los todos na sala principal da casa, mas o governador, ao descobrir, na entrada, a bela vista que se descortinava da varanda e o ar fresco que aí se desfrutava, pediu que ali ficassem. E assim foi feito, depois de transferirmos algumas cadeiras para o lugar. Os membros da comitiva, contudo, não puderam se acomodar na varanda e, em virtude do respeito que tinham pelo governador, não ousaram entrar e se abrigar do sol, bastante forte naquela hora do dia. Dom Fernando, notando que muitos de nós também se expunham ao sol, pois gentilmente fazíamos companhia à sua comitiva, sugeriu rapidamente que entrássemos, não percebendo que seríamos incapazes de deixar ali, sozinhos e sem nenhum abrigo, a não ser umas poucas árvores em frente à casa, os oficiais. Foi então que o nosso capitão, passando por cima do rigoroso cerimonial dos portugueses, obrigou uma parte desses tímidos cortesãos a entrar, sinalizando para que convencêssemos os outros. Servimos, em seguida, alguns refrescos, os quais agradaram ao governador. Distribuímo-los por todos os presentes, que pela primeira vez estavam à vontade na frente do seu chefe supremo. A descontração e o fato de alguns dos oficiais portugueses falarem razoavelmente o francês tornaram a visita bastante divertida. Ao final, notamos que esses senhores eram mais simpáticos às nossas maneiras do que àquelas que lhes eram impostas.

Alguns dias depois da visita, fomos a um espetáculo público, oferecido de tempos em tempos para a edificação do povo, que muito nos escandalizou. Marionetes em tamanho natural serviam à encenação de uma peça teatral, cujo tema era a conversão de alguns doutos pagãos por Santa Catarina. Essas marionetes, todas ricamente decoradas, tinham a voz e os movimentos suaves, sendo o mecanismo utilizado para obter esse último efeito quase imperceptível para a vista. Toda a peça pareceu-nos reduzir-se a um caloroso debate entre a santa e os supostos doutos. Estes, uma vez miraculosamente convertidos, dão lugar, lá para o fim do terceiro e último ato, para dois fantoches, representando um monge e um diabo. Os novos personagens também entram em cena para debater, mas logo perdem as estribeiras e partem para um cruel combate, que termina com ambos sendo engolidos por um abismo de fogo — cena que põe fim ao espetáculo. Essa horrenda catástrofe pareceu-nos em desacordo com a profunda veneração que os portugueses têm pelos monges. Analisando, no entanto, mais de perto os costumes dessa nação, encontramos, muito frequentemente, chocantes contradições como essa.

O lugar onde se representava essa peça tinha cerca de 15 toesas por 10. O teatro de marionetes ocupava 5 toesas no fundo, deixando o recinto praticamente quadrado, e era um pouco menos elevado do que os nossos, todo cercado de arame trançado e iluminado por velas, permitindo distinguir com bastante nitidez a movimentação das marionetes. O espaço quadrado referido servia de plateia e estava repleto de bancos, semelhantes aos das igrejas, onde os homens se sentaram indistintamente. As mulheres acomodaram-se nos camarotes, situados a uns 9 ou 10 pés de altura em volta do edifício, de onde viam comodamente os espectadores e maliciosamente manipulavam as cortinas que deveriam ocultá-las. A orquestra, especialmente os violinos, estava bastante boa. Havia um inglês que tocava brilhantemente a flauta transversal.

Como, graças à generosidade do capitão, dispúnhamos de duas mesas, frequentemente tínhamos convidados portugueses de distinção: no navio, vinham movidos pela curiosidade de conhecer a embarcação e, entretidos pelo comandante — que, apesar dos seus problemas, diariamente vinha a bordo dar ordens e fiscalizar os trabalhos —, acabavam por ficar; em casa, o mesmo se dava por ocasião das visitas, muito frequentes em virtude da polidez e do jeito afável do anfitrião.

Certa ocasião chegamos mesmo a oferecer um jantar a bordo do nosso navio para dom Fernando e para as pessoas de maior distinção do Rio de Janeiro. Em se tratando de abundância e amabilidade, os convidados não tiveram nada a reclamar. Durante a confraternização, ao som dos nossos canhões e dos da Ilha das Cobras, bebemos à saúde dos dois reis e das duas famílias reais. Levantamos também os copos em homenagem ao governador, o qual, convidado a propor um outro viva, sugeriu que o dedicássemos ao capitão do navio. Malgrado sua modéstia, o capitão, que se surpreendeu com a atitude de Sua Excelência, não se opôs. O barulho da artilharia, juntamente com as bandeiras e os fogos que decoravam a Ilha das Cobras e o nosso navio, excitaram enormemente a curiosidade dos habitantes. Durante todo o jantar, a baía ficou cheia de barcos e as praias repletas de gente.

Dom Fernando retribuiu o convite dias depois. Dirigimo-nos todos ao seu palácio e fomos recebidos não somente com polidez, mas com distinção. O governador gostava de falar da França, e embora nunca tivesse lá vivido muito sabia sobre o país. Ele conhecia somente a região de Flandres, onde servira, quando jovem, como capitão de cavalaria. Sua Excelência demonstrava ter uma ideia geral do interesse dos príncipes e o espírito cultivado, de modo que sua conversação, sempre em francês, era bastante interessante. Ela cativou-nos de tal modo que todas as tardes, quando o capitão, durante duas horas, lhe fazia uma visita sentíamos grande prazer em acompanhá-lo. O exemplo de conduta dos nossos chefes fez com que vivêssemos em harmonia com toda a gente de bem do lugar, gente que frequentemente encontrávamos tanto em casa quanto no palácio de dom Fernando.

Um pequeno incidente, que não devo aqui omitir, veio confirmar que o governador realmente era nosso amigo e que, não obstante a influência que dizem ter os ingleses sobre os portugueses, não se comportava de maneira fraca e submissa. Ao contrário, se o pior tivesse ocorrido, estou certo de que manteria a mais absoluta neutralidade em relação ao nosso conflito com os ingleses. Para que se entenda bem o caso, é necessário explicitar que em novembro ou dezembro saíra da Inglaterra uma forte esquadra com destino às Índias, a qual, como veremos, constituiu a causa do incidente de que ora me ocupo. O contra-almirante inglês arribou na Madeira e, segundo contou um pescador português que diz tê-los visto, deixou a ilha no final do mês de dezembro. Pois bem, certa tarde, estávamos em casa de dom Fernando, quando um capitão do porto do Rio de Janeiro entrou apressado no palácio para anunciar que três navios, impulsionados pela brisa, tinham dado na embocadura e não tardariam a entrar na baía. Dom Fernando, que ouvira em particular o relatório do oficial, comunicou tudo ao nosso comandante e pediu-lhe que, caso fossem navios retardatários da esquadra inglesa, vivêssemos em paz com os seus tripulantes enquanto estivéssemos sob a bandeira do rei de Portugal. Ele deu ao capitão sua *palavra de cavalheiro português* de que obrigaria os inimigos a cumprir as mesmas determinações e, como deveríamos partir na frente, os reteria pelo menos mais 24 horas depois que deixássemos o porto, mesmo se, na ocasião, estivessem em

Outras visões do Rio de Janeiro colonial

condições de fazer vela. O comandante, cônscio do quão problemático seria semelhante encontro nas condições em que estavam o nosso navio e a sua tripulação, nada deixou transparecer ao governador. Imediatamente, porém, tratou de ir ver os tais navios, para que pudesse agir segundo suas próprias determinações. Passamos o dia num cômodo da casa que dava para o mar e permitia ver parte do porto. Daí avistamos as três embarcações, que, pelo pavilhão e pequenez, pareciam pertencer à frota do Brasil. Os piores temores do capitão do porto não se confirmaram. O seu erro, no entanto, ao menos serviu para sairmos daqui com uma boa opinião sobre o governador, pois percebemos que, se de um equívoco não se tratasse, ele agiria como havia se comprometido conosco.

Passados dez ou 12 dias, nossos doentes, por uma espécie de milagre — que atribuímos aos muitos cuidados que receberam, mas também, e sobretudo, à qualidade do clima e dos víveres —, estavam quase todos convalescentes e, tanto quanto lhes permitiam suas forças e o administrador, voltaram a trabalhar. O restante não precisava de mais do que alguns dias para estar no mesmo estado. O navio, em pouco tempo, foi inclinado e inteiramente calafetado, a lenha e a água foram embarcadas, as ferragens e a enxárcia organizadas e as velas remendadas ou trocadas. Ocupávamo-nos somente de adquirir as provisões necessárias para a travessia.

Visitamos, com esse fim, a 3 ou 4 léguas da cidade, uma fazenda dos jesuítas, situada à beira-mar, onde esperávamos comprar algumas cabeças do rebanho aí mantido (como explicarei mais à frente), bem como uma quantidade de caules de bananeira suficientes para alimentar esses animais no mar. Adquirimos, no lugar, uns poucos carneiros, pois sua carne era muito ruim, mas adquirimos muitas aves, pela razão inversa. Compramos, também, farinha de mandioca — utilizada para combater o escorbuto —, aguardente e uma grande quantidade de limões, que seriam destinados àqueles que ainda tinham algum sintoma do escorbuto e aos que voltassem a manifestar a doença em alto-mar. Por fim, adquirimos uma boa quantidade de todos os legumes frescos e em conserva que encontramos.

197

No dia 9 de maio, depois de acertar as últimas pendências relativas aos víveres, levantamos o hospital. Os doentes, como tínhamos previsto, estavam já todos de pé. Em terra ficou somente um ajudante de artilharia, cujo escorbuto, aparentemente, resistiu à boa qualidade do ar e aos tratamentos. O governador mandou que o internassem no hospital da cidade, sob sua proteção, com a promessa de enviá-lo para a Europa tão logo se restabelecesse.

Pagamos, em seguida, a todos os que nos tinham fornecido alguma coisa ou prestado algum serviço. Por último, acertamos com o honesto cidadão que nos emprestara dinheiro a juros. Entregamos a ele uma letra de câmbio, a ser sacada junto ao cônsul da França em Lisboa. Entregamos também uma carta com um pedido de desculpas ao cônsul; afinal, mandávamos cobrar dele uma dívida de responsabilidade da marinha, contraída num país que ele sequer conhecia. Nessa mesma tarde acompanhamos o comandante em uma visita à casa do governador. Fomos agradecer-lhe a ajuda que nos dera e a maneira franca e honesta com que nos tratara. Terminadas as despedidas, comunicamos que partiríamos no dia seguinte.

Essa última entrevista foi não somente permeada por um clima de polidez, mas também de amizade. O governador comentou, com satisfação, o relacionamento pacífico que havia sido mantido entre os membros da nossa tripulação e os habitantes da cidade, felicitou-nos pelo pronto restabelecimento dos nossos doentes e desejou-nos, de maneira muita sincera, que tivéssemos sucesso na nossa campanha.

Dom Fernando conduziu-nos, então, até a porta exterior do palácio, repetindo as mesmas honrarias da primeira visita do comandante. Retiramo-nos para o navio satisfeitos com ele e com a nossa eficiência, que nos permitiu, durante os 17 dias de arribada, a contar do dia da entrada, fazer tudo o que descrevi e colocar a embarcação em condições de prosseguir viagem.

No dia seguinte, às 5 horas da manhã, aparelhamos. Uma brisa obrigou-nos a ancorar do lado de fora da embocadura. Ao meio-dia, um barco que entrava na baía do Rio de Janeiro saudou-nos. Permanecemos ancorados no mesmo lugar até as 2 horas da madrugada do dia seguinte, quando, aproveitando um vento de nordeste, aparelhamos uma segunda vez e corremos para sudeste, rumo ao Cabo da Boa Esperança.

Durante o meu tempo livre no navio, procurando distrair-me com as coisas que havia visto e sabido na rica colônia do Rio de Janeiro, resolvi reunir uma série de notas que tomara sobre o lugar. Eram notas redigidas a partir de coisas que vira ou que me comunicara um francês, fluente no português, que durante toda a arribada nos serviu de intérprete. A curiosidade fez com que eu as tomasse com a maior exatidão possível e, por diversão, como referi, as organizasse na forma que agora apresento. Este trabalho, todavia, é somente para me ajudar a manter o Rio de Janeiro vivo na memória — um lugar muito falado na marinha quando se trata de recordar as nossas conquistas passadas.

Estado do Rio de Janeiro, com uma descrição do lugar[16]

A entrada da baía do Rio de Janeiro é formada por montanhas. Pouco antes dessa entrada, do lado direito, há um morro grande e muito elevado, em forma de pão de açúcar, ao pé do qual, caso o vento ou qualquer outra causa impeça a embarcação de atravessar o estreito que dá acesso ao porto, é possível lançar âncora.

Após ultrapassar um outeiro de mais ou menos meia légua, a embarcação penetra por uma passagem mais estreita do que aquela de Breste, defendida, à direita, por um forte de oito peças de canhão, de 12 libras de bala. Esse forte é separado da fortaleza de Santa Cruz por um pequeno

---

[16] O documento disponível na Biblioteca da Ajuda começa a partir daqui. O texto, contudo, não é idêntico ao publicado por Sonnerat. Há muitas passagens suprimidas e alguns poucos acréscimos.

canal feito na rocha, sobre o qual foi instalada uma ponte de comunicação. A fortaleza de Santa Cruz, que conta com 120 toesas de largura e a metade disso de profundidade, está situada sobre a ponta de um rochedo, num local onde todos os barcos que entram ou saem do porto são obrigados a passar a uma distância inferior a um tiro de mosquete. A fortificação consiste numa compacta obra de alvenaria de 20 a 25 pés de altura, revestida por pedras brancas que parecem friáveis. Sua artilharia conta com 60 canhões, de 18 e 24 libras de bala, instalados de modo a cobrir a parte externa da entrada do porto, a passagem e uma parte do interior da baía. Cada uma das peças referidas foi colocada no interior de uma canhoneira, o que gera um inconveniente: diante de um alvo móvel, como um barco à vela, eles só podem atirar numa única direção. Apesar disso, essa fortaleza é reputada a mais importante do país. É ela que responde, como já referi, às saudações feitas pelos navios que entram no porto. No seu interior há alguns alojamentos, nos quais estão instalados um Estado-maior e uma guarnição. O primeiro é composto por um comandante, um major, um sargento ou ajudante de ordens, um capelão e três oficiais inferiores, dos quais um é mestre de artilharia e os outros dois são ajudantes — todos residem no local. A tropa é, geralmente, composta por um capitão ou tenente de infantaria e por 30 soldados, que são substituídos mensalmente. Há, ainda, no lugar, 50 ou 60 negros, encarregados do trabalho pesado e da manutenção dos canhões.

Do outro lado da passagem que dá acesso ao porto, em frente ao forte de Santa Cruz, foram instalados, sobre uma barbeta, 20 canhões de calibre 18. Esses, porém, segundo pude observar, estão demasiado afastados do local por onde passam as embarcações e, em caso de necessidade, pouco podem fazer contra um navio inimigo. Sobre o mais baixo rochedo existente no interior da baía, a mais ou menos 1 légua da terra, construiu-se um forte quadrado, guarnecido com 30 canhões de calibres 18 e 24. O fogo desses canhões pode não somente cruzar com o do forte de Santa

Cruz e com o da bateria oposta, como também pode cobrir o ancoradouro em frente à cidade e as duas passagens que se formam nesse local.

Em terra, avançando um pouco em direção à cidade, encontra-se a bateria de Nossa Senhora da Glória, formada por dez canhões de pequeno calibre. Tanto essa como uma outra bateria, localizada em cima de uma península que forma com a Ilha das Cobras uma espécie de rampa, são de pouca monta.

A Ilha das Cobras, cuja medida é de dois tiros de fuzil de largura por um de pistola, talvez um pouco mais, teve as suas defesas extremamente reforçadas depois da conquista do senhor Duguay-Trouin. Essa ilha, hoje, além do forte de quatro bastiões, por ele mencionado, encontra-se completamente coberta de fortificações. Estimo que sejam necessários de 2 mil a 3 mil homens para aproveitar todo o seu potencial defensivo, contingente que dificilmente poderia ser mobilizado sem deixar desprotegida alguma outra frente.

A perspectiva da cidade, a partir do Convento dos Beneditinos, continua tal qual a pintou o senhor Duguay-Trouin. O plano inserido nas suas *Memórias* descreve com bastante precisão a localização das três elevações que dominam a cidade, a saber: a dos Beneditinos; a da Conceição, onde se situa o Palácio Episcopal; e a dos Jesuítas, esta última localizada para além do fim da cidade, do lado da entrada da baía. A essas três pode-se acrescentar mais uma, situada em relação à dos Jesuítas mais ou menos como a da Conceição em relação à dos Beneditinos, ou seja, na parte de trás da cidade — como se a natureza tivesse respeitado uma simetria.

Havia sido edificada há pouco, sobre essa quarta montanha, uma belíssima residência para os religiosos ditos de Santo Antônio — na verdade, eles pertencem à Ordem de São Francisco. Esses bons padres, que já estavam estabelecidos, mantêm aí, no interior de um vasto edifício, três igrejas, as quais, como quase todas as suas congêneres no Rio de Janeiro, são de uma magnificência deslumbrante: revestidas de ouro (se é que isso dá uma verdadeira ideia da sua riqueza) e ornadas com vasos e paramentos de altar do mesmo metal.

Os quatro edifícios religiosos referidos, instalados sobre as montanhas que dominam a cidade, conferem a esta um aspecto grandioso. Tais construções, sem dúvida, ficarão para a posteridade como uma marca da piedade portuguesa, mas ficarão, também, como a prova incontestável das imensas riquezas que eles encontraram nesta parte do mundo.

No fundo do Convento dos Jesuítas e próximo ao Palácio Episcopal estão instaladas algumas baterias. Contudo, por negligência, essas baterias se encontram em tão mau estado que, apesar de dominarem a cidade, não seriam de grande ajuda no caso de um ataque surpresa, pois seria necessário mais tempo para pô-las em serviço do que para executar o ataque.

A montanha ocupada pelo Convento dos Beneditinos não conta com nenhuma bateria. As duas peças de canhão de calibre 12 e sem reparo, instaladas numa escarpa em frente à Ilha das Cobras, não merecem esse nome. Um desses canhões tem ainda a metade da boca arrancada, tal como o deixou o senhor Duguay-Trouin em 1711.

A cidade está localizada sobre um terreno plano e quase quadrado. O lado que dá para o mar tem cerca de meia milha (milha inglesa), começando no pé da montanha dos Jesuítas e terminando na dos Beneditinos. A largura seria a mesma, se não fosse a existência de duas montanhas: a da Conceição e a de Santo Antônio. No total, a cidade deve ter meia légua de perímetro. As ruas são razoavelmente pavimentadas e, algumas delas, muito retas. A principal, denominada, por sua magnificência, *a rua grande*, não tem mais que 7 ou 8 pés de pavimentação de cada lado, sendo o restante de terra batida — daí levanta uma poeira extremamente incomodativa. As casas que aí se encontram, de dois e três andares, são medíocres e irregulares, mas superiores àquelas das outras ruas, geralmente com um único andar. A rua dos Ourives, assim chamada em razão do elevado número desses profissionais que aí se estabeleceram, atraídos pelas minas, é reta e tem o comprimento da cidade; essa via,

Outras visões do Rio de Janeiro colonial

porém, é mal-pavimentada e conta somente com casas baixas. Quanto às ruas do fundo da praça e suas transversais, a única vantagem que têm é o fato de serem planas, o que é comum a toda a cidade. Essas vias são bordejadas por um canal de cantaria, com dois pés e meio de largura — com travessas da mesma dimensão, colocadas a cada 2 ou 3 toesas —, que pode ser facilmente transposto, desde que não se queira saltá-lo. Com cinco pés de profundidade, por ele passa um córrego que nasce ao pé da montanha de Santo Antônio.

Ao ver esse canal lembrei-me do *bom fosso cheio de água*, referido pelo senhor Duguay-Trouin nas suas *Memórias*. Cheguei a encontrá-lo, mas tive dificuldade em reconhecê-lo, pois transformara-se numa várzea seca, estendendo-se pela planície. Voltei ao canal, o pouco que sobrara do fosso, contemplei-o e fiquei admirado com as mudanças que ocorrem na natureza: o que outrora foi um fosso cheio de água estava hoje reduzido a um fio de água.

Para além do canal, a umas 20 toesas de distância, há uma espécie de trincheira, construída com pedras e com uma argamassa cinza e preta, que não parece muito resistente. Ela tem a altura do peito e protege o lado da cidade que dá para a planície. Foi por aí que entraram os senhores Duclerc e Duguay-Trouin, obtendo diferentes resultados. Além do referido, a cidade não é murada em nenhum outro lado, e, afora as péssimas baterias situadas nas elevações, o seu interior não conta com nenhuma peça de artilharia. A defesa local sustenta-se, pois, no valor dos habitantes e nos fortes que defendem a entrada da baía.

O Rio de Janeiro e seus arredores são povoados por brancos, mas há, na região, um número inacreditável de negros e mulatos. A cada dia que passa, o sangue mistura-se mais e mais, pois o clima e a ociosidade tornam o povo fortemente inclinado à libertinagem. A ociosidade, a propósito, passa, entre eles, por sinal de dignidade, pois jamais pensam no bem comum, agindo somente em proveito próprio. E isso num país que oferece tudo sem muito esforço. Todos querem ser nobres e gostam de mostrar desprezo pelas atividades produtivas, como se o trabalho honesto tornasse o homem menor. Eles levam tal comportamento tão longe que coisas simples como dar ordens aos escravos e fiscalizar o seu trabalho parecem-lhes contrárias à grandeza e à opulência que ostentam. Desse modo, quase nada se extrai do trabalho dos muitos negros que infectam e obstruem as ruas, a não ser quando se resolve enviá-los para as minas, onde o ganho ainda assim é incerto, pois muitos negros acabam por morrer.

Na verdade, boa parte dessas minas já está exaurida e acaba por arruinar os que insistem em explorá-las, em vez de satisfazerem a sua cobiça. Todo aquele que a isso se dispõe é obrigado a pagar cerca de 100 libras por cada escravo que emprega, além de pagar ao rei um quinto sobre o ouro encontrado e de ter de arcar com as despesas com material, ferramentas, subsistência dos trabalhadores etc. Malgrado tais condições, a extração do metal precioso, único trabalho que julgam digno de ser feito, ocupa muitos escravos. O trabalho das minas, chamadas gerais (hoje uma parte pequena da grande jazida que foi descoberta a 400 léguas do litoral) empregou, em 1748, segundo o registro de capitação da armada, 11 mil escravos.

Mas, apesar de as minas ocuparem um número significativo de escravos, o Rio de Janeiro é um verdadeiro formigueiro de negros. Essa concentração funesta traz consigo o constante perigo de uma rebelião. Contra tal inconveniente a solução encontrada pelos portugueses foi a de adquirir escravos de diferentes proveniências e utilizar a oposição entre seus caracteres para controlá-los. Em geral, os negros são capturados na costa vulgarmente chamada da Guiné e no Reino de Angola. Os escravos provenientes da Guiné são, segundo a opinião dos portugueses, perspicazes, velhacos e preguiçosos; os de Angola são taciturnos, trabalhadores e honestos. Os primeiros não gostam dos últimos e vice-versa. Quando essas duas espécies inconciliáveis se misturam, uma não consegue nada empreender sem que a outra rapidamente não delate. É nessa antipatia natural que se funda a segurança pública.

As tropas regulares e a guarda dos fortes perfazem um total de aproximadamente 800 ou 900 homens de infantaria, bastante bem-treinados. Há, entre eles, cerca de 100 granadeiros de boa aparência, encarregados da guarda do palácio do governador. Para esse fim os soldados são escolhidos indistintamente em todas as companhias, são divididos em destacamentos e submetidos à autoridade de um capitão e de um tenente ou um alferes. O uniforme dessa guarda é todo branco e vermelho. A milícia, comandada por um major português recém-chegado de Lisboa, é composta na sua grande maioria por filhos do país (brancos e mulatos), alistados a contragosto. Um homem simples que tenha três ou quatro filhos em idade de prestar o serviço militar terá muita sorte se conseguir manter um fora do alistamento. Essa milícia é tida como o escudo protetor do Rio de Janeiro.

A cidade conta, também, com alguns destacamentos de guarda costeira, contudo, o número de soldados aí engajado é extremamente reduzido. Os oficiais de uma e de outra tropa são, em geral, homens sem berço e sem mérito, nomeados ao sabor dos caprichos do governador. Quando da nossa arribada, um dos criados de quarto de dom Fernando, ainda prestando serviço ao seu mestre, já vestia, enquanto aguardava a confirmação real, o uniforme de uma companhia de cavalaria. Depois disso, certamente seria agraciado com a Ordem de Cristo, o que demonstra com clareza que os postos honráveis e as comendas reais são, neste país, dados à gente mais abjeta.

Além das tropas, salvo os negros e os monges, que se fazem muito presentes no Rio de Janeiro, o número de homens livres e em estado de defender sua pátria não ultrapassa os 2 mil. O restante não passa de uma multidão inútil, formada por velhos, mulheres, crianças e escravos medrosos.

O governo do Rio de Janeiro e o das Minas, atualmente nas mãos de dom Fernando Freire, formam um arcebispado. No Rio, sob o nome de presidência, há uma Corte Soberana de Justiça que trata de todos os assuntos relativos à jurisprudência. O presidente dessa Corte ostenta, como emblema de austeridade, uma chibata engenhosamente presa pelo cabo no bolso de sua casaca. A cidade conta, ainda, com uma Repartição de Finanças e uma Casa da Moeda, onde são cunhados os dobrões, meios dobrões etc. Os inquisidores, denominados Cavalheiros da Inquisição, também se fazem presentes nessas plagas. Contudo, sua autoridade é bastante reduzida e os castigos que aplicam são moderados: prisões e multas somente. Os que cometem crimes graves são enviados para Lisboa e lá julgados com todo o rigor. Os cavalheiros, em geral escolhidos entre os homens que gozam de um certo prestígio na sociedade, ostentam, como marca do seu ofício, uma pequena cruz de ouro e uma corrente do mesmo material.

As moedas correntes no país têm os seguintes valores e denominações:

Espécies	Valor em libras	Valor em réis
Dobrão	80	12.000
Meio Dobrão	40	6.400
Quarto de Dobrão	20	3.200
Dupla Pataca	4	640
Pataca	2	320
Meia Pataca	1	160
Quarto de Pataca	10 soldos	80
Vintém	2 s.6 dinheiros	20
Meio Vintém	ls.3 d	10

O *réis* é um valor ideal e corresponde a um dinheiro e meio do país; não há, contudo, nenhuma moeda abaixo de meio vintém. Os portugueses valorizam pouco o ouro e a prata estrangeiros. As moedas cunhadas na França sofrem aqui uma depreciação de um sexto, e as piastras mexicanas e espanholas, de um sétimo.

O desprezo pela indústria e o pavor do trabalho, comum entre os habitantes, bem como a busca desenfreada do ouro e dos diamantes, lançaram a cultura das terras no mais completo abandono. Não se veem, por aqui, nem café, nem cacau, nem índigo. Quase todo o comércio local depende dos produtos vindos da Europa. Em matéria de gêneros alimentícios, o país recebe de Portugal medíocres quantidades de farinha, de vinho do Porto e de especiarias, o suficiente para satisfazer a frugalidade portuguesa. O comércio de produtos de luxo é infinitamente mais significativo. Importa-se de tudo: estofos bordados a ouro e prata, galões, peças de seda, belos tecidos, telas finas e uma série de outras mercadorias da moda, produzidas, na sua maioria, pelas manufaturas francesas. Uma vez por ano, entre os meses de setembro e outubro, Lisboa envia para a sua colônia, sob escolta de três ou quatro navios de guerra, uma frota carregada com os produtos referidos. Essa frota, após distribuir a sua carga pela Baía de Todos os Santos, Pernambuco e Rio de Janeiro, é carregada com ouro e alguns diamantes — provenientes dos Direitos do Rei ou pertencentes a alguns particulares interessados em remeter suas riquezas para Portugal — e volta a reunir-se na Bahia em dezembro ou janeiro, retornando daí para a Europa. Do país, os navios mercantes portugueses levam, além do ouro e da pedraria, somente tabaco, açúcar e algodão — este último, ao que parece, produzido contra a vontade da metrópole.

Ainda que, quando da referência ao número de escravos que perambulam à toa pela cidade, já tenha dito alguma coisa sobre o caráter dos portugueses do Rio de Janeiro, acrescento aqui, para dar uma ideia clara da sua futilidade, a seguinte nota: uma espada e uma roupa elegante os seduzem enormemente e a aparência é tudo que consideram ao avaliar a importância de alguém. Tais puerilidades fazem com que adotem uma postura grave e inabalável. A bengala, uma marca de distinção muito utilizada por portugueses e espanhóis no Brasil, quando vem acompanhada de um castão de ouro, é motivo de grande orgulho para o proprietário. Poucos, porém, têm o privilégio de tê-las com tal adereço. As bengalas com o castão de prata são reservadas às autoridades. Os habitantes comuns que querem satisfazer a sua vaidade aos olhos do povo, na impossibilidade de utilizar o castão de prata, escondem a sua inferioridade exagerando no brilho das suas roupas e das roupas dos seus acompanhantes. Para tal, são capazes de fazer qualquer sacrifício. Casos há em que a pessoa, depois de transitar entre o povo vestida ricamente e protegida por um guarda-sol carregado por escravos negros igualmente bem-trajados, dirige-se para casa ao meio-dia e, escondida da vista de todos, toma uma refeição composta de pão de mandioca, peixe seco e algumas frutas. Em suma, esses mártires da ostentação isolam-se e contentam-se com migalhas no entediante abrigo doméstico para poderem, do lado de fora, contribuir com a falsa pompa da sua nação. E nada faltará a essa grandeza quimérica se a pessoa for proprietária de uma cadeira, isto é, de um leito portátil para mulheres, esculpido em madeira, dourado e coberto com uma cortina de seda franjada e adornada com galões. Dentro deles, suas deusas flácidas e delicadas são, nos dias de festa religiosa, conduzidas às igrejas por muitos escravos. Elas vão sempre meio escondidas e vestindo muitas roupas adornadas com pedrarias; são muito brancas, pálidas e têm um jeito infantil, que, no entanto, pode ser desmascarado com um olhar mais detido. É quase impossível, mesmo no interior das casas, contatar abertamente com elas. Essa liberdade só é possível com as mulheres do povo, cuja tez é bastante escura, em razão da constante exposição ao sol.

Os portugueses, não obstante a sua propagada frugalidade, não deixam de apreciar a boa mesa. Convenci-me inteiramente disso depois que vi muitos deles, na casa do capitão, comerem e beberem de maneira ávida e gulosa. Espantei-me com o fato de serem capazes de comportamentos tão opostos. Com efeito, a sensualidade aqui é subjugada pela avareza, e esta sucumbe diante de duas outras paixões ainda mais imperiosas: a vaidade e o gosto pelas mulheres.

No referente às necessidades da vida diária, no Rio de Janeiro e nos seus arredores, não falta nada do que é essencial e agradável à existência

— com diferenças de qualidade em certos produtos, diferenças comuns em todo o mundo. E como não se trata aqui de analisar o que um povo mais engenhoso e trabalhador retiraria desta terra, passo a descrever, de forma sucinta e o mais simples possível, aquelas atividades com as quais, devido às nossas necessidades, tomamos um contato mais direto.

O gado grosso é bastante comum no Rio de Janeiro, pois os padres jesuítas encarregam-se de cuidar da sua conservação e reprodução. Para formar os seus rebanhos, esses religiosos fazem capturar nos bosques os vitelos e as novilhas selvagens, depois mandam abater uma parcela dos primeiros e confinar o restante, juntamente com as novilhas, nos muitos currais que têm espalhados ao longo da costa do Brasil. Esse processo permite-lhes fornecer carne para todo o país.

A carne produzida, no entanto, por não ser vendida fresca, é bastante cara. Um boi inteiro custa cerca de 25 escudos portugueses (ou 30 da França), e o pedaço, 4 soldos a libra. Quanto à qualidade da carne, apesar de os animais serem criados em regiões onde abundam os pastos e as bananeiras — árvores cujas folhas e caule são muito apreciados pelos bovinos —, ela é bastante inferior àquela que se vende na Bretanha.

A carne de carneiro é de péssima qualidade, pois os animais não são castrados. Esse descuido torna a carne seca e com um sabor tão insípido que mal se consegue distingui-la da carne de ovelha. Daí elas serem vendidas juntas e pelo mesmo preço. Nós até chegamos a comê-las durante a arribada, porém, por um resto de preconceito, procuramos evitar essa mistura quando do embarque. Solicitamos ao encarregado dessa comissão que adquirisse somente carneiros. Na véspera da partida, no entanto, foram embarcados ovelhas e carneiros misturados, e, apesar dos nossos apelos para que desembarcassem as ovelhas e embarcassem um igual número de carneiros, não pudemos evitar a mistura, pois disseram-nos que não venderiam uns sem os outros. Como estávamos à beira da partida e sabíamos, por experiência própria, que tal gênero de coisas pouca importância tinha, compramos o que nos foi possível, tomando somente o cuidado de diversificar a dieta dos enfermos. A peça foi-nos vendida a 14 libras e 8 soldos franceses.

Os porcos abundam no país e são vendidos a um preço igual ou inferior aos praticados na Bretanha. A carne desses animais, contudo, apresenta um inconveniente: como os habitantes têm o hábito de alimentar os seus porcos com peixe, ela apresenta um gosto demasiado forte de pescado. Depois que são embarcados, é necessário dar aos animais outros alimentos, para que sua carne recupere o gosto que lhe é próprio. O preço da peça não excede os praticados na Bretanha.

As galinhas são grandes, bonitas e de qualidade; seu preço, contudo, é bastante elevado. Em geral, são vendidas a 3 libras francesas. Os patos e perus também têm boa aparência, mas as suas carnes não são muito saborosas. Os primeiros são vendidos a 6 libras a unidade; os últimos, a 3.

O país produz uma grande quantidade de frutas: laranjas, limões de diferentes espécies, figos, bananas, abacaxis, batatas-doces, melancias, pistaches etc. Há também muitas hortaliças e legumes variados, como couves, jerimuns, ervilhas e abóboras — estas excelentes para refrescar a tripulação.

Eis o que pude recolher sobre o governo, a força militar, os costumes, o comércio e as produções do Rio de Janeiro. Nada direi sobre os naturais do país porque, infelizmente, eles preferem levar uma vida selvagem no meio das florestas a se submeterem ao pesado jugo imposto pelos portugueses. Os poucos que vi na cidade foram convertidos pelos jesuítas. Os padres da Companhia, que têm tido muito sucesso no trabalho de catequese, contam com um grande número de nativos nos seus colégios da costa. Vermelhos e de pequena estatura, esses nativos têm os traços delicados e os cabelos negros, longos e lisos.

O peixe é tão abundante que todo mundo tem por hábito secá-lo e estocá-lo, seja para consumo dos familiares, seja para a alimentação dos escravos. Apesar dessa prática, sobra ainda uma grande quantidade de pescado para ser usado como alimento para os porcos.

A baía é, talvez, a maior e a mais cômoda que há no mundo. As montanhas que a envolvem protegem as embarcações dos ventos e impedem as agitações marítimas. Pode-se ancorar em toda a sua extensão, estando ela apta para receber infinitamente mais barcos do que a baía de Breste. É igualmente possível aquartelar aí navios de qualquer dimensão, especialmente em frente à Ilha das Cobras, onde essa operação é feita com extrema facilidade pelas embarcações de guerra portuguesas que escoltam a frota do Brasil. Os navios conseguem chegar tão perto da terra que um único saveiro é suficiente para fazer o transporte de gentes e mercadorias. Essa baía conta ainda com uma série de outras ilhas e ilhotas, que oferecem as mesmas comodidades da Ilha das Cobras. Sobre tais ilhas, se o Rio de Janeiro tivesse um arsenal, poder-se-iam instalar excelentes armazéns e oficinas. Os portugueses, no entanto, ou desconhecem as potencialidades dessa bela colônia ou, por motivos políticos, são impedidos de explorá-la convenientemente. Só isso pode explicar o fato de não manterem aí estabelecimentos que possam abastecer os muitos navios da Europa que vêm negociar abaixo da linha. Tal comércio lhes traria grandes lucros.

O clima local, a julgar pela recuperação dos nossos doentes, é bom. A água também apresenta boa qualidade e pode ser recolhida em vários sítios próximos ao porto. O calor é bastante forte. Durante os meses que passamos na cidade (abril e maio), apesar de ser inverno, enfrentamos dias mais quentes do que aqueles que temos no nosso verão. Esse calor excessivo poderia ter consequências funestas se não fosse amenizado por duas brisas: uma, que sopra pela manhã, de noroeste, e outra, que sopra à tarde, de sudeste.

EDIÇÃO UTILIZADA

O livro *Voyage aux Indes Orientales et à la Chine*, de Pierre Sonnerat, foi editado pela primeira vez em Paris, por M. Sonnerat, no ano de 1782. Essa primeira edição, que conta com três volumes, não traz o relato sobre o Rio de Janeiro. Este só veio a público no quarto volume da segunda e última edição da obra, lançada em 1806.

SONNERAT, Pierre. *Voyage aux Indes Orientales et à la Chine*. Paris: Dentu, Imprimeur-libraire, 1806, vol. 4, p. 1-60.

BIBLIOGRAFIA

CARDOSO, Manuel da Silveira Soares. "A French Document on Rio de Janeiro. Introductory Note Manoel S. Cardoso. From the Original in Ajuda Palace Library." In: *Hispanic American Historical Review*, n. 3, vol. XXI, agosto, 1941.

LY-TIO-FANE, Madeleine. *Pierre Sonnerat, 1748-1814. An Account of his Life and Work*. Mauritius: Ly-Tio-Fane, 1976.

TAUNAY, Afonso de Escragnolle. *No Rio de Janeiro dos vice-reis*. São Paulo: Anais do Museu Paulista, tomo XI, 1943.

Sydney Parkinson

S̲ydney Parkinson nasceu em Edimburgo, provavelmente no ano de 1745. Filho mais novo de um cervejeiro quacre, Parkinson desde cedo demonstrou certo pendor para o desenho de história natural. Em 1767, ele deixou sua cidade natal e seguiu para Londres, onde se empregou na casa do sábio e naturalista Joseph Banks. No mesmo ano, Banks selecionou uma comitiva de cientistas para acompanhar James Cook,[17] a bordo do Endeavour, *na sua viagem rumo aos Mares do Sul. Nessa ocasião, o jovem Parkinson, então com 22 anos, foi escalado por seu patrão para assumir a função de desenhista de plantas do grupo.*

O Endeavour *partiu do porto de Plymouth em 26 de agosto de 1768. A primeira escala deu-se na Ilha da Madeira, em setembro. Dois meses depois (14 de novembro), o navio entrava no porto do Rio Janeiro para uma ancoragem de vinte e poucos dias (7 de dezembro). Os visitantes foram bastante malrecebidos pelo vice-rei, conde de Azambuja, e praticamente não puderam desembarcar. Malgrado esse impedimento, a expedição legou-nos três descrições da passagem pela cidade. Duas delas, a de James Cook e a atribuída a Banks e Solander, foram incluídas em* Visões do Rio de Janeiro colonial. *Oferecemos agora ao leitor as breves considerações que fez sobre*

---

[17] Sobre a viagem de James Cook, ver: *Visões do Rio de Janeiro colonial. Antologia de textos (1531-1800)*, p. 168-190.

o episódio o desenhista Joseph Parkinson — que acabaria por morrer de disenteria no decorrer da viagem (1771).

No dia 21 de outubro apanhamos um vento de S.E. e até o dia 8 de novembro continuamos o nosso curso sem que nada digno de nota acontecesse. Nesse dia, avistamos terra a cerca de 8 léguas de distância e trocamos algumas palavras com a tripulação de um navio pesqueiro português. O senhor Banks comprou, na ocasião, uma grande quantidade de peixes, entre os quais estavam golfinhos e carpas. Essas espécies mereceram uma longa observação por parte do nosso naturalista. Pouco depois de deixar a embarcação portuguesa demos com o que deveria ser a terra do Brasil. Navegamos junto à costa até o dia 13, quando avistamos a entrada do porto do Rio de Janeiro — situado a 22°56'S. de latitude e a 42°45'O. de longitude. Antes de alcançarmos o porto, o capitão enviou à cidade, numa pinaça, o senhor Hicks, primeiro-tenente, e um cabo para que fizessem contato com o governador e lhe pedissem um piloto. Como o vento estava fraco, o capitão, guiando-se pelos sinais dos fortes, arriscou navegar rumo à baía.

O vice-rei deteve em terra o tenente e o cabo, devolvendo a pinaça com três dos seus oficiais, um dos quais coronel, mas sem nenhum piloto. O oficial contou-nos que, como era costume na colônia, os nossos homens ficariam detidos até que o navio fosse examinado. Rumamos então para o porto e lançamos âncora próximo à parte norte da Ilha das Cobras. O coronel não permitiu que ninguém desembarcasse.

Nosso tenente havia sido instruído para responder de forma evasiva a toda e qualquer questão referente ao nosso destino ou, caso isso não fosse possível, para responder com a máxima reserva. Julgava o capitão que tal gênero de perguntas, em se tratando de um navio de guerra, era impertinente. O tenente seguiu escrupulosamente essas ordens.

Depois de reunir o conselho, o vice-rei deliberou que a nossa tripulação estava proibida de desembarcar. Ele comprometia-se, no entanto, a enviar-nos todos os suprimentos necessários. Ficamos terrivelmente desapontados ao recebermos essas notícias, pois esperávamos desfrutar de alguns momentos agradáveis em terra. O senhor Banks e o doutor Solander foram os que mais se mortificaram com a proibição. Mas, não obstante todas as precauções do vice-rei, conseguimos, em larga medida, satisfazer a nossa curiosidade. Obtivemos um razoável conhecimento do rio e do porto, por meio das diversas visitas de serviço que fizemos à terra. Frequentemente, também, escapulíamos pela janela da cabine e, utilizando um cabo, descíamos até um bote. Aproveitando a maré, seguíamos para longe dos ouvidos do sentinela e remávamos em direção a uma parte menos frequentada do porto. Aí desembarcávamos e fazíamos breves excursões pelas vizinhanças da cidade — infelizmente, nunca íamos tão longe como desejávamos.

Na manhã posterior à nossa arribada, para todos os lados em que dirigia os meus olhos, desfrutava de esplêndidas paisagens. Rapidamente, descobri uma sebe com curiosas plantas em plena florescência, todas para mim desconhecidas. Encontrei, também, muitas plantas curiosas entre as verduras que nos foram enviadas. Além disso, com o intuito de conhecer as diferentes espécies que cresciam na Ilha das Cobras, solicitamos às pessoas que nos levassem os exemplares que encontrassem.

Todos os dias éramos abastecidos com pescado em abundância, pois os mercados locais oferecem grande variedade de peixes, e frequentemente capturávamos alguns moluscos interessantes, encontrados na superfície do mar, e uns insetos que flutuavam sobre a água, em torno do navio.

A região circundante à cidade do Rio de Janeiro é montanhosa, coberta de florestas e pouquíssimo cultivada. O solo próximo ao rio é de um tipo argiloso, misturado com arenoso; mais para o interior o solo tem uma fina camada de lodo preto. Todas as frutas tropicais, tais como o melão, a laranja, as mangas, os limões, as limas, os cocos e as bananas, abundam nessa parte do globo. A temperatura, segundo me informaram, raramente atinge valores extremos, pois todas as manhãs sopra uma brisa marítima e, durante as noites, um vento terral.

No dia 7 de dezembro de 1768, depois que todas as provisões tinham sido embarcadas, deixamos o porto do Rio de Janeiro.

EDIÇÃO UTILIZADA

A narrativa de Sydney Parkinson foi editada pela primeira vez dois anos depois de sua morte, em 1773, por seu irmão, Stanfield Parkinson. Para publicar a obra, Stanfield entrou em conflito com Joseph Banks, que dizia já lhe ter pago pelos serviços prestados pelo seu falecido irmão, incluindo as anotações de viagem e os 1.300 desenhos produzidos por ele. Stanfield, porém, copiou as tais anotações e, rapidamente, tratou de publicá-las. Depois dessa polêmica primeira edição, a obra foi reeditada em 1784 e, mais recentemente, em 1984. A edição em língua francesa, preparada por C. Henri, saiu em Paris, em 1797. Utilizamos a edição de 1773.

PARKINSON, Sydney. *A Journal of a Voyage to the South Seas*. Londres: Stanfield
    Parkinson, 1773, p. 3-5.

BIBLIOGRAFIA

BANKS, Joseph; SOLANDER, Daniel. *Supplément au voyage de M. de Bougainville ou Journal d'un voyage autour du monde*. Paris: Saillant & Nyon, Libraire, 1772, p. 21-33.

BEAGLEHOLE, J. C. (ed.). *The Journals of Captain Cook on his Voyages of Discovery*. Editado a partir do manuscrito original por J. C. Beaglehole. Londres: Hakluyt Society, 1974.

CARR, D. J. (ed.). *Sydney Parkinson, Artist of Cook's Endeavour Voyage*. Camberra: British Museum em associação com o Australian National University Press, 1983.

CHARTON, M. Édouard. *Voyageurs anciens et modernes ou choix de relations de voyages*. Paris: Bureaux du Magasin Pittoresque, 4 vols., 1863.

COOK, James. *Viagem do capitão Cook à roda do mundo no navio de Sua Majestade, a diligência*. Lisboa: Tipografia Rollandiana, 1819.

HENRY, Lebrun. *Voyages et aventures du captaine James Cook*. Tours, 1838.

PINHEIRO, Albertino. "Viagem ao redor da Terra". In: *Revista Marítima Brasileira*, n. 7 a 12, 1953.

Joseph Dombey

Em novembro de 1777, sob o patrocínio da Coroa espanhola, dois jovens botânicos, Hipólito Ruiz e José Pavón, partiram de Cádiz com destino a Lima, incumbidos de promover o levantamento mais completo possível da vida vegetal da América espanhola. Ao lado dos espanhóis viajava, na qualidade de acompanhante, o médico e naturalista francês Joseph Dombey (1742-1794), a quem a corte espanhola, a pedido do próprio Luís XVI, da França, dera autorização para estudar os territórios do Peru.

Joseph Dombey nasceu na cidade de Mâcon, na Bourgogne, no seio de uma família de poucas posses. A penúria e a incompatibilidade com o pai levaram-no a abandonar muito cedo a casa paterna. Em Montpellier, cidade em que fixou residência, obteve o diploma de doutor em medicina (1768) e iniciou-se (com Gouan, Cusson e Commerson) na botânica, a qual rapidamente se tornou sua grande paixão. Em 1772, já com larga experiência como botânico, Dombey transfere-se para Paris e aí segue os cursos de Jussieu e Lamosier. Poucos anos mais tarde (1775), Condorcet — que a mando de Turgot procurava um botânico que se dispusesse a seguir para a América espanhola e lá realizasse a recolha de plantas que pudessem ser aclimatadas na França — contata-o para ocupar o cargo de médico-botânico correspondente do Jardin des Plantes. Foi nessa qualidade que, em 1776, ele seguiu para Madri e daí para Cádiz, onde embarcou rumo ao Peru no ano seguinte.

Depois de despender sete anos na América espanhola, anos estes marcados por muitas pesquisas, mas também por muitos desentendimentos com os espanhóis, Dombey resolveu voltar para casa. Com esse intuito, em 14 de abril de 1784 ele embarcou, em Callao, no navio El Peruano, *que rumava para Cádiz. No dia 4 de agosto do mesmo ano, munido da imensa coleção de plantas que recolhera (73 caixas), o francês desembarcou no Rio de Janeiro, aí permanecendo até o final do mês de outubro. Esses três meses de estadia foram relatados, com poucos detalhes, em algumas cartas que o médico enviou a um amigo em Paris. O leitor encontrará a seguir dois fragmentos dessa correspondência referentes ao Rio de Janeiro.*

Os ventos favoreceram-nos muito e permitiram que alcançássemos Montevidéu. Esses mesmos ventos, que passaram a ser contrários a nós, obrigaram-nos a buscar o Rio de Janeiro, onde ancoramos no dia 4 de agosto de 1784.

Ocupamo-nos, inicialmente, da descarga do navio. Adianto-lhe que o nosso tesouro está assegurado em moeda do Rio de Janeiro, pois depositei as minhas 73 caixas na alfândega. Aí, permitiram que eu mandasse reparar os danos nelas causados pela longa e penosa navegação.

Os passageiros ocuparam uma casa na cidade. Fiquei perplexo quando, ao pôr os pés em terra, tomei conhecimento de que o rei de Espanha proibia aos estrangeiros desembarcarem com qualquer objeto de ouro ou prata, mesmo aqueles de uso pessoal. Todo o dinheiro que o estrangeiro traz consigo deve ser entregue a uma pessoa, a quem chamam *mestre do dinheiro*. Ele registra o valor que lhe é entregue e, depois de receber autorização da corte de Madri, o devolve ao particular, abatendo os direitos do rei e a sua remuneração — que chega a 200.000$. Os que se recusam a entregar os seus valores estão sujeitos a vê-los confiscados e a sofrerem

Outras visões do Rio de Janeiro colonial

outras penas. O único dinheiro que o visitante pode manter consigo é aquele referente ao pagamento do desembarque de sua bagagem.

Não foi difícil conseguir algumas cartas de recomendação em Lima. Permiti-me, contudo, seguir para Cádiz despreocupadamente, e em Callao, antes de embarcar, dissipei o pouco dinheiro que tinha para incentivar a tripulação a trabalhar. Ao desembarcar no Rio de Janeiro não tinha um tostão. Assim, no meu caso, o *mestre do dinheiro* não terá a incumbência de devolver-me dinheiro algum, mas sim de cobrar uma dívida — a qual deve ser paga em Cádiz, senão o tal mestre estará sujeito a graves penas.

Não obstante todas as dificuldades, comprei uma bela água-marinha bruta, do tamanho de um ovo de pombo, com somente uma pequena fissura em um dos lados. Essa pedra, de um tipo muito comum no Rio de Janeiro, despertou, em diversas ocasiões, interesses comerciais. Um vice-rei português ofereceu-me 22 onças de ouro por ela, e o senhor vice-rei dom Emanuel de Guerrior, que estava à frente do governo do Peru quando lá visitei, ao passar por aqui, ofereceu-me 18 onças. Comprei-a juntamente com uma outra pedra, esta lapidada e da grossura de uma fava. A primeira seria de um valor inestimável se não apresentasse a tal fissura e se tivesse conservado as bordas de sua cristalização. Da forma como se encontra é somente um calhau que foi desprendido de seu lugar de formação e rolou pelas águas.

Comprarei ainda, caso seja possível, alguns pássaros. O senhor vice-rei Vasconcelos e Sousa, no dia em que pus os pés em terra, levou-me à casa de um homem que trabalha para o rei de Portugal. Vi, no local, alguns pássaros tão bem-preparados quanto os do senhor Buffon, falta-vam-lhes somente os olhos de cristal. Vi também uma excelente coleção de borboletas, insetos, quadrúpedes e peixes do mar próximo ao Rio de Janeiro.

Tenho a intenção de adquirir topázios e outras pedras do país, excetuando diamantes, cuja venda é proibida. Quando tiver me restabelecido um pouco, coletarei algumas plantas pelas redondezas. Pretendo dedicar à casa de Bragança e à casa do senhor Vasconcelos os dois primeiros espécimes novos que vier a descobrir. Creio que permaneceremos no Rio de Janeiro por pelo menos cinco meses, pois será necessário erguer o navio para verificar se a quilha não está danificada.

Fiz uma lista de todas as madeiras utilizadas na carpintaria e adquiri duas tábuas de cada espécie — procedi da mesma maneira no Chile. O tempo curto da arribada, minha pouca habilidade, o estado de penúria em que me encontro e a debilidade da minha saúde não me permitirão fazer tudo o que desejo. Procurarei, no entanto, aproveitar todas as oportunidades para bem ocupar o meu tempo.

Deixaremos o Rio de Janeiro, com destino a Cádiz, no final do mês de outubro ou começo do mês de novembro. A navegação, entretanto, não será desprovida de incômodos, pois alcançaremos a costa da Espanha em pleno inverno.

Quanto mais me demoro neste lugar, mais aumenta o desgaste da minha coleção. Os metais estão se decompondo e as plantas, apesar de bem encaixotadas, não param de se deteriorar — a falta de ventilação e uma série de outras circunstâncias têm colaborado para tal. Minhas despesas aumentam de dia para dia.

As chuvas quase contínuas não me têm permitido herborizar no Rio de Janeiro. E a região é bastante fértil, em virtude tanto de sua localização quanto da umidade do ar. Do pouco que consegui ver, tudo era novo para mim.

Durante a pequena excursão que fiz pelos arredores da cidade, encontrei o *Dalechampia scandes* e duas espécies novas que denominei *D. cordifolia* e *D. triphylla*. O *Dalechampia scandes* de linho é trilobado. Encontrei também uma espécie nova de *Lythrum*, empregado com sucesso no combate às doenças venéreas. O Brasil é fértil em diferentes tipos de palmeiras, que descreveria com detalhes se me encontrasse em situação mais favorável.

No momento, desejo somente retornar para a Europa e encontrar um meio de desembaraçar-me da alfândega de Cádiz. Minhas caixas estão num estado tal que será impossível abri-las sem destruí-las.

EDIÇÃO UTILIZADA

HAMY, Jules Theodore Ernest. *Joseph Dombey, médecin, naturaliste, archéologue, explorateur du Pérou, du Chili et du Brésil (1778-1785)*. Paris, E. Guilmoto, 1905, Carta XXX (a André Thouin), p. 105-108; Carta XXXI (a André Thouin), p. 111-112.

BIBLIOGRAFIA

GONZALES DE LA ROSA, Manuel. "El Naturalista Dombey y su viaje al Peru". In: *Revista Histórica*, IV, Lima, 1909, p. 184-188.
HAMY, Jules Theodore Ernest. *Joseph Dombey, médecin, naturaliste, archéologue, explorateur du Pérou, du Chili et du Brésil (1778-1785)*. Paris, E. Guilmoto, 1905.

Os fundadores da Austrália

Retornamos [18] aqui à viagem das 11 embarcações que, a 12 de maio de 1787, zarparam de Portsmouth com a missão de iniciar a colonização da Nova Gales do Sul (Austrália). Retornamos à expedição que ficou conhecida como a Primeira Frota.

As embarcações dessa bem-sucedida empresa colonizadora lançaram ferro na baía de Guanabara no dia 5 de agosto de 1787, aí permanecendo por um mês (4 de setembro). De sua passagem pelo porto carioca restaram, pelo menos, cinco testemunhos. Em Visões do Rio de Janeiro colonial publicamos três deles: o do almirante Arthur Phillip, o do cirurgião-mor da esquadra John White e o do tenente-capitão Watkin Tench. Apresentamos a seguir mais duas perspectivas da visita.

A primeira é assinada por John Hunter (1738-1821), capitão do Syrius, navio da frota que conduzia o futuro governador das povoações da Nova Gales do Sul, Arthur Phillip. Hunter vinha de uma carreira ascendente na marinha, para a qual entrara em 1754. Depois da viagem de 1787, ele alcançou, a despeito de alguns tropeços — entre os quais a perda do Syrius, em 1790 —, o posto de vice-almirante e ocupou, entre os anos de 1795 e

---

[18] Sobre a viagem dos fundadores da Austrália, ver: Visões do Rio de Janeiro colonial. Antologia de textos (1531-1800), p. 237-263.

1801, o cargo de governador da Nova Gales do Sul. A segunda foi traçada por William Bradley (1758?-1833), que também viajava no Syrius, *mas na qualidade de primeiro-tenente. Bradley, tal como Hunter, entrara cedo para a marinha. Sua carreira, contudo, foi bem menos brilhante e rendeu-lhe alguns dissabores, obrigando-o, no fim da vida, a suplicar uma modesta pensão da Royal Navy. As duas narrativas que se seguem, somadas às três já editadas, oferecem um bom panorama do Rio de Janeiro em 1787.*

JOHN HUNTER

Passamos pelo paralelo a 4°30' oeste e durante vários dias ficamos à procura da Ilha de Ascensão, a qual, dizem os portugueses, está situada entre Trindade e a costa do Brasil — há, no entanto, muitas dúvidas quanto à existência dessa ilha. Nada encontramos até o dia 3 de agosto, quando avistamos Cabo Frio. À meia-noite, achávamo-nos a 5 ou 6 milhas a norte desse local, cuja longitude, segundo o nosso relógio astronômico, é 41°40' a oeste do meridiano de Greenwich e sua latitude é 22°58' a sul. O cabo é uma ilha distante 2 ou 3 milhas da terra firme.

Entre Cabo Frio e o Rio de Janeiro, a 18 ou 20 léguas de distância, o tempo estava instável e relampejava muito. Durante o percurso, em momento algum nos aproximamos da costa menos de 5 ou 6 milhas. A essa distância, a profundidade é de 30 braças e o fundo é mole; a 4 léguas, a profundidade é de 42 ou 43 braças, com o mesmo tipo de fundo.

No dia 6 de agosto, uma leve brisa marítima conduziu-nos até umas ilhas situadas na entrada do porto. O comboio passou a noite ancorado, sobre um fundo claro e mole de 14 braças, entre as ilhas Rasa e Redondo. Na manhã seguinte, um oficial foi enviado à cidade com a incumbência de explicar ao vice-rei quem éramos e qual o motivo da nossa arribada. Na tarde do dia 7, aproveitando uma brisa marítima, o comboio fez vela em direção ao porto.

Ao passarmos pelo forte de Santa Cruz, saudamo-lo com 13 tiros de canhão, os quais foram respondidos, um a um, pela fortaleza. Fomos lançar âncora em frente à cidade, a uma profundidade de 17,5 braças, num fundo escuro e mole, com a proa para sudoeste e a popa para noroeste; o forte de Santa Cruz ficou a sul 36°00' oeste; o Pão de Açúcar, a sul 7°00' leste; e o mastro da bandeira, localizado na Ilha das Cobras, a norte 78°00' oeste, distante cerca de 1 milha e meia da urbe. A caminho do porto, o vento estava muito fraco e os nossos navios, que navegavam lado a lado, foram arrastados pela maré. Vendo o que se passava, o piloto português, a bordo do *Syrius*, manifestou muita inquietação. Os portugueses só autorizam a entrada na embocadura do porto de uma única embarcação por vez. Era, contudo, totalmente desnecessário advertir os marujos ingleses do suposto perigo, pois eles sabem muito bem como conduzir as suas embarcações com segurança.

Ao lançarmos âncora, as condições de salubridade das nossas naus eram bastante boas. Desde que deixamos a Inglaterra, tivemos somente 16 baixas, seis das quais no trajeto entre Tenerife e o Rio de Janeiro. Essa parte da viagem é, sem sombra de dúvida, a mais penosa de todas, sobretudo para aqueles que não estão acostumados ao clima quente e a uma dieta à base exclusivamente de alimentos salgados. Muitos daqueles que perdemos na travessia tinham embarcado em Portsmouth já contaminados por infecções diversas. Evidentemente, sob tais condições, poucas esperanças poderiam ser depositadas na sua recuperação.

No tocante a doenças, quatro passageiros estavam com febre, uns poucos apresentavam males insignificantes e 20 ou 30 manifestavam sintomas de escorbuto. A propósito desse mal, buscamos erradicá-lo enquanto estivemos no porto do Rio de Janeiro. Logo que ancoramos, providenciamos provisões frescas e tratamos de distribuí-las entre os soldados, os marinheiros e os condenados. Providenciamos igualmente alguns vegetais, os quais, em pequenas cotas, foram diariamente distribuídos entre os homens. Os condenados receberam, ainda, uma ração suplementar de laranjas. Esse e outros frutos tropicais abundavam na cidade e eram vendidos a um preço irrisório. Havia tanta fartura que de vez em quando um barco passava pelos nossos navios e lançava uma chuva de laranjas sobre os marujos.

Dez dias neste porto bastaram para que os condenados adquirissem um estado de saúde melhor do que aquele de que gozavam quando deixaram Spithead. Certos homens, contrários aos desígnios dessa expedição, quiseram levar o mundo a crer que uma febre maligna grassava entre a tripulação e que éramos obrigados a lançar ao mar mais de dez cadáveres por dia. As boas notícias que enviamos daqui para a Inglaterra mostrarão o quão distantes da verdade são tais afirmações. Todos esperavam que tivéssemos alguns doentes a bordo, afinal, levávamos muitos homens confinados num pequeno espaço. Alguns industriosos senhores, contudo, exageraram muitíssimo no número de baixas que divulgaram para o público. Arrisco-me a dizer, com pouca probabilidade de errar, que poucas cidades da Grã-Bretanha com população de 1.500 habitantes (número de homens que tínhamos a bordo) teriam, em igual período de tempo, tão poucas baixas e tão poucos doentes.

Nesta cidade fomos tratados com extrema civilidade e polidez. Um dia ou dois após a nossa chegada, todos os oficiais da frota foram cumprimentar o vice-rei, que pareceu desejoso, dentro do possível, isto é, dentro dos limites impostos pelas determinações da corte de Portugal acerca dos estrangeiros, de fazer com que a nossa estada no lugar fosse proveitosa e agradável.

É costume por aqui um barco-patrulha rodear dia e noite o navio estrangeiro desde o instante em que este ancora no porto. Quando um bote desse navio vai à terra, um soldado é colocado a bordo e aí permanece enquanto durar a visita. Dizem que essas práticas são para coibir o contrabando, crime que é punido com extrema severidade. Uma vez em terra, o visitante é acompanhado, aonde quer que vá, por um soldado. Essa vigilância teria sido bem pouco apreciada por nós. Felizmente, fomos autorizados a passear livremente por onde nos aprouvesse, excetuando as fortalezas; tal privilégio jamais fora concedido a nenhum estrangeiro.

WILLIAM BRADLEY

Na segunda-feira, dia 6, ao nascer do sol, enviamos um oficial ao porto, incumbido de contatar o vice-rei e de informar-lhe quem éramos e quais os motivos da nossa arribada. Às 11 horas da manhã, o oficial retornou e comunicou ao capitão que o vice-rei muito prontamente dispusera-se a atender às nossas demandas, comprometendo-se a fornecer tudo o que fosse necessário para o comboio e para os condenados.

Na terça-feira, dia 7, à 1 hora da tarde, começou a soprar uma brisa marítima. Levantamos âncora e, depois que o capitão do porto subiu a bordo, seguimos para a entrada. Soprava um vento de pouca intensidade, o que nos obrigou a navegar perto da margem leste, onde está o forte de Santa Cruz. Ao passarmos, saudamo-lo com 13 tiros de canhão, os quais foram imediatamente respondidos em igual número. Às 7 horas, o *Syrius*, o brigue *Supply* e todo o comboio lançaram âncoras num fundo de 17 braças, próximo à cidade de São Sebastião. Ao dirigirmo-nos para o ancoradouro, observamos que a profundidade do lado de fora da entrada, junto à banda leste, reduz-se gradualmente para 6 e 7 braças e, subitamente, aumenta para 18 e 20 braças, baixando novamente, à medida que se navega para as proximidades de São Sebastião, para 20, 18 e 16 braças. Os navios normalmente devem seguir baía acima e contornar a Ilha das Cobras. Essa ilha, situada próximo ao extremo norte da cidade, é bem fortificada e conta com ótimos armazéns, dos quais podem se servir os navios que aí estiverem querenando e reparando. Se a necessidade tornar inadiável a busca desses serviços, a embarcação pode passar entre o Pão de Açúcar e uma ilha situada do lado de fora da baía e, depois, a oeste da Ilha da Laje, localizada na entrada da baía. Entre esta ilha — que não passa de um rochedo fortificado — e o forte de Santa Cruz, forma-se um canal bastante estreito, com recifes a oeste e com o fundo muito sujo. O mais aconselhável, em todos os casos em que seja possível, é usar a passagem da Ilha Rasa, a qual garante segurança, comodidade e rapidez.

Na quarta-feira, dia 8, o capitão Phillip, acompanhado dos oficiais do esquadrão e da guarnição, desembarcaram e foram cumprimentar o vice-rei. Todos foram recebidos muito amigavelmente. O vice-rei, contrariando os costumes locais, permitiu que os oficiais ingleses caminhassem por onde lhes aprouvesse, sem estarem sujeitos àquelas restrições impostas ao capitão Cook — restrições que tanto incomodaram o capitão e outros estrangeiros que passaram pelo Rio de Janeiro.

No dia 9, o capitão Phillip e o senhor Dawes foram vistoriar um cômodo que havia sido disponibilizado para a instalação do cronômetro e de outros instrumentos de observação. O lugar não se mostrou adequado, o que levou o capitão a solicitar que o vice-rei o autorizasse a instalar os tais instrumentos na Ilha das Enxadas, situada a norte da cidade. Depois de concedida a autorização, no dia 11, montamos um acampamento no local. No dia 12, os instrumentos foram desembarcados e fixados, sob a supervisão do senhor Dawes. No dia 13, o cronômetro foi levado para o acampamento e todos os barcos de transporte foram rigorosamente proibidos de aportar na ilha. No dia 17, uns astrônomos portugueses que estavam encarregados de determinar a posição de alguns pontos da costa e do interior do país vieram nos visitar.

No dia 17, dia do aniversário do príncipe do Brasil, a bandeira portuguesa foi hasteada a bordo do *Syrius*. Nessa data é costume que todos os militares levem os seus cumprimentos ao vice-rei e que o general de um dos fortes faça uma saudação em nome dos demais. Observando esse costume, o capitão Phillip, acompanhado de seus oficiais, fez uma visita ao vice-rei e ordenou que o *Syrius*, quando dos disparos do forte, executasse uma saudação real. O comportamento amigável do vice-rei e a atenção que nos dispensaram os oficiais portugueses eram razões mais do que suficientes para que os oficiais ingleses se sentissem contentes em ir à terra cumprimentá-los. Ao sairmos, as sentinelas aguardavam-nos, mas aparentemente por pura formalidade, pois os barcos de transporte, normalmente, se dirigiam para qualquer ponto do cais sem serem seguidos ou estarem sujeitos a qualquer tipo de restrição.

A cidade é bem-abastecida com água, que pode ser recolhida numa fonte situada no cais, em frente ao palácio. A água sai por umas bicas e é conduzida aos barris, colocados a bordo dos botes, por meio de uma mangueira. Abastecemo-nos com carne fresca e com todos os vegetais que pudemos encontrar. Os inhames são os maiores do mundo e as laranjas, tão abundantes e baratas que, frequentemente, as sentinelas se divertiam lançando de seus botes algumas centenas delas sobre a cabeça dos condenados que estavam nos navios de transporte.

A saúde dos condenados, que se deteriorara pouco durante essa parte da viagem, recompôs-se rapidamente graças às provisões frescas, aos vegetais e, muito frequentemente, às frutas que lhes dávamos. Morreram somente 14 deles, a maior parte dos quais tinha embarcado enferma. É impossível dizer se teriam sobrevivido caso tivessem permanecido na Inglaterra.

Os equipamentos do navio sofreram forte desgaste no decorrer da viagem. Os conveses e os tombadilhos superiores estavam de tal modo esburacados que fomos obrigados a empregar todos os calafates que tínhamos para repará-los. Os frisos dos revestimentos de cobre não ofereciam qualquer segurança, e vimo-nos obrigados a retirá-los e lavá-los de ambos os lados. Enquanto o navio era erguido, aproveitamos para fixar dois novos frisos. Resolvemos retirar dois pinos e dois pregos de 12 polegadas que estavam abaixo da cinta para fixá-los no revestimento de cobre — veremos, ao longo da viagem, se haverá algum inconveniente nesse procedimento.

O senhor Morton, mestre do *Syrius*, depois de se ter ferido na passagem por Tenerife, ficou incapacitado de trabalhar. Essa perda foi realmente grande para o navio, pois ele era um homem laborioso, experimentado e muito bem-qualificado para o cargo. Os senhores Seally e Rotton, contramestres, também estavam incapacitados, e seu estado de saúde era tal que resolvemos dispensá-los do trabalho e embarcá-los num navio que rumava para Londres, dando-lhes uma boa oportunidade de retornar à Inglaterra. O senhor Kelty, um mestre que servia a bordo de um dos navios de carga, ocupou o posto de mestre no *Syrius*.

No dia 1º de setembro estávamos prontos para o mar. Os instrumentos astronômicos foram, então, embarcados. A variação do cronômetro, em 12 dias de observação, foi de 2'28" por dia.

No dia 2, o capitão Phillip e os oficiais despediram-se do governador. No dia 4, ao nascer do sol, levantamos âncora e, aproveitando uma leve brisa, navegamos para norte. Um pouco antes das 7 horas chegamos à altura do forte de Santa Cruz, que nos saudou com 21 tiros de canhão — sem dúvida, em retribuição ao dia em que salvamos o aniversário do príncipe do Brasil. Essa última grande manifestação de apreço foi imediatamente respondida pelo *Syrius*, com igual número de disparos. Ao alcançarmos o exterior da baía, o capitão do porto deixou-nos.

O capitão Phillip mandou recolher mudas de quase todos os tipos de plantas que crescem na região, mudas de cochinilha, de café, de jalapa, de limão, de tabaco, de coco, de laranjas de diferentes tipos, de lima doce, de limão e de goiaba. Mandou, ainda, adquirir sementes daqueles espécimes cujas mudas eram difíceis de levar.

Logo que deixamos o porto, avistamos dois navios e resolvemos rumar em sua direção. O *Supply* aproximou-se deles e soube que se tratava de navios portugueses que vinham do Porto (de onde tinham saído em junho) e rumavam para o Rio de Janeiro. A única novidade que traziam de Portugal era a de que o vice-rei seria substituído e que seu sucessor deveria ser aguardado para breve.

EDIÇÕES UTILIZADAS

O diário de navegação de John Hunter foi publicado pela primeira vez na cidade de Londres, em 1773, sendo reeditado no mesmo ano. Depois disso, o relato só conheceria uma nova edição em 1968, preparada por John Bach e patrocinada pela The Royal Australian Historical Society. Utilizamos a edição de 1793, sem dispensar uma consulta às notas e à introdução que acompanham a edição de 1968.

Quanto ao diário de William Bradley, o texto foi publicado tardiamente (1969) e uma única vez. Essa edição é um fac-símile do manuscrito original, conservado na Biblioteca Pública de Nova Gales do Sul.

HUNTER, John. *An Historical Journal of the Transaction at Port Jackson and Norfolk Islands*. Londres: John Stockdale, 1793, p. 17-28.

BRADLEY, William. *A Voyage to New South Wales, The Journal of Lieutenant William Bradley RN of HMS Syrius, 1786-1792*. Sydney: The Trustees of the Public Library of New South Wales in association with Ure Smith Pty Ltd., 1969, p. 32-39.

BIBLIOGRAFIA

CRITTENDEN, Victor. *The Voyage of the First Fleet, 1787-1788*; Taken from Contemporany Accounts. Camberra: Mulini Press, 1981.

GILLEN, M. *The Founders of Australia. A Biographical Dictionary of the First Fleet*. Sydney: Library of Australian History, 1989.

HUNTER, John. *An Historical Journal of the Transaction at Port Jackson and Norfolk Islands*. Editado por John Bach. Sydney: Angus & Robertson Ltd., 1968.

MOORE, John. *The First Fleet Marines, 1786-1792*. Brisbane: University of Queensland Press, 1987.

PHILLIP, Arthur. *The Voyage of Governor Phillip to Botany Bay*. Londres: John Stockdale, 1789, cap. IV, p. 29-35.

_____. *The Voyage of Governor Phillip to Botany Bay*. Introdução e anotações de James J. Auchmuty. Publicado em associação com The Royal Australian History Society. Sydney: Angus and Robertson, 1970.

RUTTER, Owen. *The First Fleet. The Record of the Foundation of Australia from its Conception to the Settlement at Sydney Cove...* Introdução e notas de Owen Rutter. Londres: The Golden Cockerel Press, 1937.

TAUNAY, Afonso de Escragnolle. *No Rio de Janeiro dos vice-reis*. São Paulo: Anais do Museu Paulista, tomo XI, 1943.

_____. *Rio de Janeiro de antanho. Impressões de viajantes estrangeiros*. São Paulo: Companhia Editora Nacional, 1942.

TENCH, Watkin. *Sydney's First Four Years. Being a Reprint of a Narrative of the Expedition to Botany Bay, and a Complete Account of the Settlement at Port Jackson*. Introdução e notas de L. F. Fitzhardinge. Sydney: Angus & Robertson, 1961.

_____. *A Narrative of the Expedition to Botany Bay*. Londres: J. Debrett, 1789, cap. V, p. 20-32.

WHITE, John. *Journal of a Voyage to New South Wales*. Londres: J. Debrett, 1790, p. 44-76.

George Hamilton

Não é muito o que conseguimos apurar sobre George Hamilton, o cirurgião inglês que passou pelo Rio de Janeiro no início do ano de 1791. Hamilton iniciou sua carreira naval em 1777, a bordo do HMS Tortoise. Sua larga experiência marítima — ele serviu na guerra de independência americana e participou de algumas viagens às Índias Orientais — fez com que fosse comissionado, em agosto de 1790, para cirurgião da Pandora, uma fragata de 24 canhões. A embarcação, que estava sob o comando do capitão Edward Edwards, em breve zarparia com uma missão assaz complicada: encontrar, numa das centenas de ilhas dos Mares do Sul, os amotinados do navio Bounty.[19]

A Pandora deixou o porto de Portsmouth a 7 de novembro de 1790 e no dia 22 do mesmo mês ancorou em Santa Cruz de Tenerife. A travessia do Atlântico, iniciada a 25 de novembro, não foi, pelo que conta o cirurgião Hamilton, muito agradável. A tripulação, em sua esmagadora maioria,

---

[19] Sobre o motim a bordo do Bounty, ver: Mutiny on the Bounty: the Story of Captain William Bligh, Seaman, Navigator, Surveyor, and of the Bounty Mutineers. Sydney: State Library of New South Wales, 1991; Beícher, Diana Jolliffe. Mutineers of the Bounty. Nova York: AMS Press, 1980; Bligh, William. A Voyage to the South Sea, Undertaken by Command of His Majesty, for the Purpose of Conveying the Bread-Fruit Tree to the West Indies in His Majesty's Ship the Bounty. Londres: George Nicol, 1792.

padeceu com o calor e com uma febre que começou a espalhar-se pela embarcação logo no início da viagem. Para alívio de todos, no dia 31 de dezembro, a fragata lançou âncora no porto carioca. Foram oito dias de descanso, sobre os quais o cirurgião deixou as curtas mas curiosas observações que se seguem.

O termômetro variava entre 79ºF e 80ºF e nada se passou, excetuando as ocorrências normais de uma viagem marítima, até o dia 28 de dezembro, quando avistamos a terra do Brasil. Dois dias depois saudávamos um forte no Rio de Janeiro com 15 tiros de canhão, os quais foram imediatamente respondidos.

Logo que lançamos âncora, um oficial veio comunicar ao capitão que era costume um destacamento subir a bordo da embarcação, mas que tal seria deixado de lado por ofender a dignidade da bandeira britânica. Disse ainda que, enquanto o capitão Edwards não tivesse desembarcado para cumprimentar o vice-rei e o protocolo não estivesse estabelecido, o barco não seria abordado.

Depois de realizarmos a visita de praxe ao vice-rei, este colocou suas carruagens à disposição dos oficiais britânicos. Na ocasião, o senhor Le Font — um cirurgião-geral que falava inglês fácil e fluentemente —, demonstrando grande polidez e atenção para conosco, conduziu-nos pelas principais ruas da cidade até o jardim público.

O jardim, obra do último vice-rei, foi construído com muito gosto e gastos. Ao longo de toda a extremidade que dá para o mar edificou-se um belo terraço, frequentado pelas pessoas da moda. Em cada uma das extremidades desse terraço há um cômodo octogonal, magnificamente mobiliado, onde por vezes são realizadas reuniões vespertinas. Nas suas paredes estão pintados diversos artigos produzidos e comercializados pela América do Sul. Há representações da extração de diamantes, do processo de preparação do índigo, do plantio e colheita do arroz, de uma plantação de cana-de-açúcar, da pesca da baleia nos Mares do Sul etc. Tudo isso intercalado com vistas do país e de diversos quadrúpedes que o habitam. O teto de um dos recintos é decorado com figuras de peixes do continente e o outro, com figuras de pássaros. A cornija do primeiro foi adornada com um trabalho feito com conchas dos mais variados tipos encontrados no país, reproduzindo toda a diversidade de peixes da América do Sul. A cornija do outro é decorada com penas, combinadas de modo a produzirem um belo efeito. No teto desse recinto estão pintados, com toda a exuberância de suas plumagens, os pássaros e as aves do país. O mobiliário é extremamente requintado, e o lugar como um todo oferece a um viajante ocioso um agradável descanso e, ao mesmo tempo, uma vista de olhos sobre a história natural deste vasto continente.

No centro do dito terraço encontra-se uma grande palmeira de cobre, de cujas folhas esguicham generosos jatos de água. Essa *árvore* está sobre uma bem-construída gruta, de onde sai um caminho de cascalho, que passa por debaixo do terraço e termina no caminho principal. Na entrada dessa gruta há dois grandes jacarés de cobre, que despejam água numa bela bacia de mármore branco, repleta de peixes dourados e prateados. A copa das laranjeiras e de outras elevadas e cerradas árvores, dispostas em diferentes partes desse jardim, pode abrigar cerca de mil pessoas. Debaixo delas, as ninfas libertinas levam a termo suas pândegas noturnas.

As intrigas amorosas, contudo, vêm sempre acompanhadas de grandes perigos. Aqui, os estiletes são muito utilizados, os assassinatos são frequentes, os homens são possuídos por um ciúme sanguinário e as mulheres, que nunca aparecem em público sem a proteção de um véu, são muito dadas à galanteria. Bougainville, o circum-navegador francês, quando passou por este porto, teve seu capelão assassinado em virtude de uma querela amorosa. Desde então, ordens foram dadas no sentido de que todos os oficiais estrangeiros em terra fossem acompanhados por oficiais comissionados, e os particulares, por soldados. Todos, ao desembarcar, são indistintamente conduzidos por suas escoltas ao guarda-mor. Os portugueses têm muito medo de que os estrangeiros, sob o pretexto de adquirir artigos para seu uso, pratiquem o contrabando e facilitem a saída de dinheiro do país. Por isso, desde a hora em que desembarca, o visitante é escrupulosamente vigiado e escrutado. Pela mesma razão, ele não pode adquirir nenhum bem de um mercador sem que este, antes de fechar o negócio, consulte o oficial de polícia acerca do preço que deve cobrar pelo artigo. Desse modo, o estrangeiro tem sempre a satisfação de ser roubado por meio de uma ação deliberada.

O comércio deste país é, em decorrência da política inadequada adotada pela metrópole, muito pequeno. Ainda que nele abunde tudo o que a terra produz, a riqueza está longe de ser bem-distribuída, e o espírito de revolta cresce entre os colonos. Durante a nossa arribada, foi descoberta uma manifestação prematura desse estado de ânimo (uma conspiração) e muitos dos principais da cidade foram lançados no cárcere, submetidos à forte vigilância de uma guarda e impedidos de manterem comunicação com quem quer que fosse. Com o propósito de controlar o espírito de rebelião que impera entre os colonos, os portugueses criaram um regimento de escravos negros, escravos que não hesitarão em tomar armas contra os seus mestres opressores. Todavia, mais cedo ou mais tarde, a revolução terá lugar na América do Sul. Quando isso ocorrer, as pequenas colônias britânicas, descobertas nos Mares Sul, desfrutarão de uma posição vantajosa.

Todos os serviços públicos desta cidade são feitos por escravos acorrentados. Esses trabalhadores, para mitigar sua penosa labuta, entoam uma triste e melancólica nênia recitativa, a qual, acompanhada pelo retinir das correntes, é a própria voz do infortúnio, despertando na alma uma simpatia e uma compaixão maior do que a mais elaborada peça musical.

As tropas são extremamente bem-fardadas e bem-disciplinadas, tanto as de infantaria quanto as de cavalaria. Os cavalos são pequenos mas vigorosos e prestam-se bem aos torneios, gênero de espetáculo bastante apreciado pelos habitantes locais, no qual cada cavaleiro demonstra o seu quinhão de habilidade.

A cidade, que é toda construída em pedra, é grande, conta com ruas retas e abriga belas igrejas, mosteiros e conventos. Sua população é de 40 mil habitantes. Tal como na velha Edimburgo, por aqui, cada andar abriga uma família, o que gera inúmeros inconvenientes e não faz da limpeza a virtude mais praticada.

Os oficiais do exército foram extremamente amáveis conosco e presentearam-nos com penas de um pássaro vermelho para ofertarmos aos selvagens que viríamos a encontrar.

As palavras são insuficientes para expressar os louváveis esforços e o infatigável zelo de meus valorosos companheiros, tenentes Corner e Hayward, para recolher e preservar as muitas plantas que poderiam nos ser úteis em Otaheite ou nas ilhas que eventualmente descobríssemos.

Deixamos, agora, para trás os nossos amigos e dissemos adeus à vida civilizada, com alguma pena e sem saber por quanto tempo. O tenente Hayward terminou suas observações astronômicas em terra e subiu a bordo com seu cronômetro e demais instrumentos. Na manhã do dia 8 de janeiro de 1791 demos prosseguimento à nossa viagem.

EDIÇÃO UTILIZADA

O relato de Hamilton foi editado pela primeira vez em Berwick, no ano de 1793. A essa edição, hoje bastante rara, seguiram-se mais duas, uma em 1915 e outra em 1999. A primeira reedição foi preparada por Basil Thomson e a segunda é um fac-símile da edição de 1793, acompanhado por uma excelente introdução assinada por Peter Gesner. Utilizamos a edição de 1793, pois somente depois de microfilmada e traduzida a narrativa tomamos conhecimento da existência da cuidada edição de 1999.

HAMILTON, George. *A Voyage Round the World, in His Majesty's Frigate Pandora. Performed Under the Direction of Captain Edwards in the Years 1790, 1791, and 1792.* Berwick: W. Phorson; Londres: B. Law and son, 1793, p. 12-19.

BIBLIOGRAFIA

Soulié, Maurice. *L'Équipage révolté*. Paris: Marpon et cie. [c 1927].

Hamilton, George. *Voyage of HMS Pandora. Despached to Arrest the Mutineers of the Bouty in the South Seas, 1790-1791*. Introdução e notas de Basil Thomson. Londres: Francis Edwards, 1915.

_____. *A Voyage Round the World, in His Majesty's Frigate Pandora*. Fac-símile da rara edição de 1793, com um estudo introdutório por Peter Gesner. Sydney: Hordern House for Australian National Maritime Museum, 1999.

A embaixada de lorde Macartney

Em 1792 Jorge III, com o intuito de tornar as relações com os chineses mais cordiais e, sobretudo, mais produtivas, resolveu enviar à China uma missão diplomática — a primeira que a nação mais poderosa do mundo ocidental enviava ao gigante do Oriente.[20] *À frente dessa importante missão, preparada com extremo cuidado pela Coroa, estava o renomado lorde George Macartney (1737-1806), um homem com larga experiência político-diplomática e excelente conhecimento dos povos do Oriente.*

A embaixada, a despeito de todos os cuidados que foram tomados na escolha dos seus membros, redundou num enorme fracasso. E isso por um motivo aparentemente banal: o representante inglês recusou-se a fazer o kotow *(três genuflexões, seguidas de três prosternamentos, com a fronte batendo nove vezes no chão) diante do imperador chinês. Lorde Macartney julgou o ritual* demasiado ultrajante para seu país.

A caminho do grande fiasco diplomático, a comitiva, a 30 de novembro de 1792, entrou na baía de Guanabara, aí permanecendo até 17 do mês seguinte. Em Visões do Rio de Janeiro colonial *traduzimos três descrições dessa curta estada: a de sir George Leonard Staunton (1737-1801), secretário*

---

[20] Sobre a embaixada de lorde Macartney, ver *Visões do Rio de Janeiro colonial. Antologia de textos (1531-1800)*, p. 268-318.

da embaixada, a de John Barrow (1764-1848), intendente da missão, e a do criado pessoal do embaixador, Aeneas Anderson. A seguir, o leitor encontrará mais duas perspectivas da visita. A primeira é da lavra de Sir Erasmus Gower (1742-1814), um marinheiro experimentado em viagens às Índias Orientais e à China que integrava a embaixada na qualidade de capitão do Lion, *navio em que viajava lorde Macartney. A segunda é da autoria de um soldado da guarda privada do embaixador, Samuel Holmes, que viajava a bordo do* Hindostan.

ERASMUS GOWER

No dia 30 de novembro, o vento soprava moderadamente e o céu estava claro. Passamos ao largo de uma pequena ilha rochosa, situada a 6 ou 7 milhas S.O., a 22°52' de latitude sul. Às 3h30 da manhã deixamos para trás a Ilha de Frio, localizada a 6 milhas O. 1/2. Somente quando atingimos N.E. 1/2 O., notamos que se tratava de uma ilha; ao alcançar esse ponto deve-se abrir até N.O. 3/4 O. Às 7 horas diminuímos as velas e, às 11, paramos voltados para oeste. Ao meio-dia sondamos a profundidade da água, que era de 34 braças, com um bom fundo preto. Às 2 horas da tarde tínhamos 42 braças, com o mesmo fundo; às 3 horas rumamos para noroeste. Às 8 horas da noite, estando tudo calmo, sondamos, baixamos uma chalupa e enviamos um oficial ao Rio de Janeiro, com a incumbência de contatar o governador e requisitar o auxílio de um piloto. Feito isso, baixamos âncora e alinhamos os cabos. Às 10 horas deslocamo-nos para nordeste, de modo a dar tempo à chalupa para alcançar o seu destino.

Durante o mês de novembro, 60 homens ficaram doentes: 43 já retornaram aos seus afazeres e 17 ainda não se recuperaram totalmente.

No dia 1º de dezembro, sábado, o tempo estava calmo, mas havia muitas nuvens carregadas do lado sudoeste. Às 2 horas resolvemos rumar para o porto do Rio de Janeiro. Tomei essa decisão porque o vento soprava favoravelmente e porque tinha pouca esperança de que a chalupa retornasse a tempo. A embocadura não apresenta qualquer perigo, pois, a cerca de 3 milhas do forte de Santa Cruz, situado do lado direito, a profundidade da água é de 17 a 18 braças. Ao atingir esse ponto deve-se dirigir para a barra, onde a profundidade varia entre 7 e 9 braças. Nas proximidades do forte a profundidade volta a ser de 17 e 18 braças. Há, do lado esquerdo da embocadura, quase em frente ao forte de Santa Cruz, uma outra fortaleza, que foi construída sobre uma ilhota rochosa. Entre as duas fortificações está o canal que dá acesso ao porto. Seguindo pelo meio dessa passagem, a embarcação navega em completa segurança.

Ao passar pelo forte de Santa Cruz, todo navio, logo que se achar em segurança, deve lançar âncora. Para abreviar essa detenção, é recomendável enviar um bote na frente, com um oficial encarregado de informar às autoridades do Rio de Janeiro quem você é. Esse bote será detido no canal e obrigado a ir à terra. Depois de desembarcar, o oficial deve prestar esclarecimentos ao vice-rei. Tomadas essas providências, quando o navio alcançar a referida fortaleza, todas as dificuldades já terão sido removidas. A ausência de tais precauções, no entanto, não impede que o navio avance, caso o vento ou outro fator qualquer o obrigue a isso.

Entramos sem a ajuda de um piloto e lançamos a âncora de proa num fundo de 15 braças. Os cabos foram amarrados nas direções S.E.S. e N.O.N. A âncora de popa foi lançada para sul, num fundo de 18 braças. O Pão de Açúcar ficou a S.E. 3/20 E., o forte de Santa Cruz, a S.O.S., e um convento e uma elevação existentes do lado sul da cidade, a S.O.O. Ambas as âncoras foram lançadas em fundo mole. Encontramos muitos navios ancorados nesse porto, navios portugueses sobretudo, mas não só. Havia também embarcações inglesas, espanholas e holandesas, que vinham fazer reparos e adquirir provisões.

A noite foi tempestuosa, com muitos relâmpagos e chuva pesada. Na manhã do dia seguinte o vento soprou forte de S.O., provocando muita agitação no interior do porto. Os marujos, nesse dia, ocuparam-se da desmontagem dos mastros (exceto dos menores) e do descarregamento, vistoria e reparação das embarcações.

Logo que iniciamos esses trabalhos fomos abordados por um bote português, que trazia alguns senhores. Estes perguntaram-nos de onde vínhamos, qual era o número de canhões e de homens da nossa embarcação, quais eram as nossas necessidades e qual o nosso destino. Depois que respondi a tudo por escrito e assinei o documento, os portugueses prometeram que seriam tolerantes e que nos dariam toda a assistência possível. Pouco depois, fomos saudados com 13 tiros de canhão, os quais foram respondidos um a um.

Notas sobre a arribada no Rio de Janeiro

No domingo, 2 de dezembro, ventou forte e caíram pancadas de chuva. As águas da baía estavam agitadas, indicando forte tempestade no mar. Nesse dia desmontamos o mastro principal, que estava danificado, e o colocamos no convés. Os carpinteiros foram encarregados de repará-lo. Os marujos cuidaram do aparelhamento, e os veleiros, calafates e armeiros foram incumbidos de diferentes trabalhos; os tanoeiros iniciaram a montagem dos barris para a aguada. A propósito da aguada, a ondulação dificultou enormemente essa operação; como se isso não bastasse, muitos cordames, argolas e correias dos nossos barris estavam podres.

A água do Rio de Janeiro é de excelente qualidade. Proveniente da região que circunda a cidade, essa água é captada por um enorme aqueduto e distribuída por uma fonte de seis bicas: duas destinadas a servir às tripulações dos navios e as outras à população local. Não quer isso dizer que uma esquadra numerosa não possa fazer a aguada aqui; contudo, arrisco-me a afirmar que o artigo é escasso e difícil de ser obtido. Para colher a água da referida fonte usa-se uma espécie de tubo de lã ou lona, sem ter de retirar os barris do bote. Os navios podem obter nesse porto carne, vegetais e frutas, tudo a preços razoáveis.

A baía encontra-se a 22°54' de latitude sul e a 42°44' de longitude oeste; a agulha varia 4°55' oeste. A maré sobe completamente e muda de N.O.N. para S.E.E. em sete horas e meia. Pode-se requisitar um piloto para entrar, mas julgo que isso não é necessário.

O regulamento do porto, referente à tripulação de navios estrangeiros, determina que todo aquele que queira desembarcar o faça somente no lugar da aguada. Para zelar pelo cumprimento dessa regra, um soldado acompanha os estrangeiros que vão à terra, segue-os por todos os lados e só os larga no momento em que embarcam.

Na segunda-feira, o tempo estava instável, com pancadas de chuva frequentes. Os homens fizeram os mesmos trabalhos de ontem. Recebemos 371 libras de carne fresca. A forte ondulação dificultou muito a aguada.

Na terça-feira, o tempo estabilizou, mas permaneceu encoberto. Recebemos seis pipas de rum do *Hindostan* e 371 libras de carne fresca da terra. Os homens trabalharam na recuperação do casco, que estava com buracos, e na aparelhagem.

Na quarta-feira, o tempo voltou a ficar instável, o vento soprou forte, com rajadas de S.E., e as pancadas de chuva foram frequentes. Os homens ocuparam-se das manobras, da suspensão do mastro principal e da aguada; os calafates vistoriaram o navio e iniciaram sua calafetação. Recebemos 70 braças de cabos de 21 polegadas e 379 libras de carne fresca. Nesse mesmo dia arrumamos o botaló e remetemos 20 pipas de pão para o *Hindostan*.

Na quinta-feira, o céu estava claro e soprava uma brisa fresca. Muitos dos homens foram utilizados na recuperação dos navios. Recebemos 401 libras de carne fresca.

Na sexta-feira, o tempo continuou bom. O embaixador desembarcou e foi recebido por uma guarda de oficiais montada. As naus armaram e dispararam 15 tiros de canhão. Quando desembarcamos, a guarnição saudou-nos com 16 tiros de canhão, os quais foram respondidos pelos navios. O embaixador foi, então, escoltado até sua casa por um batalhão de cavalaria, comandado por um capitão e um auxiliar, e foi recebido por um capitão da guarda de infantaria. Concluída a cerimônia, todos retiraram-se, com exceção das sentinelas, que permaneceram de guarda na porta da casa cedida ao embaixador. Os homens da aguada, os carpinteiros e os calafates cuidaram da reparação do navio. Nesse mesmo dia entrou no porto o *Hero of London*, baleeiro inglês que há 21 meses andava à caça de baleias nos Mares do Sul. Essa embarcação, depois de uma proveitosa viagem, na qual capturou 69 baleias, passou pelo forte de Callao em busca de provisões.

No sábado, o tempo estava nublado. Os homens ocuparam-se de tarefas diversas e os pintores iniciaram os trabalhos na popa. Recebemos, do *Hindostan*, 365 libras de carne fresca, dez barris de carne de vaca, 11 barris de carne de porco e três caixas de açúcar.

No domingo, o dia estava claro. Os homens desempenharam as mesmas atividades de ontem. Recebemos 357 libras de carne fresca. Ordenei que fossem polidos o mastro de mezena e o mastro principal e que fossem pintados o mastro de contramezena e o gurupés.

Na segunda-feira, o tempo estava estável. Recebemos 367 libras de carne fresca. Os homens desempenharam diferentes tarefas.

Na terça-feira o tempo amanheceu nublado e ventoso. Os homens ocuparam-se da aguada e de outras tarefas necessárias. Recebemos 28 pipas de pão do *Hindostan*. Os marujos William Thomas e Thomas O'Connor foram punidos com 12 chibatadas por bebedeira.

Na quarta-feira, o vento soprou moderado e choveu pouco. Amarramos a vela principal e o mastro grande. Recebemos 370 libras de carne fresca. O *Hero of London* fez vela. Os homens ocuparam-se de diferentes tarefas.

Na quinta-feira, o céu estava claro. Amarramos o mastro principal e terminamos de abastecer o navio com água e provisões. Os marujos encarregaram-se de colocar os barris de água sobre o convés (um estoque de 225 toneladas) e os pintores pintaram as laterais do navio. Recebemos 364 libras de carne fresca.

Na sexta-feira, os marujos L. Power e W. O'Connor foram punidos com 12 chibatadas por terem vendido suas roupas na cidade. Os marinheiros T. Henry, J. Evans, John Casey, C. Allen, W. Briggs, T. McCann, M. Willians e J. Hendersen receberam também 12 chibatadas por terem passado a noite em terra. Recebemos 360 libras de carne fresca.

No sábado, o céu estava claro. Amarramos os estais e pusemos o navio pronto para a viagem. Recebemos, nesse dia, 350 libras de carne fresca. Os homens encarregaram-se de armar o mastro principal e de cuidar de todos os preparativos para a navegação em alto-mar.

No domingo, os canhões do convés deram o sinal e levantamos âncora. Recebemos 335 libras de carne fresca. Içamos as velas e pusemo-nos em movimento. Às 11 horas encontrávamo-nos nas proximidades do forte de Santa Cruz. O vento soprava moderado e caíam frequentes pancadas de chuva. Às 2 horas da tarde lançamos a âncora de proa num fundo de 15 braças, a S. 30°E., uma milha distante do forte de Santa Cruz. Ordenei que um grupo de homens fosse à terra cortar um pouco de lenha. Às 5 horas da tarde fizemos vela.

SAMUEL HOLMES

Ultrapassada a linha do equador a viagem mostrou-se extremamente agradável. O clima estava ameno e o céu, azul, semelhante àquele que experimentamos na Inglaterra durante a mais bela estação do ano. O *Lion* viu-se frequentemente obrigado a diminuir sua marcha para nos aguardar. Caso não tivesse assim procedido, o tempo que gastaria para alcançar a costa do Brasil teria sido bem menor. De qualquer modo, não temos razão de queixa, pois, partindo de Santiago, realizamos em 24 dias uma travessia que comumente consome seis semanas. No dia 30 de novembro lançamos âncora no porto do Rio de Janeiro, em frente à cidade de São Sebastião, capital do Brasil. O *Lion* saudou o governador com 15 tiros de canhão, os quais foram prontamente respondidos. Bem mais demorado foi providenciar a autorização para que pudéssemos ir à terra.

O Rio de Janeiro é a feitoria mais importante que Portugal possui. Ela produz açúcar, tabaco e algodão. Dela retiram-se também couro e excelentes drogas para a medicina e para a manufatura; sem falar do ouro, da prata e dos diamantes. A propósito do ouro, comenta-se que a quantidade exportada anualmente para a Europa excede o valor de 4 milhões de libras esterlinas.

O vice-rei habita num palácio espaçoso, mas arquitetonicamente medíocre. A cidade é bem-defendida em diferentes pontos, e o porto conta com inúmeras fortificações. Muitos navios de guerra permanecem estacionados no interior da baía, e a força militar local encontra-se em excelente estado.

A cidade é grande e regular, mas, excetuando as igrejas e os mosteiros — todos magnificamente ornamentados —, muito malconstruída. Há um número considerável de conventos na urbe, conventos de diferentes ordens. Os religiosos parecem gozar de uma reputação de santidade, embora alguns deles não tenham o menor escrúpulo em cometer os piores crimes. É perigoso para um estrangeiro estar no meio deles, a não ser que esteja familiarizado com seus costumes e abrace por completo suas opiniões.

Mergulhados na ociosidade e no deboche, os habitantes locais são hipócritas e dissimulados. Não há nem sinceridade na sua conversação nem probidade nas relações comerciais que estabelecem. Supersticiosos, ignorantes, ricos, preguiçosos, orgulhosos e cruéis, eles preferem, como a maioria dos povos meridionais, a ostentação e o luxo aos prazeres da sociedade e da mesa. A indolência e a vaidade são tão comuns entre eles que, quando saem para visitas ou para passeios, jamais vão a pé, mesmo se a distância é pequena. Nessas ocasiões, fazem-se sempre conduzir, sobre os ombros de seus negros, no interior de uma espécie de liteira ricamente decorada. Não se conhece outro veículo na cidade, e os cavalos são bastante raros.

Quando um navio chega a este país, o capitão ou o oficial comandante é obrigado a responder a um verdadeiro interrogatório: de onde vem a embarcação, para onde vai etc. Não é permitido a ninguém desembarcar sem a autorização do vice-rei, a qual é obtida com dificuldade e demora. O viajante é, em seguida, conduzido ao corpo da guarda, onde é tratado como um verdadeiro prisioneiro e forçado a responder, ao comandante do posto, as perguntas mais indiscretas. Caso desembarque com algum objeto, por mais ínfimo que seja o seu valor, este é minuciosamente examinado. Uma vez em terra, o viajante não dá um passo sem ser acompanhado por um oficial ou por um soldado, que só o abandona no momento em que retorna para a embarcação.

As mulheres são belas e bastante inclinadas ao amor. No entanto, ainda que não demonstrem nenhuma aversão pelos estrangeiros, é difícil e mesmo perigoso obter os seus favores. O ciumento sexo oposto as vigia de perto e pune, com extremo rigor, a mais pequena falta. O viajante, porém, se está disposto a *trilhar certos caminhos* e despender algum dinheiro, consegue divertir-se no Rio de Janeiro.

A região é rica em frutos de diferentes espécies. O clima é quente e insalubre, sujeito a tempestades, trovões, relâmpagos, chuvas e ventos variáveis. Sem as brisas marítimas, que sopram no período da tarde, a temperatura seria insuportável. Durante a nossa arribada, no mês de dezembro, o calor foi intenso. Não pudemos deixar de pensar que, na mesma época em que os nossos amigos na Europa buscavam todos os meios para se protegerem do frio, nós respirávamos com dificuldade os vapores envolventes de uma atmosfera sufocante. Estávamos no início do verão, e as laranjas, bem como uma série de outros frutos, estavam quase maduras.

Tivemos ocasião de ver um grande número de animais, todavia estes eram os mesmos que dizem existir no Peru e no México. Acabamos por comprar quatro pequenos quadrúpedes, notáveis pela sua delicadeza e formosura. O corpo desse animal é um pouco mais grosso do que o do rato e sua cor, vermelha e brilhante. Os pés e a cauda são do macaco, mas a cara é do leão, sem faltar nem mesmo uma espécie de juba, longa e espessa, que faz sombra à fronte. Esses animaizinhos, que se alimentam principalmente de frutas e de leite, comem à maneira dos símios, porém são bem mais tranquilos. Eles não suportam a menor sensação de frio.

O *Hero of London*, um navio inglês proveniente dos Mares do Sul, que entrou no porto do Rio de Janeiro poucos dias depois de nós, pôs-se a caminho de Londres antes da nossa partida. Aproveitamos a ocasião para enviar numerosas notícias aos nossos amigos da Europa. Um dos nossos marujos doentes, tomado pela ideia de que não teria forças para aguentar tão longa viagem, resolveu deixar-nos e retornar à sua pátria. Tivemos, nessa paragem, a infelicidade de ver eclodir, entre os soldados embarcados no *Hindostan*, queixas contra os oficiais, que lhes tinham impingido algumas tarefas extraordinárias. Até então, a soldadesca comportara-se bem e mostrara-se muito útil. O coronel Benson, comandante do destacamento, reprovou-lhes vivamente a má conduta e lembrou-lhes as funestas consequências de semelhante insubordinação, fazendo-lhes ver o quanto ela denegria a cada um em particular e ao destacamento como um todo, destacamento que se oferecera voluntariamente para acompanhar a embaixada. O coronel completou dizendo que, se alguém tivesse motivos de queixa, poderia retornar para Inglaterra a bordo do *Hero of London*. Todos, contudo, repudiaram a ideia de voltar para casa à custa da desgraça de seu chefe, prometendo executar sem lamúrias qualquer ordem que recebessem referentes às lides do navio. Esses militares tinham permissão para descer em terra sempre que houvesse uma arribada e, dentro dos limites do plausível, desfrutavam de todas as vantagens que poderiam desejar, tendo muito menos razão de queixa do que qualquer outro corpo de tropa que conheci.

O Rio de Janeiro está situado a 23°30" de latitude sul e a 42°13" de longitude oeste do meridiano de Greenwich.

EDIÇÕES UTILIZADAS

O diário de bordo de Erasmus Gower nunca foi editado. A presente tradução foi feita a partir de um manuscrito da British Library. No referente à narrativa de Holmes, ela foi editada uma única vez em língua inglesa, no ano de 1798, sendo traduzida para o francês em 1805. Borba Morais, na sua *Bibliografia brasiliana*, menciona ainda uma edição em alemão, também de 1805. Utilizamos a única edição inglesa existente.

GOWER, Erasmus. *A Journal of H. M. S. Lion Beginning the 1º october 1792 and Ending the 7 September, 1794*. Mss. Add. 21106, Britsh Library.

HOLMES, Samuel. *The Journal of Mr. Samuel Holmes*. Londres: W. Bulmer and Co., 1798, p. 15-21.

BIBLIOGRAFIA

ANDERSON, Aeneas. *A Narrative of the British Embassy to China in the Years 1792, 1793, and 1794*. Londres: J. Debrett, 1795.

BARROW, John. *A Voyage to Cochinchina in the Years 1792 and 1793*. Londres: T. Cadell and W. Davies, 1806.

MACARTNEY, lorde. *An Embassy to China. Being the Journal Kept by Lord Macartney During this Embassy to the Emperor Ch'ien-lung 1793-1794*. Edição, introdução e notas por J. L. Cranmer-Byng. Londres: Longman, 1962.

PEYREFITTE, Alain. *O império imóvel ou o choque dos mundos*. Lisboa: Gradiva, 1995.

STAUNTON, George Leonard. *An Authentic Account of an Embassy from the King of Great Britain to the Emperor of China*. A partir dos papéis do conde Macartney. Londres: W. Bulmer and Co., 1797.

TAUNAY, Afonso de Escragnolle. *No Rio de Janeiro dos vice-reis*. São Paulo: Anais do Museu Paulista, tomo XI, 1943.

James Kingston Tuckey

O oficial da marinha britânica e explorador James Tuckey nasceu na cidade de Greenhill, no condado de Cork, em 1776, e morreu próximo a Moanda, no atual Congo, 40 anos mais tarde. Órfão muito cedo, Tuckey foi criado pela avó materna, e sob a influência de um parente capitão de navio buscou na marinha o seu meio de sobrevivência.

A sua primeira viagem pela Royal Navy deu-se a bordo do navio Suffolk, *que rumava para as Índias Ocidentais. É nessa mesma embarcação que, em 1798, assiste a uma tentativa de motim. A conduta adotada pelo jovem marinheiro diante de tão delicada situação agradou o comodoro Peter Reiner, comandante da embarcação, que o promoveu a tenente. No ano seguinte, Tuckey é transferido para a fragata* Fox *e segue para Madras, onde participa dos combates contra as tropas francesas. Seu retorno à Inglaterra dá-se em 1800, um retorno imposto por uma séria doença hepática que contraiu em Bombaim, na Índia.*

Em 1802, temporariamente recuperado de seus males, Tuckey é designado como primeiro-tenente do Calcutta, *um navio de 18 canhões, que partia para a Nova Gales do Sul com a incumbência de fundar uma colônia em Port Phillip. A embarcação zarpou do porto de Portsmouth a 8 de abril de 1803, lançando âncora em Santa Cruz de Tenerife no dia 17 de maio. Daí*

OUTRAS VISÕES DO RIO DE JANEIRO COLONIAL

rumaram para Cabo Verde (Ilha do Sal e Santiago), e no início de junho,
iniciaram a travessia do Atlântico. No dia 29, o Calcutta *lançou âncora na*
baía de Guanabara. A embarcação permaneceu 20 dias ancorada no porto
carioca (19 de julho), tempo suficiente para que o primeiro-tenente James
Tuckey compusesse um dos mais completos e curiosos panoramas do Rio de
Janeiro colonial saído da pena de um estrangeiro.

Nossa chegada ao Rio de Janeiro foi bastante retardada pelo oceano,
que impôs uma velocidade de navegação inferior à que poderia praticar
o *Calcutta*. Alcançamos o porto no último dia do mês de junho e
imediatamente demos início à reparação do navio, de modo a prepará-
lo para a longa série de tempestades que, supúnhamos, enfrentaríamos
no restante do percurso para a Nova Holanda. Alugamos, mediante
autorização do vice-rei, uma pequena ilha, situada a 2 milhas da cidade,
de nome Enxadas, onde desembarcamos as mulheres para que pudessem
banhar-se, e começamos a reparar o casco. Um convento arruinado acolheu
as mulheres, e uma casa bastante confortável abrigou os guardas-marinhas.

A entrada do porto do Rio de Janeiro é estreita, não contando com mais
de um quarto de milha. Uma vez ultrapassada, depara-se com uma segura
bacia, que tem 5 milhas de largura e se estende para o interior a perder de
vista. Em todos os lados, veem-se férteis ilhotas, cobertas com laranjeiras
carregadas, quase que materializando a fantasia do jardim das Hespérides.
A região que circunda a baía é extremamente montanhosa, formando
abruptos e íngremes precipícios, dos mais estranhos e extraordinários for-
matos. A natureza, ao fazê-los, parece ter se divertido, combinando todas
as formas imagináveis, formas disseminadas com muito mais parcimô-
nia no velho continente. A dita entrada é assinalada por um rochedo em
forma de torre, situado do lado sul, que se eleva perpendicularmente
em relação ao mar. Na cabeça do porto, as montanhas são muito altas e
apresentam formas bizarras.

Rochedos plenos de gemas e grandes montanhas repletas de minas, onde a atividade aurífera é incessante, são aqui frequentes, todos apontando para as nuvens e com seus cumes azul-escuros envolvidos por um flocoso vapor. São montanhas inteiramente de granito, que formam uma barreira intransponível para as águas do oceano. Em todos os lugares em que há terra veem-se árvores e arbustos de variados tipos. Mesmo nas rochas mais nuas cresce alguma vegetação, que adere à pedra e parece retirar o seu alimento da umidade do ar.

Há, aqui, muitos vales pitorescos, vales serpenteados ao longo das bases das montanhas, que se estendem até as terras da baía. Essas ravinas são surpreendentemente férteis, e isso por duas razões: em primeiro lugar, devido ao forte calor produzido pelo sol quando incide sobre um espaço assaz estreito; em segundo lugar, em razão da umidade decorrente da condensação do vapor atraído pelo calor ou lançado pelo vento contra os lados das montanhas. As várias pequenas enseadas que se encontram nesses vales são rodeadas de areia fina, onde os pescadores constroem as suas habitações. Vistas de fora, as casas têm a mesma aparência de limpeza que observamos nas residências dos melhores vilarejos da Inglaterra. Logo, porém, que se metem os pés para dentro, constata-se que a limpeza não passa de um efeito da cal que reveste as paredes exteriores e que, nos interiores, habitam a sujeira e a preguiça.

A cidade do Rio de Janeiro é inteiramente construída de granito, o qual, juntamente com uma espécie de mármore branco e preto, parece ser a única pedra encontrada nestas plagas. Vista da baía, a cidade não é deselegante. A boa impressão, contudo, desvanece à medida que nos aproximamos. As ruas, apesar de retas e regulares, são sujas e estreitas, estreitas ao ponto de o balcão de uma casa quase se encontrar com o da casa em frente. As casas, a propósito, têm comumente dois andares altos e independentes do térreo. Esse é ocupado por uma loja ou por uma adega, em geral muita suja, quente e insalubre. A escada que dá acesso aos andares

OUTRAS VISÕES DO RIO DE JANEIRO COLONIAL

superiores é inclinada e desprovida de luminosidade. O interior revela que a distribuição dos cômodos não levou em consideração nem a livre circulação do ar nem a beleza da perspectiva. A mobília aí encontrada, ainda que suntuosa, ofende os olhos acostumados à simplicidade elegante, pois peca pelo excesso de enfeites. Por todo lado, nas paredes e nos forros, as aranhas tecem as suas teias e, em segurança, executam os seus negócios sanguinários. A residência dos ricos conta com janelas envidraçadas, o que só contribui para intensificar a luz solar e tornar o calor insuportável. Na maioria das casas, porém, as venezianas são de treliça. Escondidas atrás de tais proteções, as mulheres, ao entardecer, reúnem-se para desfrutar da brisa, que nem sempre é muito aromática.

Nas feitorias inglesas dos trópicos, o engenho humano trabalha exaustivamente no sentido de corrigir ou, ao menos, de mitigar o ardor do clima e tornar a atmosfera não simplesmente tolerável, mas agradável a um homem do norte. No Brasil, ao contrário, as imperfeições do clima são agravadas pelos preguiçosos e sujos costumes dos colonos. Julgo que a diferença se deve aos respectivos climas das metrópoles: o de Portugal em muito se assemelha ao do Brasil, permitindo ao europeu que imigra adaptar-se rapidamente; em nossas feitorias, o clima difere de tal modo do clima da Inglaterra que o imigrante não mede esforços para mitigar o ardor do sol, cujo brilho ardente causa distúrbios no sistema nervoso, enfraquece o corpo e torna a mente presa fácil para a apatia e para a insanidade.

Há, na cidade de São Sebastião, 18 igrejas paroquiais, quatro mosteiros e três conventos, além de inúmeras construções de caráter religioso nas ilhas e nos subúrbios. No interior de todas essas construções, a profusão de dourados e de outras decorações demonstra que não foram poupados esforços no sentido de impressionar a imaginação dos fracos e ignorantes. O Hospital da Misericórdia é também uma instituição religiosa, embora receba pacientes de todos os tipos e seja mantido por contribuições privadas. A esses edifícios deve-se ainda adicionar uma Casa de Recolhimento, onde as suspeitas de incontinência são isoladas do mundo para que possam, em solidão e silêncio, lamentar e reparar suas faltas. É para aí, invariavelmente, que os maridos ciumentos e os pais rabugentos enviam suas amantíssimas esposas e filhas, muitas vezes sob os pretextos mais banais. A manutenção de uma freira custa caro. Ouvi uma extremosa mãe lamentar que despenderia uma fortuna simplesmente para entregar uma de suas amadas filhas a Deus.

Os clérigos aqui têm muitíssimos bens, em terras, casas e espécie. Para se ter uma ideia, quando foi baixado um imposto de 10% sobre as rendas da Igreja, os beneditinos propuseram trocar parte dessa taxa por uma contribuição anual de 40 mil coroas. O pio desejo que têm de converter os heréticos beira ao fanatismo quando se trata de um protestante, pois a retratação deste vale mais do que a conversão de 100 pagãos. É como se no céu houvesse mais alegria em receber um pecador arrependido do que 99 homens justos. Um estrangeiro desafortunado que, por razões de doença ou por outra causa qualquer, não possa seguir com o seu navio é constantemente aporrinhado com a desagradável visita de dezenas desses pios padres. Em geral, se o visitante não encontra meios de deixar o país, os religiosos esgotam a sua paciência em poucos meses, e ele, por amor à tranquilidade, acaba por aceitar ser salvo pelos métodos locais.

A nenhum estrangeiro é permitido residir aqui, salvo àqueles que subsistam de algum trabalho mecânico ou que prestem serviço para o Estado. Se algum desavisado permanece na colônia depois de sucessivos avisos e oportunidades de partir, ele é preso, confinado na Ilha das Cobras e embarcado no primeiro navio disponível que rume para o seu país, ou então é transferido como prisioneiro para Lisboa.

Além dos edifícios religiosos, a cidade conta com outras construções públicas, como o palácio do vice-rei. Esse edifício forma um dos lados de uma praça lajeada, situada em frente ao ancoradouro. Contíguos

Outras visões do Rio de Janeiro colonial

a esse prédio estão a casa da ópera, os estábulos reais, a prisão[21] e a Casa da Moeda.

A casa da ópera, com capacidade para cerca de 600 pessoas, abre às quartas, domingos e feriados. São aí encenadas, indistintamente, tragédias, comédias e óperas, com entreatos e entremezes. Os diálogos são em português, mas as letras das músicas, em italiano. A casa é muitíssimo mal-equipada, e as cenas têm uma decoração miserável. Quando, por exemplo, um cenário requer folhagens, estas são substituídas por galhos de árvores verdadeiras. Tal mistura causa um efeito curioso: enquanto parte do cenário, a parte artificial, traja-se alegremente de verão, a outra parte, a natural, esboça muitas vezes a aparência de uma decadência outonal. Todas as noites, a populaça aguarda a entrada do vice-rei no teatro para dar início ao espetáculo. À chegada de Sua Excelência, todos se levantam, voltam-se para o camarim vice-real e tornam a sentar. Em audiências privadas ninguém se senta, salvo mediante consentimento explícito, antes do vice-rei. Em toda parte, essas formalidades pouco sociais são o preço que pagam os poderosos pela admiração do vulgo.

A água que abastece a cidade do Rio de Janeiro vem de uma montanha vizinha, através de um portentoso aqueduto. A construção conta com duas fileiras de arcos de tijolos, dispostos em linha, num estilo não de todo deselegante. O jardim público encontra-se para os lados do mar, instalado num terreno de cerca de 3 ou 4 acres. Os caminhos que o cortam correm em linha reta e são sombreados por mangueiras, cujas folhas, de um verde intenso, parecem feitas para refrescar os olhos irritados pelo constante brilho do sol. Numa das extremidades desse jardim, próximo à praia, foram construídos um terraço lajeado e um cômodo decorado com vistas do país e com outras curiosidades, entre as quais uma fonte que lança um jato d'água, dando de beber e refrescando o ambiente. Durante

---

[21] A prisão causa asco ao estrangeiro que ao passar pelo local é abordado por prisioneiros esfomeados e seminus, com correntes presas aos pés, correntes que saem porta afora e são longas o suficiente para que os condenados venham até o passeio esmolar. (*N. do A.*)

o inverno, esse jardim fica vazio. As mulheres ficam constantemente em casa e os homens, dependentes do charmoso incentivo da presença feminina, não querem desperdiçar o seu tempo num passeio improdutivo. Seguindo o exemplo do sexo oposto, eles parecem preferir despender o seu tempo na mais completa indolência e, como uma andorinha, permanecer em estado de letargia até a entrada da primavera.

A gradação de fortuna que conhecemos, possivelmente consequência de uma sociedade bem-regulada, não existe no Brasil, onde a única distinção existente é entre ricos e pobres. Os ricos são tão orgulhosos quanto ignorantes, tão ostentatórios quanto avaros; os pobres, em decorrência de a terra ser superabundante em tudo o que é necessário à sobrevivência, transformam-se em mendigos. Todos os que conseguem adquirir uma meia dúzia de escravos passam a viver na mais completa ociosidade — explorando os rendimentos do trabalho dos seus negros — e a caminhar pela rua solenemente, com grande empáfia. Em se tratando de suas despesas gerais, os habitantes são bastante sovinas. A única coisa que consegue derreter a sua generosidade gelada é o casamento dos filhos. Nessas ocasiões, caem no extremo oposto, e as extravagâncias ridículas entram na ordem do dia. Tive a oportunidade de ver um vestido de noiva, todo bordado, que custara 50 libras, e com o restante do casamento os gastos não foram menores. Tais festas, porém, são tão ricas quanto raras e quase nunca primam pela elegância. Ao contrário, muitas vezes, carecem do asseio exigido pelo apetite inglês.[22]

Os meios de transporte preferidos pelos ricos são o cabriolé puxado por mulas e as cadeiras com cortinas em volta, as quais são carregadas pela rua por escravos negros. Estas últimas são também preferidas pelas mulheres. Além da ociosidade, os homens cultivam o vício dos jogos a dinheiro. É com orgulho que as damas brasileiras dizem não tomar parte nesse

---

[22] Lembro, no entanto, que descrevo os hábitos dos brasileiros de uma maneira geral. Julgo, sem nenhum preconceito nacional, que existe um padrão universal para os comportamentos sociais, o qual não foi alcançado por nenhuma nação no mundo, mas que umas estão mais próximas desse padrão do que outras. Entre os brasileiros, embora a massa possua um grau

detestável vício. Se assim procedem por proibição ou por temperamento, não pude apurar. As maneiras dos brasileiros estão, contudo, pouco a pouco, convergindo para o sistema liberal, que parece continuamente ganhar terreno em todas as partes do mundo. Um dia, tal sistema, na exata proporção das características físicas e dos atributos morais do homem no meio em que habita, estabelecer-se-á universalmente.

A maneira usual de se vestir de ambos os sexos tem forte influência francesa. As espadas e os chapéus de bico estão totalmente fora de moda por aqui, e as capas, nos dias que correm, só são utilizadas pela gente de baixa condição. Os homens que mantêm algum tipo de relação com ingleses adotam os seus modos, mesmo nos detalhes mais insignificantes. Os cabelos aparados, os chapéus redondos e as botinas vão, gradativamente, deixando de ser vistos como modas estrangeiras. As mulheres usam corpetes excessivamente curtos e deixam os seios muito à mostra. Os seus braços, que sempre trazem descobertos, e os seus penteados são adornados com muitas pedras brilhantes, pedras que por aqui têm pouco valor (topázios, águas-marinhas, ametistas, crisólitos etc.). Observa-se, no entanto, que as mulheres do Rio de Janeiro, tal como os homens, parecem preferir, quando podem escolher, vestimentas à moda da Inglaterra. Uma chapeleira inglesa, que passou pela cidade a caminho das Índias, provocou grande alteração na aparência de algumas jovens damas — damas que trazem à memória as páginas de Ovídio.[23]

---

de refinamento muitíssimo baixo, a proporção de mentes superiores é, talvez, igual à de qualquer outro país do mundo. Tive a felicidade de testemunhar que no Rio de Janeiro a hospitalidade refinada, o gosto elegante e a polidez desprovida de formalismo são cultivados por muitos indivíduos. (*N. do A.*)

[23] Os preceitos amorosos desse autor aplicam-se bem às damas cariocas:

> *If snowy-white your neck; you still should wear*
> *That, and the shoulder of the left arm, bare;*
> *Such sights ne'er fail to fire my amorous heart,*
> *And make me pant to kiss the naked part.*

Devemos lembrar, no entanto, que o voluptuoso autor endereça seus versos às mulheres italianas, comparando suas peles ao mármore de Paros, comparação bem pouco aplicável às mulheres brasileiras. (*N. do A.*)

As mulheres locais, a despeito do que descrevi, podem ser consideradas bonitas e, em uns poucos casos, graciosas. Seus olhos levemente puxados, negros, grandes, plenos e brilhantes dão um certo grau de vivacidade à sua tez morena e conferem alguma expressão à sua fisionomia. Trata-se, porém, na maior parte das vezes, da manifestação de uma vivacidade animal, temperada com o toque leve e singelo da sensibilidade. Seus cílios são longos e suaves, e seus cabelos são compridos, negros, luxuriantes e, pelo que pudemos deduzir do constante movimento de seus dedos, nem sempre desprovidos de *moradores*.

As pessoas, aqui, desconhecem aquelas maneiras delicadas que os nossos conterrâneos dispensam às mulheres, maneiras das quais provém grande parte do poder que exercemos sobre elas e pelas quais somos conhecidos em todas as nações da Europa. As mulheres brasileiras têm, entre outros, o péssimo hábito de escarrar em público, não importando a hora, situação ou lugar. Tal hábito, se considerado isoladamente, pode, talvez, ser considerado sem valor; todavia, se combinado com outros, forma um poderoso obstáculo ao império do charme feminino.

É permitido às jovens educadas no interior dos conventos manter, através do portão da casa, conversação com os visitantes. Frequentemente, algumas delas, em troca de lenços de bolso e de outras futilidades, deixavam-se ver pelos nossos conterrâneos. Há algo de fascinante nos tons argentinos de uma donzela reclusa, protegida de qualquer aproximação por duas fileiras de barras de ferro, algo de Píramo e Tisbe que faz com que seja impossível ao coração de um verdadeiro inglês não ficar cativado. A distância, é sabido, empresta encantos à vista, e o enamorado, de tanto repetir para si os elegantes nomes de Madalena, Antônia ou Serafina, passa a amaldiçoar o infeliz inventor da barreira que o impede de dar um apaixonado beijo na mão da doce e melancólica reclusa. No sentido de encorajar os nossos conterrâneos apaixonados e evitar que desanimem, abrindo mão da esperança de amor, posso adiantar que nem as barras de ferro dos conventos são tão duras como os diamantes, nem os muros tão altos que não possam ser escalados. Para mais, os olhos vigilantes do dragão que guarda a fruta do jardim das Hespérides já foram, por mais de uma vez, iludidos pela astúcia britânica ou postos para dormir pelo ouro brasileiro.

O costume de lançar rosas sobre os passantes, como sinal de distinção, desapareceu completamente do Rio de Janeiro. Não tenho razão para duvidar do que disse um dos membros da expedição do capitão Cook, que garante ter sido favorecido por muitos buquês. Não se pode, todavia, passar ao largo da notável mudança que vem ocorrendo nos hábitos e costumes das brasileiras. Viajantes anteriores sempre lamentaram a dificuldade que encontravam para pôr os olhos sobre uma brasileira decente. Tal situação, no entanto, alterou-se muito. Hoje, a bem da verdade, as maneiras das mulheres do Rio de Janeiro, das solteiras especialmente, aproximam-se muito mais da informalidade das inglesas do que da pudica reserva que, dizem, caracteriza as portuguesas. E, como melhoraram os costumes do povo em geral, o ciúme de outrora vem dando lugar a uma gentil atenção para com o sexo oposto. Os homens começam a depositar confiança nas mulheres, as quais, mais conscientes do seu próprio valor, rapidamente estão adquirindo aquele amor-próprio que sustenta a virtude feminina. Desfrutando da liberdade de fazer o que querem, as mulheres cedo passam a fazer somente o que devem. Os encontros clandestinos deixam de ser necessários, e o ciúme e o escândalo não mais constituem empecilhos ao bom relacionamento entre os sexos. A experiência comprova a verdade da observação segundo a qual a virtude é sempre desagradável quando apresentada sob a forma de um capricho dissimulado ou sob qualquer outra forma repulsiva.

Na música e no canto, os brasileiros de ambos os sexos são excepcionais. Essas artes são próprias dos climas luxuriosos, em que as necessidades humanas são satisfeitas quase que espontaneamente e sobra tempo livre para cultivar as agradáveis sensações propiciadas pela natureza circundante. Em lugares assim, os homens, pela simples observação da harmonia da natureza, tornam-se poetas e músicos. A dança é um divertimento muito apreciado na cidade e executado com muita graça pelas mulheres. Ao lado das danças nacionais e das de origem inglesa, são executadas, por vezes, danças nativas. Estas são, nas figuras e nos gestos, muito pouco superiores àquelas praticadas em Otaheite (Taiti).

A proporção estimada entre os sexos é de 11 mulheres para dois homens. Tal desproporção deve-se a causas tanto físicas quanto morais. É fácil de demonstrar que, nos climas quentes, nascem mais mulheres do que homens.[24] Além disso, deve-se ter em conta que as brasileiras levam uma vida reclusa e pacata, incumbindo-se somente dos afazeres domésticos, os quais são desprovidos dos perigos e doenças que destroem o outro sexo. Enquanto os homens estão às voltas com a arriscada busca da honra e da fortuna, geralmente em terras distantes de onde nunca retornarão, as mulheres nascem e morrem sem, muitas vezes, nem mesmo deixar a casa paterna.

As mulheres do Brasil, como todas as mulheres que habitam os países situados nas zonas tórridas, não conhecem um meio-termo entre a perfeição e o declínio. Tal como um delicado fruto da terra, elas são prematuramente lançadas na maturidade pela esplendorosa força do sol e, depois de um rápido apogeu, entram em acelerada decadência: aos 14 anos, já são mães; aos 16, todas as flores de sua beleza já desabrocharam; aos 20, parecem uma rosa no outono. O tempo que essas filhas do sol gastam para viver as três fases referidas é quase o mesmo que uma europeia consome para viver somente uma delas. Entre as mulheres brasileiras o período da perfeição física antecede em muito o da perfeição mental; entre as europeias, ao contrário, o desenvolvimento físico e o mental seguem o mesmo passo.

---

[24] Alguns escritores têm negado ou posto em causa essa assunção, mas as observações de vários indivíduos que residiram muitos anos na Ásia autorizam totalmente as nossas colocações; são fatos passíveis de demonstração. (*N. do A.*)

OUTRAS VISÕES DO RIO DE JANEIRO COLONIAL

Tal peculiaridade deve, sem dúvida, ter sido levada em conta pelo sábio legislador do leste, que autorizou a poligamia. Nas zonas tórridas, um homem que está limitado a uma única esposa passa quase dois terços dos seus dias ao lado de uma desagradável criatura, inútil para a sociedade. Como se isso não bastasse, a corrupção da natureza humana, somada à contrariedade decorrente de paixões não satisfeitas, obriga-o a buscar meios ilícitos para satisfazer-se. Nas colônias europeias da Ásia e da América, a imposição da monogamia é a principal causa do comportamento excessivamente licencioso do homem e do espírito de intriga que predomina entre as mulheres. No Brasil, a permissividade no relacionamento entre os sexos é quase semelhante àquela existente na degenerada época do Império Romano. A causa maior de tal degradação deve ser atribuída ao clima, cuja ação intensa potencializa as propriedades do amor. Na mesma proporção em que cresce a paixão pelo gozo, cresce também o medo de perder o objeto que o proporciona. Daí o ciúme característico dos homens que habitam os climas quentes. No Rio de Janeiro, a partir do momento em que uma jovem assume compromisso com um homem, ela está sujeita a sofrer todos os constrangimentos dessa paixão desmedida. Caso, antes das núpcias, a ausência do futuro marido se faça necessária, a pretendida é confinada num convento até que ele retorne. A desconfiança faz com que o homem viva em constante aflição, queixando-se da vida e punindo-se por um crime que imagina ter cometido. Embora seja senhor do seu próprio destino, ele acusa a natureza de ser a responsável pelos seus males.

As mulheres solteiras permitem ainda mais liberdades que as casadas. Ansiosas por arrumar um marido, elas negligenciam todas aquelas delicadezas trocadas entre os sexos, delicadezas que são a base do amor mútuo e do refinamento da paixão. O clima, todavia, atuando mais poderosamente sobre a organização delicada do sexo frágil, excita o sistema nervoso e provoca um ilimitado desejo por novidades — as quais são aqui obtidas sem muito esforço. Assim, enquanto a mente mergulha na mais completa inatividade e os olhos da prudência adormecem, o coração desperta eufórico para as delicadas sensações do amor e o bastião da inocência feminina tomba indefeso diante do ataque do sedutor atento.

A opinião pública, curiosamente, não é depravada ao ponto de sancionar tamanha frouxidão moral. Até mesmo a gravidez é frequentemente mantida em sigilo e interrompida à custa de abortos. Muitas vezes, estes são praticados por jovens em tenra idade, jovens que acabam por morrer cheias de dor e culpa.

> *Quod neque in Armeniis tigres secere latebris*
> *Perdere nec foetus ausa Leaena suos.*
> *At tenerae faciunt, sed non impune puellae*
> *Saepe, suos utero quae necat, ipsa perit.*
>
> Ovídio

O adultério é punido com o degredo de ambos os infratores para diferentes regiões da África. O marido injuriado, no entanto, tem o direito de matá-los caso os encontre *nudus cum nuda, solus cum sola*.

A cidade de São Sebastião, cidade circundada por montanhas que impedem a livre circulação do ar, é mais insalubre que outras possessões situadas na costa. Os hábitos imundos dos habitantes colaboram para piorar ainda mais a situação. As doenças mais comuns são: as febres, a disenteria e a hidrocele. As febres, se não são inteiramente causadas, são consideravelmente multiplicadas pelos vapores tóxicos que emanam da sujeira acumulada nas ruas. Por aqui, as janelas são escapes noturnos para todas as coisas que a casa acumulou durante o dia.[25] As disenterias são provavelmente causadas pelo modo de vida local ou pela alimentação, à base de peixes, frutas e doces. As classes baixas comem, sobretudo, carne

---

[25] Alguns escritores têm negado ou posto em causa essa assunção, mas as observações de vários indivíduos que residiram muitos anos na Ásia autorizam totalmente as nossas colocações; são fatos passíveis de demonstração. (*N. do A.*)

Outras visões do Rio de Janeiro colonial

de porco salgada, não defumada, e carne-seca, ambas vindas do Rio Grande. A bebida que mais consomem é uma aguardente forte e nociva para a saúde que, em razão de seu preço, está ao alcance dos indivíduos de fortunas modestas. A causa da hidrocele, doença que apresenta os sintomas mais deploráveis, pode, talvez, ser atribuída ao hábito de tomar muitos banhos mornos, os quais aumentam ainda mais a moleza que toma conta dos corpos nos climas quentes. Nas colônias inglesas, onde se tomam banhos frios, tal doença é praticamente desconhecida.[26]

Durante o inverno, o termômetro raramente ultrapassa os 74°F e, por vezes, desce até os 65°F. Nessa estação, um orvalho espesso cai durante toda a noite e, pela manhã, desce uma pesada neblina. Logo, porém, o potente sol dissolve as nuvens altas, deixando o céu limpo, com pequenos grupos de nuvens, de diferentes tons, em torno do cume das montanhas. A atmosfera fica, então, pura e serena. O vento terral e a brisa marítima são bastante regulares por aqui. O primeiro tem início pela manhã e sopra com suavidade. A brisa começa a ondular a superfície marítima por volta do meio-dia e raramente atinge a cidade antes das 2 horas da tarde. Em geral, ela é moderada e refrescante.

Os crioulos parecem sofrer muito com os rigores do frio. Enquanto vestíamos somente roupas leves, eles cobriam-se com suas capas e viviam encolhidos, mantendo as portas e janelas de suas casas fechadas. A estação das chuvas começa em agosto. A chuva cai, então, copiosamente durante seis ou oito semanas e a atmosfera torna-se pesada e sufocante. Às chuvas sucedem os meses quentes e secos de novembro e dezembro, quando os nativos voltam novamente à vida. Despertos pelo ardente calor do sol, depois da torpe letargia do inverno, eles retomam suas ocupações e divertimentos.

As principais produções agrícolas do distrito do Rio de Janeiro são o açúcar, o café, o algodão, o tabaco e o índigo. Desses, o açúcar é o único

---

[26] Em duas outras partes do mundo esse mal é bastante comum: em Cochim, na costa do Malabar, e na Ilha de Barbados. (*N. do A.*)

nativo, tendo sido aqui encontrado pelos primeiros colonos. O tabaco plantado no Brasil é consumido na forma de charutos e de rapé. O cultivo do índigo tem sido deixado de lado desde que o índigo indiano passou a competir com o brasileiro nos mercados europeus. O solo é tão rico que o fazendeiro tem de estar atento para impedir o rápido crescimento da mais luxuriante vegetação, bem como de matos e arbustos. Poucos meses de negligência são suficientes para que o solo se cubra com uma vegetação rasteira cerrada, entrelaçada com impenetráveis parreiras de chão. São cultivados aqui 20 diferentes tipos de laranja. Todas as frutas tropicais crescem quase espontaneamente. O solo tem, ainda, se mostrado propício para alguns produtos do Oriente, e a pimenta tem sido cultivada com algum sucesso.

Os cavalos do Brasil são pequenos e incapazes de realizar trabalhos pesados. No interior, esses animais correm soltos pelos campos em grandes manadas selvagens. O valor desses animais é tão baixo que os habitantes os apanham somente para um trabalho específico, libertando-os quando se cansam ou quando o trabalho tem fim. As mulas, que pastam em rebanhos nas imediações da cidade, são os animais de carga preferidos pelos habitantes, pois respondem melhor às exigências do terreno montanhoso. Os bois são adquiridos no Rio Grande, onde são abatidos somente por seu couro e sebo, e vendidos por cerca de 8 xelins a cabeça. Quando chegam ao Rio de Janeiro, malgrado estarem descarnados e esgotados pela viagem, são negociados entre 50 xelins e 4 libras a cabeça. As chácaras são cercadas por limoeiros e laranjeiras, intercalados com diversos arbustos floridos, tão bonitos quanto aromáticos. À noite, as árvores ficam iluminadas por miríades de vaga-lumes que voam entre os seus galhos.

O distrito das minas começa a cerca de 60 milhas do Rio de Janeiro. O que aí se produz vem para cá no lombo de mulas, escoltadas por destacamentos de cavalaria. Um destacamento permanece estacionado na capital, Minas, cidade que dizem ser grande e populosa. A província do Rio de Janeiro estende-se até as feitorias espanholas no Paraguai. A viagem daqui para o Mato Grosso, a mais distante das províncias portuguesas, é feita pelo Rio Grande, navegando, segundo dizem, seis meses contra a maré. O retorno consome cerca de três meses. É dessa região que vêm a salsaparrilha e o óleo de copaíba.

Todos os cuidados são tomados para que as pessoas provenientes das minas não contrabandeiem diamantes. Não somente o viajante é posto nu e é minuciosamente revistado, como ainda os seus cavalos e mulas são quase que purgados. Esse rigoroso escrutínio impele o engenho a buscar soluções, quase sempre felizes. Conta-se que um frei, vindo das minas, ocultou três magníficos diamantes numa imagem de cera da Virgem Maria que costumava carregar no bolso. Os soldados que o revistaram, excessivamente supersticiosos, agarraram a divina imagem e puseram-se a beijá-la com grande devoção, como se estivessem diante da amantíssima Senhora em carne e osso. Feito isso, devolveram-na para o santo padre sem examiná-la.

O quinto do ouro pertencente ao rei é cobrado nas casas de fundição, onde o minério é transformado em lingotes e é marcado, tornando-se, então, um meio corrente de pagamento. Caso o proprietário deseje ver o seu ouro cunhado, deve pagar 2,5% do valor para a Casa da Moeda. O ouro colonial circula em peças de 4 mil-réis (ou 25 xelins), as quais são muitíssimo misturadas para evitar que saiam da colônia. A maioria do ouro enviado para Portugal é cunhada em peças de meia dobra (2 libras). A exportação do ouro não cunhado é crime, e o infrator é punido com degredo, por toda a vida, para a costa da Guiné.

O salário do vice-rei é de somente 2.600 libras anuais, mas, somadas as gratificações, normalmente fica entre 15 e 20 mil libras. O valor extra vem dos salários dos oficiais, dos quais o vice-rei, encarregado de pagá-los, retira anualmente a terça parte. O ocupante do cargo deve aí permanecer por um período de três anos. Contudo, a pessoa geralmente não o abandona antes de acumular uma gorda fortuna. Normalmente, são indicados para o posto indivíduos pertencentes à nobreza empobrecida. O atual vice-rei pertence a uma família de Valença, aparentada com a família real portuguesa da casa de Bragança. Trata-se de um homem culto, liberal e de maneiras polidas. Aparentemente, ele nutre alguma simpatia pela Inglaterra. O estatuto do vice-rei não pode, de modo algum, ser comparado ao do nosso governador-geral na Índia. Tampouco os seus supostos rendimentos são os mesmos.

O ciúme do estrangeiro, muito vivo no Rio de Janeiro alguns anos atrás, parece ter desaparecido por completo. Tivemos total liberdade de excursionar, fosse a pé ou a cavalo, até tão longe quanto nos aprouvesse e sem a companhia de nenhum guarda. Essa indulgência, contudo, parece dever-se aos sentimentos liberais do governador, e foi estendida somente aos oficiais a serviço do rei. Os regulamentos referentes aos estrangeiros não foram, de modo algum, revogados, e podem, de uma hora para outra, retornar com toda força. Recebemos autorização para cortar lenha do lado leste da baía. Aproveitávamos para vagar despreocupadamente pela região, onde alguns ingleses da expedição do capitão Cook enriqueceram os seus conhecimentos botânicos e recolheram algumas amostras de plantas nativas. Muito devemos ao estudo das plantas sob o olhar classificatório dos botânicos.

O progresso do distrito do Rio de Janeiro, apesar da inércia dos portugueses, tem sido rápido. Nada, é certo, que se compare ao desenvolvimento que teria a região se tivesse sido colonizada por um povo mais industrioso. E Portugal levava grande vantagem sobre as demais nações europeias que colonizaram a América, pois possuía feitorias na costa da África, onde os colonizadores podiam facilmente obter contínuo suprimento de escravos.

A metrópole não vê com bons olhos a presença de navios estrangeiros nos portos da colônia e proíbe a entrada de qualquer tipo de manufatura. A produção de sinos de ferro fundido para as igrejas é punida com especial rigor, pois teme-se que os colonos venham a descobrir que sinos e canhões são feitos do mesmo material.

Os reputados comerciantes locais jamais pensam em tirar qualquer partido do seu dinheiro, aplicando-o a juros, por exemplo. Muitos velhos avarentos, por falta de bancos, guardam largas somas em cofres, que são conservados em suas casas. Desses, muitos vivem dos rendimentos de seus escravos. O comércio, embora sujeito a monopólios e restrições, a um imposto de 10% que incide sobre todas as mercadorias e à tradicional indolência dos portugueses, não é nem de longe insignificante e vem crescendo de ano para ano. A metrópole proíbe qualquer comércio com estrangeiros ou com navios estrangeiros. Os navios utilizados no comércio do Brasil saem exclusivamente de Lisboa e do Porto. São três frotas por ano, que retornam para as mesmas cidades de onde partiram. Os comerciantes, no entanto, começam a enxergar as enormes desvantagens desse método. Navios particulares têm sido autorizados a navegar para a Europa em qualquer época do ano. Os navios estrangeiros que se aventuram a comerciar na costa estão sujeitos ao confisco. Um navio de linha e duas brigues de guerra, estacionados no Rio, cuidam para que tais normas comerciais sejam respeitadas.

A exportação anual do porto do Rio de Janeiro é, segundo fontes confiáveis, mostrada na tabela da página 266.

Cerca de 50 navios, de 300 a 800 toneladas cada, fazem vela anualmente daqui para a Europa. Essas embarcações são, na sua maioria, construídas no Brasil, com uma madeira que dizem ser tão resistente quanto o carvalho. A cidade importa roupas de lã, tecidos de algodão estampados, produtos manufaturados diversos, artigos de cutelaria, vinhos e todos aqueles bens indispensáveis à economia doméstica dos europeus. O comércio com a África emprega 25 navios de 150 a 400 toneladas. Quando partem, essas embarcações levam rum, pólvora, armas, algodão grosseiro e quinquilharias; na volta, trazem escravos, cera e marfim — exportado posteriormente para a Europa. O milho e o trigo são adquiridos no Rio Grande. Cerca de 130 navios, de 50 a 100 toneladas, são empregados

Exportação	Quantidade	Preço no Rio	Valor Total
Açúcar	13.000 caixas de 15 quintais cada	44 d. por libra	325.000 libras
Rum[a]	5.000 tonéis de 150 galões cada	15 d. por galão	46.875 libras
Café[b]	80.000 libras	6 d. por libra	40.000 libras
Ouro	400.000 meias dobras	2 libras cada	800.000 libras
Prata[c]	700.000 dólares espanhóis	5 xelins cada	175.000 libras
Couro cru[d]	3.000 toneladas	—	90.000 libras
Arroz	500 toneladas	25 libras a tonelada	7.500 libras
Algodão	800 toneladas	1 xelim por libra	89.600 libras
Índigo	Insignificante	—	10.000 libras
Cochinilha[e] Cacau[f] Madeira corante Drogas	Variável	—	30.000
		Valor total das exportações:	1.613.975 libras

a. Duzentos tonéis são enviados para Angola, onde são trocados por escravos.

b. No ano de 1794 foram exportadas somente 40.000 libras de café.

c. A prata é enviada para a Índia e para a China. Não há minas de prata no Brasil. O metal é comprado das possessões espanholas na forma de dólares. Parte é cunhada novamente e entra em circulação na colônia.

d. Comprado no Rio Grande.

e. Procurado pelas colônias espanholas do rio da Prata.

f. Em expansão.

nesse comércio e no contrabando para as colônias espanholas. O governo espanhol, a propósito, é tão ciumento de suas possessões na América quanto o português, proibindo que os estrangeiros mantenham qualquer contato com elas. Decorre daí o contrabando referido, que conta com a mútua conivência de ambos os governos coloniais e permite o enriquecimento de particulares, em prejuízo dos cofres públicos de ambos os países.[27]

Todo artigo comercializado ou consumido no Rio de Janeiro, seja ele produzido na colônia ou importado, paga à Coroa, na forma de imposto, antes de ser colocado à venda, a décima parte do seu valor. Somente a taxa cobrada sobre o pescado rende anualmente 18 mil coroas. Os coletores de impostos, no exercício do seu ofício, têm ordens de recorrer ao auxílio militar caso haja resistência por parte do pagador. A receita total arrecadada no distrito do Rio de Janeiro atinge a cifra de 4 milhões de libras esterlinas.

A cidade importa anualmente de 10 a 12 mil negros. Seu valor é assim estimado: um negro adulto vale 40 libras; uma mulher, 32 libras; e um garoto, 20 libras. O valor de um negro aumenta muito caso ele já tenha sido atacado pela varíola. A alimentação de um escravo consiste em pão de caçava, milho da Índia tostado e alguns peixes apanhados na costa. No interior, os proprietários não têm qualquer despesa com a alimentação de seus negros, pois distribuem entre eles pequenos pedaços de terra e lhes concedem um dia da semana para cultivá-la. De tal cultivo o escravo deve extrair o seu sustento e o de sua família. Os negros dos engenhos andam completamente nus. Na cidade, porém, os proprietários são mais atentos às leis da decência.

Logo que chega um carregamento de escravos importados, os negros, antes de serem postos à venda, são cristianizados. Para esse fim, são conduzidos ao adro de uma igreja e separados em tantos grupos quantos forem os nomes lembrados na ocasião. O padre põe-se, então, no meio de cada grupo, balança uma espécie de vassoura molhada sobre as cabeças

---

[27] Navios mercantes ingleses em viagem para a Índia e navios baleeiros, que passaram pelo Rio de Janeiro em busca de provisões, encontraram um verdadeiro mercado privado à sua disposição, com tecidos, manufaturas diversas, meias, chapéus, cerveja, manteiga e queijos. Os oficiais da alfândega e os oficiais dos guardas-marinhas, constantemente em contato com os navios mercantes que entram no porto, conduzem esse negócio com muito engenho e zelo. (*N. do A.*)

dos integrantes e, quando estes já estão suficientemente encharcados, grita para eles o nome que adotarão daí por diante.

A maior parte dos negros importados segue para as minas, onde vão substituir os que lá tombam, vítimas da atmosfera insalubre. Muitos morrem logo, devido à mudança de clima, à alteração da alimentação e a um abatimento moral, que aqui é desdenhado e tachado de casmurra. Levando-se em conta quase dois séculos de experiência, podemos ser induzidos a adotar a opinião de Voltaire, segundo a qual tanto uma causa física quanto a submissão de uma imensa tribo ao estado de abjeta servidão — por um punhado de estrangeiros, que somados não chegam a 1/10 da tribo subjugada — podem produzir tão extraordinário efeito. As falsas conjecturas acerca de tal ponto nascem, em geral, de uma falsa ideia: a de que, para julgar corretamente os outros, devemos nos colocar em seu lugar. Para fazermos isso, no entanto, somos obrigados a recorrer não aos sentimentos deles mas aos nossos, assumindo como garantido o que é contrário à natureza, a saber: que o homem é o mesmo em todo lugar. Devemos levar em conta que aquilo que a nossa constituição saudável e mente cultivada consideram ser o ápice da miséria pode ser tomado por indivíduos de temperamento diverso como um estado de relativa felicidade. Cada ser singular cria um modelo de felicidade na sua mente, um modelo único, não compartilhado por nenhum outro ser. Se o negro herdou da natureza a mesma capacidade intelectual do europeu, não deveríamos ver progredir a sua civilização ou, ao menos, vê-la adotar certos avanços da Europa? É certo que os tiranos brancos negaram a eles todos os meios de adquirir quaisquer conhecimentos, no entanto, a essa objeção podemos contrapor o exemplo de tantos outros povos que saíram do barbarismo e, por conta própria, retomaram o caminho do gênio original. O líder dos negros de São Domingos pode ser citado como exemplo dos grandes talentos e do espírito invencível dos filhos da África. As exceções, porém, por vezes somente confirmam as regras. Uma guerra civil ou uma revolução cria um palco gigantesco para a exibição de talentos e dá ao gênio nacional a oportunidade de distinguir-se, superando todos os obstáculos colocados pela carência de educação ou pela opressão política. No tumulto que teve lugar nas Índias Ocidentais, surgiram uns poucos líderes entre os nativos, dotados de um *lusus naturae* que os tornava mais capazes de se revoltarem contra o estado geral de degradação em que viviam. A educação, é legítimo supor, pode dotar um negro dos talentos e habilidades de um europeu tanto quanto pode transformar um cavalo de tiro num corcel ou um cachorro vira-lata num sagaz cão de caça. Contudo, embora a natureza tenha negado aos filhos da África as luzes com que iluminou os filhos do Ocidente, ela não os privou de sua benigna influência. Por certo, ela não criou esses desgraçados para trabalharem e padecerem nas minas ou, no limite, para serem propriedade de outros homens. Se ela não os elevou ao nível dos homens nascidos nos climas temperados, nem por isso os rebaixou ao nível dos animais.

Os negros, ainda que se acomodem mais facilmente ao estado de sujeição, não são incapazes de compreender o valor da liberdade, nem desconhecem os meios de obtê-la e preservá-la. Eles não são sempre destituídos de coragem e determinação — traços que caracterizam a superioridade do *senhor* europeu. Sofrem a dor com a mais estoica indiferença e, frequentemente, desafiam os seus senhores a puni-los, impingindo castigos a si próprios. Muitos deles fogem para abrigos nas montanhas, formando bandos de implacáveis saqueadores que, impelidos pela vingança, promovem constantes ataques às fazendas da região.

Pouco tempo antes da nossa chegada, um ato de heroísmo foi protagonizado por um negro nativo. Trata-se de um ato que, se realizado na antiga Roma, renderia ao protagonista uma estátua ao lado da de Virgílio. Embora a minha pena seja totalmente incapaz de fazer justiça à história, seria um absurdo omiti-la.

O senhor é obrigado por lei a conceder a liberdade de um escravo caso este possa comprá-la, por um valor estabelecido com isenção. Tal é, pode-se dizer, o único direito que tem essa desgraçada raça.

Conta-se que um certo senhor D., um opulento fazendeiro das minas, tinha entre seus escravos um negro de nome Hanno, que nascera escravo mas que a inteligência elevara acima de seus companheiros. Mal tinha Hanno atingido aquela idade em que todo zéfiro traz os sinais do amor quando se viu perdidamente apaixonado por Zelida, uma jovem negra de sua idade, pertencente ao mesmo senhor. Para o escravo, tudo na negra era belo aos olhos e agradável ao pensamento. A paixão foi mútua e cresceu de dia para dia. Hanno, contudo, apesar de ser um escravo, tinha a dignidade de um homem, e sua generosa alma não se conformava com a ideia de legar a escravidão aos seus descendentes — a única herança que recebera de seus pais. Diante disso, sua vontade foi enérgica e sua resolução inabalável: cumpriria as suas tarefas diárias, se distinguiria por sua diligência e fidelidade e, à custa de muito trabalho extra e frugalidade — sem, pois, defraudar seu mestre do tempo que lhe era devido —, economizaria um pouco de dinheiro.

Ao fim de sete anos, o escravo acumulou uma soma que lhe permitia comprar uma escrava. O tempo em nada alterara a sua paixão por Zelida, a quem estava unido pelos simples e naturais laços do amor. A ausência de dois anos do senhor D. obrigou Hanno a adiar a compra da liberdade de Zelida, que a essa altura já era mãe de um garoto e uma garota, ambos escravos por nascimento. Isso, todavia, não preocupava Hanno, pois ele havia poupado o suficiente para comprar também a liberdade dos filhos dela.

Logo que o senhor D. retornou de viagem, Hanno, conhecedor da sórdida avareza de seu mestre, cautelosamente procurou pôr-se ao abrigo da lei, declarando que um amigo lhe emprestara o dinheiro. O senhor D. concordou em efetivar a venda e fixou um dia para concretizar a operação, em frente a um magistrado. No dia acordado, Hanno dirigiu-se para a casa de seu mestre caminhando sobre as nuvens da esperança, com o coração animado pela mais profunda alegria. Afinal, aproximava-se o momento de resgatar a liberdade das almas que ele mais amava no mundo. Quando o escravo apresentou o ouro referente ao pagamento, o senhor D. acusou-o de ter roubado o metal de sua casa. Hanno, incapaz de levar mais longe a história do amigo emprestador, acabou por ser condenado e punido com extrema crueldade por seu mestre. O flagelado ainda sangrava quando retornou à sua choça. Malgrado fosse a casa de um escravo, sua modesta habitação, graças ao amor e à esperança, vivia momentos de alegria.

Hanno encontrou sua esposa dando de mamar à sua filha caçula, enquanto seu filho, ainda demasiado pequeno para andar, se divertia com uns brinquedos sobre a terra nua. Ignorando as insistentes perguntas de Zelida, o escravo pôs-se a dizer:

Zelida, para obter a sua liberdade, a qual desejo mais do que a minha própria, tenho, desde que nos conhecemos, me privado do pouco de conforto que a existência de um escravo permite; tenho trabalhado nas minhas horas de descanso, enquanto meus companheiros divertem-se; tenho reduzido minha escassa ração de caçava; tenho vendido meu naco de tabaco[28] e tenho andado nu sob os ardentes raios do sol e sob os rigores do inverno.[29] Pensei que, finalmente, conseguiria obter o objeto das minhas preocupações e privações. Esta manhã, entreguei ao senhor D. a soma necessária para comprar a sua liberdade e a de nossos filhos. Porém, quando o acordo estava para ser concluído na frente de um magistrado, o tirano disse que o dinheiro pertencia a ele e acusou-me de roubo, punindo-me por um crime que a minha alma abomina. Meus esforços para obter a sua liberdade abortaram. Os frutos do meu trabalho, assim como os do bicho-da-seda, serviram somente para alimentar a luxúria de um tirano. A flor da esperança para sempre

---

[28] O tabaco, quase tanto quanto o rum, é considerado um produto de luxo pelos negros. (*N. do A.*)

[29] O território do Brasil estende-se do mar até o alto de umas cordilheiras. À medida que se sobe, o frio aumenta. O distrito das minas produz muitas das frutas europeias e está sujeito a geadas. (*N. do A.*)

secou e o cálice da minha miséria está repleto. Resta ainda, porém, um caminho, um único caminho para livrar você, minha esposa, do flagelo da escravidão e da ignomínia da luxúria, resgatando-a juntamente com os nossos filhos das mãos desse monstro e de uma vida de sofrimentos.

Hanno pegou, então, um punhal e cravou no coração de Zelida. Em seguida, ainda embriagado pelo odor do sangue de sua esposa, desferiu um golpe no peito de cada um dos filhos. Quando interrogado, o escravo confessou tudo viril e firmemente:

Matei minha esposa e meus filhos para encurtar suas miseráveis existências no cativeiro. Poupei minha própria vida para mostrar ao meu brutal tirano o quão fácil é furtar-se ao seu poder e o quão pouco um negro teme a morte ou o sofrimento. Espero sofrer os mais penosos castigos que a sua mente cruel possa conceber, pois desprezo a dor (espeta um prego no braço e rasga a carne) *e desejo a morte. Esta é-me especialmente cara, pois permitirá que reencontre minha família, a qual, estou certo, já preparou a nossa morada na terra de nossos antepassados, onde nenhum branco cruel pode entrar.*

Apesar da arrogante apatia dos portugueses, não puderam ignorar tal apelo. O senhor D. foi severamente multado, e o magistrado, seu cúmplice na vilania, despedido de seu emprego. Creio que essa digressão se justifica por si mesma. Devo, entretanto, concluir o tema, mas não sem antes afirmar que tenho a esperança de que, num tempo não muito distante, os negros, de volta aos bosques em que nasceram, colham seus próprios frutos e cortejem suas amadas negras.

Os escravos creem que seus sacerdotes têm o poder de torná-los invulneráveis às armas dos inimigos. Daí nascem as mais sangrentas querelas entre indivíduos de diferentes tribos, querelas a que nem mesmo as mais rigorosas punições conseguem pôr fim. O ódio nacional é um dos princípios mais inflamadamente defendidos pelos ignorantes. Um verdadeiro John Bull despreza um francês com todas as suas forças, mesmo quando este é seu companheiro de cativeiro.

Há muito poucos índios no distrito do Rio de Janeiro. Os portugueses dizem que eles têm aversão a qualquer tipo de trabalho e, por isso, são empregados somente como barqueiros. Aos olhos da lei, os índios são inteiramente livres, e sua conversão para o cristianismo só pode ser obtida pela persuasão. Os missionários encarregados dessa tarefa são numerosos e, até o momento, têm se saído bem. No distrito das minas, há diversas povoações de índios batizados.

O porto do Rio de Janeiro é muito bem-defendido, contando com fortes e baterias em todos os lugares estratégicos. Essas fortificações são guarnecidas por um efetivo de 4 mil homens das tropas regulares, as quais têm um aspecto imponente e parecem muito bem-treinadas. Os brancos de todas as classes, cerca de uns 10 mil, são alistados numa milícia e treinados uma vez por mês. Dessa heterogênea tropa pouco se pode esperar num combate.

No tocante às relações políticas entre a colônia e a metrópole, podemos com segurança asseverar que os vínculos de dependência estão ao ponto de quase arrebentar. As restrições ao comércio, a taxa de 10% cobrada com extremo rigor (taxa desconhecida nas colônias inglesas) e a venalidade dos que ocupam o poder são males tão evidentes que somente uma completa cegueira mental poderia impedir os brasileiros de enxergar. O espírito de descontentamento, que há muito vinha crescendo na surdina, mostrou-se abertamente quando, alguns meses atrás, foi introduzido um novo selo na colônia. A medida esbarrou com a resistência da totalidade dos colonos que, para evitar as penalidades decorrentes do não cumprimento da lei, passaram a realizar os seus negócios de viva voz, fiando-se na honra.[30]

---

[30] Tal procedimento tem se intensificado desde então. (*N. do A.*)

Os brasileiros, que já estavam impacientes, estão sendo levados ao seu limite, e a metrópole, provavelmente, constatará demasiado tarde que um pequeno contratempo, sanável num primeiro momento, rapidamente pode ganhar enormes proporções. O espírito de revolução parece estar se espalhando por todo o mundo habitado. Atualmente, ele vem ganhando muita força nas regiões transatlânticas. A filosofia de Helvetius, Voltaire, Rousseau e Volney tem aqui os seus admiradores e defensores, homens que estão somente aguardando o momento oportuno para transformar uma centelha em chama. Os princípios defendidos pelos filósofos mencionados são amplamente divulgados pela sociedade maçônica, a qual nem o despótico poder do governo civil nem as denunciações da Igreja puderam destruir ou controlar. Em 1803, essa sociedade contava com somente 25 irmãos; em 1804, o número saltou para 100. Muitos inquisidores têm sido enviados de Portugal para pôr fim a esse estado de coisas, mas seus esforços têm sido vãos. A presença desses chacais do espírito, na verdade, tem causado pouquíssima inquietação, pois eles não possuem qualquer autoridade temporal e só podem enviar um réu para ser julgado em Lisboa depois de terem provado sua culpa. A república francesa, que parece não poupar esforços para levar o espírito revolucionário a todos os cantos do mundo — não se privando nem do uso da força nem da intriga —, não esqueceu do Brasil, onde seus emissários têm trabalhado ativamente pela causa da anarquia e da desordem. A metrópole, ciente do quão tênue é a sua posse da colônia, procedeu como um monarca fraco e proibiu a atividade tipográfica no país.

O Brasil, pelo curso que têm tomado os acontecimentos nacionais, deve, num tempo não muito distante, revoltar-se contra o estado de sujeição em que se encontra. A imensa região da América espanhola certamente seguirá os mesmos passos. Essa região do globo parece, pela sua posição geográfica, talhada para abrigar poderosos Estados. Suas divisões naturais e configurações também são muito favoráveis à conservação da liberdade. Embora a região, na sua maior parte, se situe na zona tórrida, suas grandes montanhas, onde o clima é temperado como no sul da Europa, garantem maior afinidade com a liberdade. Se a América do Sul tivesse sido colonizada por um povo do norte, um povo que trouxesse para cá o seu amor à liberdade, a região, hoje, teria uma aparência muita diversa da que tem.

EDIÇÃO UTILIZADA

O relato de James Tuckey foi editado pela primeira vez em 1805, na cidade de Londres. Uma edição fac-similar foi publicada, em 1974, por Marsh Taylor & Walsh, também em Londres, com tiragem de 500 exemplares. Paulo Berger, na sua *Bibliografia do Rio de Janeiro de viajantes e autores estrangeiros (1531-1900)*, menciona uma edição alemã de 1805, e Borba Morais, na sua *Bibliografia brasiliana*, uma edição alemã de 1825. Utilizamos a edição inglesa de 1805.

TUCKEY, James Kingston. *An Account of a Voyage to Establish a Colony at Port Philip in Bass's Strait, on the South Coast of New South Wales*. Londres: Longman, Hurst, Rees, and Orme, 1805, p. 40-113.

BIBLIOGRAFIA

TUCKEY, James Kingston. *Memoir of a Chart of Port Phillip*. Edição, introdução e comentários de John Currey. Melbourne: Colony Press, 1987.

_____. *Dictionary of National Biography*. Londres: Smith, Elder, & Co., 1885-1901, 66 vols.

George Mouat Keith

Nada conseguimos apurar sobre o tenente George Mouat Keith. Informa-nos a sua narrativa que ele viajava a bordo do Protector, um brigue de guerra de Sua Majestade britânica que, em 1805, se incorporou a uma esquadra que seguia da Inglaterra para o Cabo da Boa Esperança. A embarcação de Keith e os outros navios da esquadra alcançaram a costa brasileira na altura do litoral baiano e fundearam, por alguns dias, na Baía de Todos os Santos — a cidade é descrita pelo tenente com pouquíssima simpatia. Daí rumaram para o Rio de Janeiro, onde lançaram âncora a 3 de dezembro de 1805.

Keith dispôs, então, de uns poucos dias para recolher informações sobre a capital da América portuguesa. Insatisfeito, porém, com o que conseguira apurar, ele consultou outros viajantes que tinham passado pelo Rio de Janeiro e não hesitou em copiar da narrativa de dois deles, James Cook e Louis Antoine Bougainville,[31] mais da metade da descrição da cidade que vinculou nas páginas de seu livro, editado em 1809.

Essa apropriação espúria levou dois eminentes historiadores brasileiros, Borba Morais e Oliveira Lima, a incorrer em erro. Ambos — o primeiro,

---

[31] Sobre as viagens de Bougainville e James Cook, ver Visões do Rio de Janeiro colonial. Antologia de textos (1531-1800), p. 156-167 e 168-190.

na sua Bibliografia brasiliana, *e o segundo, no seu* Dom João VI no Brasil — *tomaram os dados avançados por Keith sobre o Rio de Janeiro como se referindo ao ano de 1805, quando, na verdade, esses dados, copiados de Cook e Bougainville, dizem respeito ao ano de 1768.*

No dia 25 de novembro, segunda-feira, depois de termos carregado o navio com água e víveres e instalado um novo gurupés, estando a frota pronta para ganhar o mar, partimos com despachos para o Rio de Janeiro. Nada digno de nota ocorreu até domingo, 1º de dezembro, quando atingimos a altura de Cabo Frio. Cometemos, porém, um engano e, pensando tratar-se do referido cabo, quase ancoramos na Ilha de Dancoran. Há muita parecença entre os dois locais. Na segunda-feira, dia 2, encontrávamo-nos a 23°32'. As terras altas, próximas ao Rio de Janeiro, estavam a N.O., cerca de 10 a 11 léguas distantes.

Na terça-feira, dia 3, às 5 horas da tarde, entramos no porto do Rio de Janeiro. O forte de Santa Cruz sinalizou para que ancorássemos debaixo de seus canhões. Uns dez minutos mais tarde, tal aviso foi reforçado com um tiro de canhão. Ancoramos sobre um fundo de 20 braças, com o forte de Santa Cruz a S.S.E., o Pão de Açúcar a S.S.O. e a Ilha das Cobras a N.O.

O Rio de Janeiro, cidade da América do Sul, capital de província e, presentemente, capital do Brasil, está situado à margem de um rio homônimo, a 22°54' de latitude sul e a 42°43' de longitude oeste do meridiano de Greenwich. O nome deve-se, suponho, ao fato de o rio que dá nome à região — rio que mais parece ser um braço de mar, pois não recebe nenhum volume significativo de água doce — ter sido descoberto no dia de São Januário.

A cidade encontra-se sobre um platô, na margem oeste da baía, ao pé de uma cadeia de montanhas. Ela é razoavelmente bem-traçada e bem-construída. As casas são de pedra, têm em geral dois andares e contam, à maneira portuguesa, com uma varanda. O seu perímetro, segundo o capitão Cook, é de 3 milhas. Aparentemente, é do mesmo tamanho das capitais de província da Inglaterra. As ruas são retas e de uma largura apropriada, entrecortando-se em ângulos retos. A maior parte delas, contudo, alinha-se com a cidadela de São Sebastião, situada no alto de uma montanha que domina a cidade.[32]

A água que abastece o Rio de Janeiro é obtida nas montanhas vizinhas, chegando à cidade através de um aqueduto, sustentado sobre duas séries de arcos, que em alguns trechos se elevam a uma altura considerável do solo. Desse aqueduto, a água é conduzida por canos até a principal fonte da cidade, localizada numa praça em frente ao palácio do vice-rei. Essa água é de tão má qualidade que os homens do capitão Cook, mesmo depois de terem passado meses no mar, consumindo uma água imunda armazenada em barris, não conseguiram bebê-la com prazer. Em outras partes da cidade, dizem, é possível encontrar água de melhor qualidade.

As igrejas locais são muito vistosas. Há, por aqui, mais procissões do que em qualquer país católico da Europa. Diariamente, os membros de uma das paróquias saem pela rua carregando as suas brilhantes e suntuosas insígnias; em todas as esquinas há alguém esmolando ou rezando em alto som.

O governo é misto na forma, mas absoluto no exercício. Ele é composto pelo vice-rei, pelo governador da cidade e por um Conselho. Nenhum ato judicial pode ser realizado sem o consentimento desse Conselho, no qual o vice-rei tem voz preponderante. Contudo, tanto ele como o governador podem, segundo os seus caprichos, mandar um homem para a prisão e até para Lisboa. Casos houve em que nem os amigos nem a família do sequestrado foram informados das razões da acusação e tampouco vieram a saber do paradeiro do acusado após a detenção.

Com o objetivo de impedir que os habitantes do Rio de Janeiro viajem para o interior e cheguem às regiões onde se encontram as minas de ouro

---

[32] Os parágrafos que se seguem foram retirados, quase sem nenhuma alteração, da narrativa de James Cook: *Cook's Voyage (1768-1771)*. In: John Hawkesworth, *An Account of the Voyages Undertaken by the Order of his Present Majesty for Making Discoveries in the Southern Hemisphere*. Londres: W. Strahan and T. Cadell, 1773, vol. II, cap. II, p. 18-38.

OUTRAS VISÕES DO RIO DE JANEIRO COLONIAL

e diamante, o vice-rei tem autoridade para fixar os limites da cidade, limites que ninguém pode ultrapassar sem autorização.

A população do Rio de Janeiro, de tamanho considerável, é composta por portugueses, negros e por índios (naturais do país). Estima-se que a capitania ou província, da qual a cidade é uma pequena parte, possua 37 mil habitantes brancos e 629 mil negros, muitos deles livres, perfazendo um total de 666 mil homens. O corpo militar é composto por 12 regimentos de tropas regulares, seis portugueses e seis crioulos, e 12 regimentos de milícia provincial.

As mulheres do Rio de Janeiro, assim como de todas as colônias espanholas e portuguesas da América meridional, concedem seus favores mais facilmente do que as dos países civilizados. Quanto aos assassinatos, eles são frequentes nesse lugar, pois as igrejas oferecem asilo aos criminosos.

As imediações da cidade são muito agradáveis. Os lugares mais selvagens são cobertos por uma grande diversidade de flores, que superam as dos jardins mais elegantes da Inglaterra na quantidade e na beleza. Sobre as árvores e arbustos é possível encontrar uma quantidade infinita de pássaros, a maior parte deles coberta com plumagem brilhante; o que mais nos chamou a atenção foi o colibri. Os insetos também são muitos — alguns de rara beleza — e mais ágeis do que os da Europa. Essa última observação é válida, sobretudo, para as borboletas, que voando ao redor das partes altas das árvores só se deixam apanhar quando um vento forte, que sopra do mar, as obriga a voar mais próximo do solo.

Poucas são as terras cultivadas. A maior parte dos terrenos está abandonada, indicando uma significativa falta de interesse dos habitantes pela agricultura. As pequenas hortas são mais comuns. Nelas se cultiva grande parte dos legumes que conhecemos na Europa, sobretudo a couve, a ervilha, a fava, o feijão e o nabo; legumes, todavia, de qualidade inferior aos nossos. O solo produz também melancias, abacaxis, melões, laranjas, limões, bananas, mangas, cajus, nozes, jambos de duas espécies, cocos, nozes de palmeira de duas espécies (uma comprida e outra redonda) e tâmaras.

As melancias e as laranjas são, de todas essas frutas, as melhores. Os abacaxis, embora tenham mais sumo e sejam mais doces, são inferiores aos ingleses, que têm um sabor mais marcado. Suponho que eles sejam naturais desse país, apesar de não os ter encontrado em estado selvagem. Os melões que experimentamos eram ainda piores: farinhosos e insípidos. As melancias, ao contrário, eram deliciosas: saborosas e com um grau de acidez não encontrado nas nossas. Há também muitas espécies de peras e algumas frutas típicas da Europa — maçãs e pêssegos, sobretudo, ambos sem gosto e sem suco. Os inhames e a mandioca — conhecida nas ilhas da América como caçava — crescem abundantemente nos jardins locais; a farinha derivada desta última é denominada aqui farinha de pau. O solo produz, ainda, tabaco e açúcar, mas não produz nenhum tipo de trigo. Além daquela derivada da mandioca, a única farinha de que dispõem os habitantes é importada de Portugal e vendida a 1 xelim a libra; essa farinha, em razão do calor marítimo, geralmente chega ao Rio de Janeiro em péssimo estado. A única manufatura que o capitão Cook viu na cidade era dedicada à produção de redes de algodão, utilizadas nessas plagas como meio de transporte. Em geral, são os índios que fabricam esse artefato.

A principal riqueza do país são as minas, das quais muito ouro é extraído. Os perigos que se correm na sua extração também não são poucos. Anualmente, 4 mil negros são importados pelo rei para realizar esse trabalho.[33] As minas, chamadas *gerais*, distam desta cidade somente 75 léguas. Elas rendem ao rei, todos os anos, através do direito de quinto, pelo menos 112 arrobas de ouro; em 1762, os lucros giraram em torno de 119 arrobas. A designação de gerais aplica-se às minas de rio das Mortes,

---

[33] A partir daqui, o texto reproduz literalmente a narrativa de Bougainville: *Voyage autour du Monde, par la Frégate du Roi La Bondeuse et la Flüte L'Étoile; En 1766, 1767, 1768 & 1769*. Paris: Chez Saillant & Nyon, Libraires, 1771, cap. V, p. 74-85.

de Sabará e de Serro Frio. Desta última, além do ouro, extrai-se a quase totalidade dos diamantes provenientes do Brasil. Trata-se de uma mina localizada no fundo de um rio, que foi devidamente desviado para que se pudesse recolher, em meio ao calhau do seu leito, diamantes, topázios, crisólitos e outras pedras de qualidade inferior.

Todas essas pedras, salvo os diamantes, não são de contrabando, pois pertencem aos empreiteiros, que para levar a cabo a exploração de uma mina são obrigados a remeter para a Coroa uma percentagem dos diamantes encontrados. Esses diamantes são entregues ao intendente do rei, que os coloca dentro de um pequeno cofre de três fechaduras: o intendente possui uma chave, o vice-rei outra, e o provedor da Fazenda Real uma terceira. Esse pequeno cofre, juntamente com as três chaves, lacradas com os sinetes das três pessoas mencionadas, é colocado dentro de uma segunda caixa. O vice-rei não tem o poder de abri-la. Sua função é somente guardá-la dentro de um cofre-forte, lacrá-la com o seu sinete e remeter tudo para Lisboa. A abertura desse conjunto de cofres é feita na presença do rei, que escolhe os diamantes que quer e paga por eles um preço previamente estipulado nos contratos de exploração.

Os empreiteiros pagam por dia à Coroa 1 piastra (moeda espanhola) por cada escravo que empregam na extração de diamantes. O número de escravos num empreendimento desse tipo pode chegar a 800. O contrabando de diamantes é o mais severamente punido. Se o contrabandista é pobre, paga com sua vida; se porventura tem bens, é condenado a pagar duas vezes o valor dos diamantes contrabandeados, além de ser mantido preso durante um ano e, posteriormente, enviado para o exílio na África. Apesar do rigor da lei, essas pedras, facilmente ocultáveis, são contrabandeadas em larga escala.

O ouro extraído das minas não pode ser transportado para o Rio de Janeiro sem antes passar pelas Casas de Fundição, onde são cobrados os direitos da Coroa. A parte que cabe aos particulares é convertida em barras, que trazem inscritos seu peso, seu número e as armas do rei. Além dessas marcas, o ouro, após ser tocado por um encarregado, recebe um sinal que define sua qualidade. Essa operação visa facilitar, nas casas da moeda, a atribuição de valor às barras.

As barras pertencentes a particulares são registradas num posto localizado em Paraibuna, a 30 léguas do Rio de Janeiro. Nesse posto, um capitão, um tenente e 50 soldados zelam para que o quinto e o direito de portagem — 1 real e meio por cabeça — sejam religiosamente pagos. A metade do produto arrecadado no direito de portagem pertence ao rei e a outra metade é dividida entre os membros do destacamento, respeitando a hierarquia militar. É impossível retornar das minas sem passar por esse posto e sem ser aí revistado com todo o rigor.

Após esse processo, os particulares são obrigados a levar todo o seu ouro em barra para a Casa da Moeda do Rio de Janeiro, onde o metal precioso é trocado em moedas de meio dobrão ou 8 piastras espanholas. Sobre cada moeda dessas o rei ganha, através da fundição e do direito de cunhagem, 1 piastra.

A Casa da Moeda do Rio de Janeiro é um dos mais belos prédios existentes na cidade. Ele é dotado de todas as comodidades necessárias para realizar com agilidade as operações que aí têm lugar. Como o ouro chega das minas quase ao mesmo tempo em que as frotas chegam de Portugal, é necessário que o trabalho de fundição seja rápido, o que é conseguido com uma eficácia surpreendente.

A chegada dessas frotas traz grande prosperidade para o comércio do Rio de Janeiro, especialmente quando a proveniência é Lisboa, pois as que chegam do Porto limitam-se a colocar no mercado vinhos, víveres, vinagre, aguardente e alguns tecidos grosseiros produzidos nas imediações dessa cidade portuguesa. Logo que tais frotas entram no porto, todas as mercadorias que trazem são conduzidas à alfândega, onde é pago um imposto de 10%. É importante observar que atualmente, em razão dos problemas que se enfrentam na comunicação entre São Sacramento e Buenos Aires, esse imposto tem vindo a ser cada dia menos lucrativo. Quase todas as

OUTRAS VISÕES DO RIO DE JANEIRO COLONIAL

mercadorias mais caras eram enviadas para as províncias do sul e daí eram contrabandeadas, através de Buenos Aires, para o Chile e para o Peru. Esse comércio ilegal rendia, anualmente, cerca de 1 milhão e meio de piastras. Como se vê, as minas do Brasil não produzem dinheiro. Os maiores lucros dos portugueses provêm dessa atividade ilegal e do tráfico negreiro. É difícil avaliar qual o montante da perda ocasionada pelo encerramento do canal de contrabando mencionado. Sabe-se que ele ocupava, mensalmente, 30 embarcações para a cabotagem da costa do Brasil ao rio da Prata.

A despesa total que o rei de Portugal tem com o Rio de Janeiro, incluindo o pagamento das tropas e dos oficiais, a manutenção dos prédios públicos, o gasto com as minas e os reparos dos navios, atinge cerca de 600 mil piastras, sem contar a construção dos navios de linha e das fragatas. A Receita Real em um ano é a seguinte: quinto do ouro referente a 150 arrobas anuais, 1.125.000 piastras; direito dos diamantes, 240 mil; direito de cunhagem da moeda, 400 mil; 10% de alfândega, 350 mil; 2,5% da contribuição para Lisboa, 87 mil; pedágios, vendas de empregos, ofícios e geralmente tudo o que provém das minas, 225 mil; direito sobre os negros, 110 mil; direitos sobre a pesca da baleia, sal, sabão e o dízimo sobre os gêneros da terra, 130 mil; o total perfaz 2.667.000 piastras. Se abatermos as despesas mencionadas, ver-se-á que o lucro que o rei de Portugal retira do Rio de Janeiro alcança cerca de 450 mil libras esterlinas.

O porto do Rio de Janeiro está situado a O. 1/4 N.O., a 18 léguas de Cabo Frio. Sua entrada é assinalada por uma montanha em formato de pão de açúcar, localizada na extremidade ocidental da baía. Como toda a costa é muito elevada e com muitos picos, é mais seguro reconhecer a entrada do porto através de umas ilhas situadas em frente, principalmente de uma, denominada Redonda, que está a 2 léguas da entrada da baía. A mais ou menos 4 milhas da costa, as primeiras ilhas encontradas por aquele que vem de leste (Cabo Frio) parecem dois rochedos; a 3 léguas a oeste dessas ilhas, fora da baía e próximo da costa, há mais duas. O porto é bom: a entrada não é larga, mas todos os dias, entre as 10 horas e o pôr do sol, o vento do mar sopra favoravelmente e permite que os navios entrem sem problemas. À medida que nos aproximamos da cidade, ele se alarga o suficiente para acolher uma grande frota de navios. Essa entrada é guardada por duas fortalezas.

A baía e a costa do Rio de Janeiro abundam de peixes. Apesar do clima quente, a cidade é bastante saudável. Enfim, como afirma o capitão Cook, trata-se de um bom lugar para reabastecer os navios e para dar descanso às tripulações. O porto é espaçoso e seguro. Excetuando a farinha de trigo, todas as provisões necessárias para uma embarcação são facilmente encontradas. Para suprir a falta de pão há o inhame e a farinha de mandioca. Compra-se na cidade carne bovina fresca ou salgada pelo preço de 4 soldos a libra. A carne salgada é preparada pelos habitantes locais, que após retirar os ossos e cortar a carne verde em fatias largas e finas, a salgam e a colocam para secar na sombra. Depois que seca, ela conserva sua qualidade por muito tempo. É raro nessas plagas encontrar carne de carneiro, e os porcos e as aves domésticas são muito caros. Os legumes e as frutas são fartos, mas, salvo a abóbora, não são próprios para viagens marítimas, pois perecem com muita facilidade. O rum, o açúcar e o melaço são excelentes e vendidos a um preço razoável. O tabaco é barato, mas de baixa qualidade. A cidade conta com um canteiro para a construção de navios e com um pontão para elevá-los.

EDIÇÃO UTILIZADA

O relato pouco original de sir George Mouat Keith conheceu somente duas edições: uma, em 1809, e outra, em 1819. Não chegamos a ver essa segunda edição, lançada em Londres a expensas do próprio autor.
KEITH, George Mouat. *A Voyage to South America*. Londres: Richard Phillips, 1810, p. 21-27.

James Hardy Vaux

O famoso batedor de carteiras, falsário e escritor inglês James Hardy Vaux (1782-?) nasceu na pequena cidade de Shifnal, no interior da Inglaterra. Pelo que nos conta em suas memórias, ele foi abandonado pelos pais pouco depois de nascer e criado pelo avô materno, um escriturário de meia-idade e de honestidade duvidosa. Sujeito a tal influência, o jovem precocemente manifestou certa tendência para a vida desvairada, e aos 15, 16 anos já dava golpes no patrão para pagar suas dívidas de pândega.

Sua entrada para o mundo do crime deu-se por volta de 1798, em Londres, cidade onde se estabelecera para trabalhar num escritório de advocacia. Vaux tomou um acentuado gosto pelo estudo das leis, sobretudo pelo estudo de suas brechas, e não tardou em pôr à prova os conhecimentos adquiridos, especializando-se em pequenos golpes e furtos de pouca monta. Em 1801, o velhaco, prestes a completar 19 anos, foi pela segunda vez capturado batendo carteiras e condenado a cumprir pena na Nova Gales do Sul (Austrália).

Seis anos de exílio custaram-lhe a condenação, anos por ele descritos com pouquíssima simpatia. Em 1807, graças à amizade que estabelecera com o governador Philip King, Vaux conseguiu finalmente pôr-se de novo a caminho de casa. King, que deixava o cargo de governador e estava prestes a embarcar no HMS Buffalo *rumo à Inglaterra, resolveu levá-lo como seu secretário pessoal. A embarcação partiu de Port Jackson no dia 10 de fevereiro de 1807 e a 22 de maio do mesmo ano entrou no porto carioca. O larápio inglês — que por mais duas vezes voltaria à Austrália como condenado (1810 e 1831) — permaneceu quase três meses (12 de agosto) no Rio de Janeiro e, por razões que o leitor saberá a seguir, gostou tanto da cidade que quase não retornou para seu país natal.*

No dia 20 de maio avistamos a entrada do Rio de Janeiro, porém, em virtude da calmaria, só conseguimos alcançá-la dois dias depois. No dia 22 de maio, após uma ventosa e arriscada travessia de 15 semanas, entramos nesse bonito porto. Digno de menção é o fato de que, no dia anterior, tínhamos aberto o último barril de carne salgada e distribuído ao regimento os derradeiros biscoitos. Caso tivéssemos perdido mais tempo na travessia, teríamos passado por grandes privações.

Logo que lançamos âncora, fomos abordados por um grupo de pessoas distintas, acompanhadas por um inteligente cavalheiro, que fazia as vezes de intérprete. Depois de uma rápida palestra entre esse homem e o capitão King, foi determinado que o último, sem demora, escrevesse uma carta oficial ao vice-rei explicando-lhe as razões da nossa arribada, a natureza de nossas necessidades e outros detalhes. O capitão acatou a sugestão e imediatamente preparou um rascunho, que fui encarregado de transcrever. A missiva explicava à Sua Excelência, o vice-rei, que o navio de Sua Majestade se encontrava em péssimo estado, com vazamentos e outros danos, e que necessitávamos de provisões, água etc. O capitão concluía manifestando o desejo de saudar a bandeira portuguesa com 15 tiros de canhão e pedia ao vice-rei que se comprometesse a responder com igual número de disparos.

Vale observar que, como os portugueses são extremamente formais e têm muito ciúme dos estrangeiros, o capitão King, cuja experiência nessas matérias é enorme, tomou todos os cuidados no sentido de não lhes dar

OUTRAS VISÕES DO RIO DE JANEIRO COLONIAL

nenhum motivo de queixa e de não lhes faltar com o devido respeito. Por seu lado, o capitão empenhou-se em defender a honra de sua nação, exigindo igual troca de formalidades, de acordo com o cerimonial corrente.

A nenhum navio estrangeiro, uma vez no interior do porto, é permitido avançar, para além de uma certa altura, sem uma autorização especial. Em razão disso, o capitão, na referida carta, pediu ao vice-rei que permitisse ao *Buffalo* lançar âncora acima da Ilha das Cobras, onde, beneficiando-se de um fundo limpo, a embarcação poderia sofrer os reparos necessários. O capitão requisitou, ainda: carpinteiros e calafetadores; um novo leme e um novo botaló (produzidos no estaleiro local), pois os nossos estavam partidos; permissão de desembarque, para pôr em ordem o cordame e acomodar convenientemente outras mercadorias; um suprimento diário de carne fresca, vegetais etc.; e outras coisas do gênero.

A resposta enviada por Sua Excelência ao capitão King foi extremamente cortês. Na missiva, o vice-rei não somente se dispunha a atender as demandas acima mencionadas, como ainda expressava os seus sentimentos de amizade pela nação inglesa e de respeito pela pessoa do capitão. O governante concluía com uma usual saudação portuguesa: *Deus preserve Vossa Excelência por muitos anos.* Juntamente com essa carta recebemos uma longa lista de regras e cerimônias que deveriam ser cumpridas pelos nossos regimentos. A lista foi comunicada aos homens pelo capitão, que lhes ordenou a mais estrita observância de todas as exigências. O capitão anunciou, ainda, as horas e os lugares em que os botes poderiam ancorar, o comportamento a ser seguido por um inglês quando em terra, o respeito que se deveria ter pela religião católica e por seus ministros etc.

Entre outras coisas, ficou determinado que todo inglês, ao passar diante de uma igreja, deveria tirar o chapéu. A mesma saudação deveria ser dispensada às imagens da Virgem Maria, espalhadas pelas esquinas das principais ruas da cidade. Tais imagens estão colocadas no interior de uma espécie de guarda-louças, que é protegido por uma porta de vidro e decorado com uma cortina, aberta de ambos os lados. Essas peças encontram-se fixadas na parede das casas, na altura das janelas do primeiro andar. Durante a noite, são acesas lamparinas para iluminá-las, o que causa um bonito efeito.

Foi ordenado também que toda e qualquer pessoa que encontrasse a *Hóstia* (uma grande procissão de padres, monges etc., seguida por uma imensa turba) deveria ajoelhar-se e assim permanecer até que o cortejo tivesse passado. Os padres, nessas ocasiões, ostentam imagens de ouro e prata do Salvador e de outros santos, instrumentos musicais, bandeiras, balões iluminados e uma série de outros artifícios que concorrem para tornar o espetáculo grandioso, solene e impressionante. Durante a minha estada na cidade, testemunhei diversas manifestações de caráter religioso. Na verdade, rara foi a noite que passei sem ver uma ou mais dessas festividades. Foge, contudo, aos meus propósitos entrar em mais detalhes sobre esse assunto.

Como essa era a minha primeira viagem a um país católico, não pude deixar de impressionar-me com o encanto e a grandeza das igrejas, com os espetáculos noturnos de fogos de artifício, com as iluminações, com o soar dos sinos e com outras demonstrações de religiosidade ou, não seria errado dizer, de superstição. Creio, contudo, que há algo de diplomático nessa maneira extravagante de comemorar os ritos religiosos. Pelo que pude observar, a proporção entre brancos e negros na cidade é de 1 para 19, sendo que a maior parte do contingente negro é composta por escravos. Ora, o esplendor e o encanto da música, das imagens, dos fogos de artifício, das procissões e de outros recursos, somados ao ambiente de profunda devoção católica em que os negros são criados, não apenas mantêm as suas mentes em contínuo estado de resignada sujeição como ainda satisfazem por completo os seus sentidos, não deixando nem tempo nem disposição para revoltarem-se contra o cativeiro.

Para resumir a minha narrativa: depois de resolvidas de maneira satisfatória para ingleses e portugueses as pendências iniciais, o capitão King, poucos dias após a nossa chegada, pôde ocupar, com toda a sua família,

OUTRAS VISÕES DO RIO DE JANEIRO COLONIAL

uma casa bonita, espaçosa, toda mobiliada e situada numa agradável parte da cidade. Eu, deliciado que estava com a vista desta bela cidade, tratei de acompanhá-lo. Mantive os olhos bem atentos aos hábitos e costumes dos habitantes, pelos quais, digo desde já, senti uma grande simpatia. O senhor Marsden e sua família também ocuparam uma elegante residência na cidade. Na verdade, todos os passageiros (que não eram poucos) deixaram o navio — que passou por uma completa reparação.

Durante a nossa permanência em terra tive muito tempo livre, tempo que empreguei em caminhadas pela cidade e arredores e em visitas a igrejas, conventos e outros locais dignos de nota. Procurei, ainda, por todos os meios que me foram oferecidos, adquirir uma noção mínima da língua portuguesa. Como essa língua tem um grande parentesco com o latim e com o francês, obtive um resultado mais satisfatório do que esperava. Graças a isso pude ampliar o meu conhecimento do lugar e estabelecer contato com inúmeros habitantes locais.

Na rua em que estávamos estabelecidos residia, na companhia de três jovens, uma velha senhora. Frequentemente, eu a via na porta de sua simpática casa, entretida com uns carretéis dispostos sobre uma almofada — essa atividade, além de proporcionar algum divertimento, oferece uma fonte de rendimentos para os membros mais jovens das famílias. Essa senhora e suas acompanhantes ficavam sentadas no chão da sala de visitas, de pernas cruzadas, em frente a uma porta de treliça, que permanecia sempre aberta para receber o ar fresco. Todas as tardes eu as encontrava nessa posição, entretidas numa animada conversa. A mais velha sempre a manipular as contas de uma corrente, ou rosário, com um crucifixo preso à ponta. Esse objeto, que a dama trazia dependurado ao pulso, parecia receber toda a sua devota atenção.

Frequentemente, passava por esse interessante grupo e, supondo que ele poderia proporcionar-me alguma emoção, comecei a cumprimentá-lo *en passant*, e fui sempre cortês e simpaticamente correspondido. A cada nova saudação, o diálogo que se seguia era mais e mais extenso. Decorrido algum tempo, a senhora, numa certa tarde, convidou-me para entrar e sentar — obviamente, não sentei no chão, pois a casa contava com cadeiras e com outras mobílias, todas elegantes mas desprovidas de luxo.

Essas boas damas fizeram-me inúmeras perguntas acerca do governador inglês (inclusive sobre as suas maneiras), sobre as minhas relações com a família desse senhor, sobre a minha pessoa etc. Procurei, tanto quanto pude, encontrar palavras, informá-las o melhor possível. Contei-lhes ainda o meu nome em português e elas passaram a chamar-me senhor Jacobe — não é hábito na cidade tratar as pessoas pelo sobrenome. Tive o prazer de constatar que nos compreendíamos razoavelmente bem.

Pelo que pude entender, a senhora chamava-se dona Joaquina Roza de Lacè (assim como Vicar de Wakefield, eu adoro dar os nomes completos) e era viúva de um oficial militar que serviu à Coroa portuguesa. Dona Joaquina recebia uma pensão do governo que, somada ao salário de suas talentosas filhas, lhe permitia viver de uma maneira simples mas distinta. As filhas da viúva chamavam-se dona Ana, dona Preciosa, dona Joaquina e dona Joanina.

A mãe era uma mulher extremamente agradável, cortês e afável ao extremo, porém muito devota. As filhas eram bonitas e, evidentemente, dotadas de um temperamento bastante suscetível. Mas, como as portuguesas em geral, comportavam-se de uma maneira muito reservada e eram zelosas da dignidade de seu sexo. Elas insistiram para que eu as acompanhasse num café, o qual foi servido, com muita cerimônia, por uma mulher negra. Depois de duas ou três horas agradavelmente despendidas, deixei-as com a promessa de que voltaria numa outra ocasião.

A partir dessa primeira visita raro foi o dia em que não frequentei a casa dessa honrada família. A cada encontro, mais aumentava nossa consideração mútua. Gradativamente, e de forma crescente, meus sentimentos inclinaram-se para a filha caçula, de nome Ana. Procurei, então, agradar a mãe, proferindo inflamados discursos em defesa da religião católica. Para demonstrar o meu respeito por essa crença, não somente

OUTRAS VISÕES DO RIO DE JANEIRO COLONIAL

passei a beijar a cruz que a senhora trazia presa ao pulso como também lancei mão de outros meios que julguei oportunos. Em pouco tempo tornei-me quase um membro da família, visitando-a a toda hora e sempre recebendo a melhor acolhida. As damas experimentavam um imenso prazer em aprimorar o meu conhecimento da língua portuguesa. Em retribuição, eu lhes ensinava um pouco de inglês.

Nessa época, havia muito poucos ingleses no Brasil. Os habitantes, no entanto, na sua maioria, demonstravam grande simpatia pelos homens de nossa nação. Para se ter uma ideia, mesmo os homens de mais baixo escalão da nossa companhia, ao transitarem pela rua, não deixavam de ouvir, da boca de homens, mulheres e crianças, a exclamação: *Muito bom inglês!* Eu e outras pessoas de aparência mais respeitável fomos muito gentilmente saudados por inúmeras mulheres, que gastavam horas espreitando-nos através de gelosias semiabertas. Embora a maior parte dessas mulheres se mostrasse tímida, cerrando a gelosia mediante a mínima aproximação do estrangeiro, consegui manter alguns minutos de conversação com muitas delas. Casos houve em que obtive permissão para beijar-lhes a mão, prova indiscutível de favorecimento e condescendência.

Durante a nossa permanência na cidade, o capitão King recebeu todas as demonstrações possíveis de respeito, tanto públicas quanto privadas. Quando o capitão saía a passeio na sua cadeira aberta (alugada por um mês) ou a cavalo, a guarda militar e os habitantes pelos quais passava prestavam-lhe as mesmas homenagens cabidas ao vice-rei. Essa autoridade, igualmente, dispensou-lhe as maiores atenções, visitando-o frequentemente, emprestando-lhe cavalos para passeios etc. Os mais importantes habitantes da cidade também não deixaram de demonstrar sua consideração pelo capitão King, convidando-o para inúmeros divertimentos públicos e privados.

Os portugueses superam-se na arte da música, sobretudo quando o instrumento é o violino ou a viola de gamba. Mais de uma vez fomos convidados para grandes festas patrocinadas por apreciadores de música, festas adornadas por deliciosos concertos vespertinos. Esse hábito é compartilhado por todas as pessoas elegantes daqui, as quais, em vez de se encontrarem para jogar, como fazem os londrinos, buscam essa maneira mais louvável e racional de divertimento.

Nos meus passeios, observei que, toda tarde, tão logo se aproximava o crepúsculo, fogueiras eram acesas em diversas ruas da cidade. As crianças, os negros e uma série de outras pessoas regozijavam-se, até avançada hora, em torno desses fogos, os quais jamais eram acesos duas vezes no mesmo ponto. Tive dificuldade para entender as razões dessa prática. Somente depois de algum tempo vim a saber que as fogueiras se destinavam a comemorar o aniversário das crianças. O dia escolhido para a comemoração, no entanto, não coincide com a data de nascimento da criança, mas sim com a data em que se celebra o santo que lhe dá nome. No dia de Santa Ana, por exemplo, todo aquele que tem uma irmã de nome Ana a festeja e, para regalo dos amigos, acende uma fogueira em frente à própria porta.

Como em praticamente todos os dias do ano comemoram-se santos ou santas, e os seus nomes são compartilhados por centenas de crianças, as tais fogueiras são numerosas e frequentes. O efeito que causam é bonito e alegre, especialmente para aqueles que sabem o seu significado. Acontece, porém, que, em muitos casos, as ruas são muito apertadas, e as fogueiras, excessivamente vistosas. Vi-me, mais de uma vez, em apuros para passar por certas vias da cidade, pois o intenso calor emanado dessas grandes fogueiras, intensificado pelas pedras utilizadas na construção das casas, ameaçava queimar-me.

Outra peculiaridade local que chamou a minha atenção foi o mercado de escravos. Situado nos subúrbios da cidade, esse mercado é abastecido pelos navios provenientes da costa da Guiné. Os desafortunados negros, ao desembarcarem, são acorrentados uns aos outros e conduzidos para o local de venda. Aí eles são comercializados da mesma maneira que os bois e os carneiros o são em Smithfield. Um negro jovem, com cerca de 15 anos — idade preferida pelos compradores —, custa em média de 30 a 50 libras.

Na cidade, a vida desses desgraçados é mais suportável do que se imagina. A esmagadora maioria dos habitantes possui pelo menos um escravo, ou uma escrava, encarregado dos afazeres domésticos. Os que escapam a esses serviços são enviados à rua pela manhã, para trabalharem por sua própria conta e obterem o máximo de rendimento possível. As negras, em geral, dedicam-se a vender água das fontes públicas, produto que anunciam aos gritos, tal como as vendedoras de leite em Londres. Quando requisitadas, as negras vendedoras param, despejam o conteúdo dos seus vasos na vasilha do comprador, recebem o pagamento pelo serviço (1 vintém, o que dá cerca de 3 meios pence) e caminham em direção às fontes para reabastecer. Causou-me surpresa ver o tamanho dos vasos que as vendedoras carregam, completamente abarrotados de água, no alto da cabeça. Alguns assemelham-se a tonéis de madeira e podem conter até 10 galões de água.

Tendo mencionado as fontes públicas — em grande número nesta cidade —, não posso deixar de descrevê-las. Em razão de haver poucas nascentes no Rio de Janeiro, a água é coletada no pico de uma elevada montanha e conduzida à cidade por um majestoso aqueduto, que atravessa um vale de muitas milhas de distância. Ao chegar à urbe, a água é distribuída pelas fontes situadas nas ruas principais. Essas fontes, todas muito bonitas, são construídas em pedra e contam com uma grande cisterna para armazenar a água. Esta escoa daí por umas bicas de metal fundido, muito bem-trabalhado, que têm a forma de bicos de ganso, de pato e de outras aves.

A venda de água é um negócio que ocupa muitas centenas de escravos. As fontes, constantemente, encontram-se repletas de carregadoras negras, e não é incomum eclodirem querelas e confusões entre elas. Com o fim de preservar a ordem pública, um soldado é colocado nas imediações. Essa autoridade obriga as negras a retirarem-se para uma travessa próxima, a sentarem-se sobre um longo banco preparado para esse fim e a aguardarem pacientemente a vez de abastecerem. Vale assinalar que essas inofensivas e industriosas criaturas, enquanto esperam a ordem da sentinela, conversam animadamente e fumam cachimbos. O incessante tagarelar desse grupo pode ser ouvido a grande distância, antes mesmo passante tê-lo sob a vista — o que confere ainda maior singularidade à cena.

Os negros desta cidade, a maioria dos quais nativos — negros nascidos ou daqueles importados da África ou de seus descendentes —, são dos mais bonitos que já vi. Os homens, em geral, vestem umas jaquetas de tecido grosseiro e calças; as mulheres, um tipo de vestido em tecido azul. A roupa branca utilizada pelas negras é impecavelmente branca, de textura fina e confeccionada com muito gosto, com as mangas e o peitilho adornados com trabalhos de agulha. Elas usam também braceletes e pulseiras nas pernas e nos pulsos, além de brincos nas orelhas; tudo do mais puro ouro. Os negros de ambos os sexos são muito limpos e de temperamento extremamente dócil e gentil.

Por intermédio das minhas respeitáveis amigas obtive permissão para frequentar a Ópera, se é que podemos assim chamar uma casa de espetáculos onde, pelo que pude observar, são representadas comédias e farsas praticamente desprovidas de música vocal. Como tinha imensa dificuldade em entender o enredo ou os diálogos, procurei satisfazer-me contemplando a *vista*, que se mostrou bastante interessante. A casa é quase do tamanho do nosso pequeno teatro de Haymarket; a plateia é solenemente ocupada pelo sexo masculino; os camarotes, porém, abrigam belas mulheres, vestidas de maneira muito elegante e adornadas com magníficos brincos, braceletes etc. O vice-rei tem um camarote no centro da primeira fila, exatamente em frente ao palco e à vista de toda a plateia. O espetáculo jamais começa sem a sua chegada, o que algumas vezes tarda em ocorrer. Quando Sua Excelência entra, todos os presentes levantam-se em sinal de respeito. O ingresso para a plateia custa somente 2 xelins; os camarotes são alugados por grupos, e custam 20 xelins por pessoa, independentemente do tamanho do grupo; não há galerias. A música que se escuta nesse teatro é excelente, e a orquestra, numerosa.

Pudera eu oferecer uma descrição das magníficas igrejas, dos conventos, dos edifícios públicos, das procissões, dos belos jardins, dos românticos caminhos e de diversas outras coisas dignas de nota que encontrei nessa rica e florescente cidade, bem como nos hábitos e costumes do seu povo. Infelizmente, isso foge aos meus objetivos e não me julgo suficientemente apto para essa tarefa, a qual deixo para uma pena superior à minha. Para mais, prometi relatar somente as minhas aventuras e devo evitar ziguezagues na narrativa.

Tudo o que vi no Rio de Janeiro agradou-me muitíssimo. O clima, em especial, fez tão bem à minha constituição física que com grande prazer despenderia o resto dos meus dias na América do Sul. Tal hipótese foi seriamente cogitada pelas minhas adoráveis amigas. A mais velha insistiu muito para que eu ficasse, asseverando que tanto ela quanto os seus numerosos e influentes amigos me garantiriam proteção e benefícios. Essa dama chegou mesmo a granjear-me um emprego numa casa de comércio, com um salário inicial de 1 dobrão (cerca de 3 libras e 12 xelins) por mês, quantia que seria aumentada à medida que adquirisse maiores conhecimentos da língua portuguesa. Contudo, o profundo desejo de retornar ao meu país natal, desejo sempre muito vivo no peito de um inglês, acrescido da vontade de ver, uma vez mais, os meus caros amigos, a quem tanto devia, prevaleceu sobre tudo mais e fizeram com que eu recusasse o convite — não, é claro, sem antes exprimir o quão grato eu estava por tão lisonjeiras ofertas.

Desde que parti de Portsmouth, em 1801, não ouvi uma única palavra da parte dos meus amigos na Inglaterra ou sobre eles. É quase certo que o meu querido protetor em Smithfield tenha pago o seu tributo à natureza. Alimento, no entanto, a secreta esperança de encontrá-lo vivo e de poder contribuir para que o crepúsculo da sua existência seja mais feliz. Esperava, na época em que passei pelo Rio,[34] aproveitar-me das boas relações

---

[34] Vaux escreveu as suas memórias quase dez anos depois de ter passado pelo Rio de Janeiro (1815).

de que gozava com o capitão King. Era, então, o meu firme propósito nunca mais afastar-me do caminho da retidão e tinha a plena convicção de que o governador, meu patrão, me ajudaria a persistir nessa decisão. Oh! Como eu estava enganado, como são incertos os favores dos poderosos.

O *Buffalo*, depois de ter sido reparado tão bem quanto as circunstâncias o permitiam e depois de ser satisfatoriamente abastecido com provisões, estava pronto para seguir viagem. Foi, então, determinada a data da partida. À medida que o dia se aproximava, eu redobrava as minhas atenções com a distinta família da estrada dos Macacos, família que todos os dias dava-me fortes provas do quão sentida estava com a minha partida.

No dia da viagem, procurei-as para um último adeus. Nessa ocasião, muitas lágrimas da parte delas foram derramadas, e eu, confesso, vi-me involuntariamente envolvido pela emoção. Recebi um caloroso abraço de todas. Quanto à irmã caçula, dona Ana, ela deixou temporariamente de lado o seu extremo decoro e permitiu que eu desse um apaixonado beijo em seus lábios. A mãe pareceu-me um tanto desconcertada com tamanha liberalidade, todavia, o apreço que nutria por mim abafou qualquer tipo de censura.

Devo observar, porém, que as portuguesas, antes do casamento, não permitem aos seus amantes mais do que um beijo na mão. Tal informação foi-me dada por dona Joaquina no primeiro encontro que tive com a sua família. Tendo em conta esse detalhe e o ar muito contrariado esboçado pela mãe na ocasião do beijo, concluí que fui demasiado caloroso com as adoráveis damas.

Depois de numerosas repetições de *Adeus*, de minha parte, e de *Deus te guarde, meu amigo*, da parte delas, separei-me abruptamente do grupo e com o coração cheio de tristeza e ternura corri para o bote que me conduziria, juntamente com outras pessoas que ainda estavam em terra, ao navio.

Aproveitando a brisa fresca da manhã, levantamos âncora e, com dificuldade, avançamos até o forte de Santa Cruz, na entrada do Rio de Janeiro. O *Buffalo* parou exatamente no mesmo lugar de onde havia, ao entrar, saudado esse forte. Cerca de uma hora depois fizemo-nos ao largo. Na tarde do mesmo dia (12 de agosto de 1807) perdemos a costa do Brasil de vista e seguimos nosso curso em direção à Europa.

EDIÇÃO UTILIZADA

As memórias de James Hardy Vaux, memórias que lhe valeram um modesto lugar na galeria dos literatos australianos, vieram a público pela primeira vez em 1819, na cidade de Londres. A obra foi reeditada em 1827, 1829, 1830 e, mais recentemente, em 1964. Utilizamos a edição de 1819, sem deixar de consultar a introdução e as notas de Noel MacLachlan para a edição de 1964.

VAUX, James Hardy. *Memoirs of James Hardy Vaux*. Londres: W. Clowes, 1819, p. 117-126.

BIBLIOGRAFIA

ELLIOTT, Brian. *James Hardy Vaux: a literary rogue in Australia*. Adelaide: Wakefield Press, 1944.

MACLACHLAN, Noel. "Introduction". In: *The Memoirs of James Hardy Vaux*. Edição, introdução e notas de Noel MacLachlan. Londres: Heinemann Ltd., 1964.

A escolta de dom João VI

A 7 de março de 1808 entrava na baía de Guanabara a nau que trazia o príncipe regente dom João VI. Acabava, enfim, por concretizar-se uma ideia que há muito circulava entre os cortesãos do reino: a de transferir a sede da monarquia portuguesa para o Brasil. Já o marquês de Pombal, cônscio da impossibilidade de Portugal resistir a uma iminente invasão espanhola, tinha cultivado tal projeto depois da Restauração. O marquês chegou mesmo a realizar um levantamento de custos da operação. O projeto desapareceu junto com a ameaça que o suscitara.

Em 1803, porém, o furacão napoleônico que varria a Europa obrigou os lusitanos a retomar a ideia. A suspeita de que a invasão francesa não tardaria e a certeza de que, se isso ocorresse, os inimigos rapidamente tomariam Lisboa — como de fato se passou —, voltaram a colocar na ordem do dia os planos de uma retirada estratégica da família real e de criação de um grande Império português sediado no Brasil, a melhor e mais essencial parte da monarquia, como destacava dom Rodrigo de Souza Coutinho numa memória dirigida ao rei em 1803. Dos planos à ação, o tempo foi relativamente curto. Em novembro de 1807 chegou a Lisboa a notícia de que as tropas de Napoleão tinham ultrapassado as fronteiras do reino e rumavam para a capital. Os acontecimentos então se precipitaram e, em

OUTRAS VISÕES DO RIO DE JANEIRO COLONIAL

meio a uma grande confusão, a família real e cerca de 15 mil pessoas embarcaram rumo ao Brasil.

A frota dos fugitivos, formada por oito naus, quatro fragatas, 12 brigues e alguns navios mercantes, zarpou do porto do Tejo a 29 de novembro de 1807. Aguardava-a, fora da barra, para conduzi-la em segurança *ao Brasil, uma esquadra de seis navios dos aliados ingleses, comandada pelo almirante Sir Sidney Smith (1764-1840). As embarcações navegaram juntas até a altura da Madeira. Aí o navio de Sir S. Smith separou-se dos demais e rumou para a Inglaterra — o almirante só chegaria ao Brasil em 24 de maio de 1808. As demais embarcações, depois de se dispersarem por causa de uma tempestade e se reagruparem na baía, seguiram para o Rio de Janeiro, onde lançaram âncora no referido 7 de março.*

A esquadra inglesa, mais tarde reforçada pelos navios Agamemnon *e* Foudroyant *(a bordo do qual veio Sir S. Smith), permaneceu 16 meses ancorada no porto carioca (até julho de 1809). Durante a ancoragem, o imediato do navio* London, *conde Thomas O'Neill, resolveu aproveitar o seu tempo ocioso e colocar no papel as suas observações sobre a fuga da família real e sobre a nova sede da monarquia portuguesa. O relato que nos deixou, publicado em 1809, é uma das últimas descrições do Rio de Janeiro dos vice-reis, do Rio de Janeiro anterior à europeização trazida por dom João VI.*

Parte do seu instrutivo texto foi aproveitada posteriormente pelo biógrafo oficial de Sir Sidney Smith, Edward Howard, e incluída, com ligeiras alterações, nas memórias do almirante. O leitor encontrará, a seguir, a descrição do Rio de Janeiro deixada pelo tenente e o fragmento de seu texto utilizado por Howard.

THOMAS O'NEILL

O Rio de Janeiro é a capital do Brasil há bastante tempo, muito antes de a família real deixar Lisboa. Traçarei uma breve descrição dessa cidade a partir do que pude apurar durante a minha estada.

O primeiro objeto que atraiu a minha atenção, ainda no mar e a cerca de 10 léguas da terra, foi um imenso rochedo chamado Pão de Açúcar. Localizado no exterior da entrada do porto, essa montanha de pedra é um importante marco para aqueles que nunca navegaram por esses mares. Dispostos ao seu redor estão vários outros rochedos — alguns dos quais inacessíveis —, cuja aparência de conjunto lembra as ruínas de um grande edifício. Ultrapassado o Pão de Açúcar, o cenário muda a todo instante. Do lado sul da entrada do porto há numerosas baterias e aprazíveis casas de campo.

A entrada do porto é estreita e defendida, de ambos os lados, por fortalezas. A do lado leste, chamada Santa Cruz, foi construída com uma excelente pedra branca e armada com 80 peças de artilharia, com balas de 11, 18, 36 e 68 libras. Todos os navios, ao entrar e sair do porto, são vistoriados por esse forte, o que dificulta em muito o acesso de um inimigo.

Depois de passar o forte de Santa Cruz e um outro forte, do lado sul, de nome São João, adentra-se a baía. Abre-se então aos olhos o mais belo, grandioso e pitoresco cenário do mundo. O interior da baía é grande o suficiente para conter mil navios de linha e quatro vezes o mesmo número de embarcações menores. Há aí numerosas ilhas, algumas das quais fortificadas.

Uma dessas ilhas, a da Boa Viagem, conta com uma excelente igreja, dedicada a Santo Antônio. Invariavelmente, os navegadores portugueses, ao saírem para o mar, pagam um pequeno tributo à divindade dessa igreja e pedem ao santo que lhes conceda uma viagem segura. Esse comportamento, para um protestante em particular e para as pessoas esclarecidas em geral, é considerado ridículo. Todavia, os costumes de outros países, especialmente os religiosos, embora possam parecer ao estrangeiro crendices sem valor, devem ser encarados com respeito. Recomendo aos navegadores ingleses que, caso não sintam nenhuma reverência por esse tipo de cerimônia, evitem manifestar o menor sinal de desrespeito. Pensem que, caso fôssemos examinar os costumes dos nossos compatriotas com lucidez e imparcialidade, veríamos que muitas das suas crenças são tão

OUTRAS VISÕES DO RIO DE JANEIRO COLONIAL

absurdas para um estrangeiro quanto as deles para nós. Além disso, todas as cerimônias religiosas, certas ou não, devem ser consideradas sagradas, e qualquer insulto ou observação leviana devem ser severamente punidos. Procedendo dessa maneira, diminuiremos a aversão que as classes mais baixas das populações de Portugal e de Espanha têm pelos habitantes do Reino Unido. Isso, mais do que qualquer outra coisa, expandirá o comércio e ajudará a ampliar a fraternidade universal.

O clima da América do Sul é agradável e salubre, estando livre de vários inconvenientes comuns a outros países tropicais. Embora situado sob o trópico de Capricórnio, o ar raramente é muito quente, pois uma brisa marítima sopra de manhã até a noite, quando tem início um vento terral.

A região circundante é a mais romântica que se pode imaginar: as montanhas das redondezas, algumas bastante elevadas, são cobertas com uma grande variedade de árvores e os vales são adornados com magníficas chácaras e abrigam plantações de cana-de-açúcar, milho, arroz, ervilha, feijão, inhame, batata-doce, alface, pepinos e de uma infinidade de ervas. As frutas tropicais são aqui extremamente abundantes, e os mercados recebem, diariamente, peixes, aves e carnes de todos os tipos e a excelentes preços.

O cultivo de jardins é muito apreciado e praticado por essas plagas. Dentro da cidade e nas suas imediações há vários deles bem-cuidados e embelezados com arbustos floridos. A população dispõe, para recreação, de um excelente jardim público. Este é circundado por uma parede branca, alta e forte, e ornado, na entrada — constantemente vigiada por dois sentinelas —, por um primoroso baixo-relevo dos últimos rei e rainha de Portugal. No seu interior os passeios são mantidos em excelente estado de conservação e, ao entardecer, são iluminados por numerosas lâmpadas, dependuradas em galhos de árvores.

No final do passeio, localizado do lado oposto à entrada, foram colocadas duas pirâmides de mármore branco, com cerca de 20 pés de altura. Na sua base estão esculpidas várias figuras que soltam água num tanque circular. Atrás dessa fonte há um monte artificial, de cima do qual dois grandes jacarés de metal vomitam, de suas ameaçadoras presas, um jato de água transparente que cai numa bacia. O fundo dessa bacia é cheio de cascalhos e suas margens são constantemente visitadas por numerosos pássaros aquáticos. No cume do referido monte, um majestoso e exuberante coqueiro, com suas longas folhas, projeta uma deliciosa sombra sobre um banco instalado na beirada da fonte.

Nas proximidades desse recanto, depois de subir dois lances de escada, entra-se num terraço, de onde se tem uma vista de grande parte do porto e de uma rua em frente ao mar, que leva à bela igreja da Glória. O alto dessa construção, cuja base é banhada pelo mar, está ornamentado com uma profusão de flores, intercaladas com pés de abacaxis plantados em grandes vasos de mármore. No centro do terraço, sobre um pedestal, ergueu-se uma bem-trabalhada estátua, em mármore branco, de um menino segurando uma tartaruga pela perna. A boca desse animal lança um jato de água que cai num reservatório feito com um bonito mármore rajado.

No final do jardim público há dois quiosques. Um deles foi decorado com excelentes pinturas da cidade, do porto e das riquezas extraídas do mar próximo; no teto, há umas incrustações, muito esquisitas, feitas com conchas. O teto do outro quiosque é adornado com plumas e pinturas, essas últimas representando algumas manufaturas e riquezas extraídas da terra. As duas construções são salubres e frescas, o piso e os bancos são de mármore e ambas contam com mesas e cadeiras para o conforto dos passeantes.

Distante cerca de 1 milha desse jardim, a leste, encontra-se 1 sequência de cômodos, usados como dependências para a assembleia. Esses cômodos foram adaptados com gosto e ornamentados com bonitas gravuras, entre as quais tive o prazer de distinguir os retratos de quatro heróis navais ingleses: Howe, St. Vincent, Duncan e o imortal Nelson. Quanto ao mobiliário desses aposentos, a influência do estilo inglês é notória, mais do que em qualquer outro edifício do Rio de Janeiro.

OUTRAS VISÕES DO RIO DE JANEIRO COLONIAL

Contígua às dependências da assembleia, há uma horta, na qual foi colocada uma máquina, movida por cavalos, que funciona como uma bomba-d'água. Tal bomba lança a água a uma altura de aproximadamente 100 pés, água que é depois distribuída por diversos reservatórios espalhados pelos jardins da região. Não muito distante dessa bomba, um grande aqueduto atrai a atenção do estrangeiro. Composto por 80 arcos, dispostos em duas fileiras com cerca de 40 pés cada, essa obra, quando vista da entrada do porto, oferece um bonito espetáculo, estendendo-se majestosamente sobre os edifícios daquela parte da cidade. Esse aqueduto foi edificado para colher a água de uma abundante nascente, situada numa das montanhas da região. Creio que seria mais barato transportar essa água em pipas, contudo o dinheiro não constitui um problema nesse país, onde o ouro é abundante e o trabalho, muito barato. Por esse aqueduto, tanto os habitantes quanto os muitos navios, que a negócios ou em descanso frequentam este porto, são plenamente abastecidos com água.

Em frente ao desembarcadouro está o palácio do príncipe regente, um edifício amplo e alongado, de dois andares: o andar inferior é ocupado pelos oficiais militares e por uma trupe de serviçais, abrigando ainda a caserna e a Casa da Moeda. Externamente, esse palácio não tem qualquer atrativo, todavia, no seu interior, há uma série de dependências espaçosas e imponentes.

O edifício do fundo, originalmente um convento, foi transformado em residência da rainha. Sua Alteza Real mandou construir um arco, sobre a rua, que dá acesso às dependências de Sua Majestade. Próximo ao palácio está a Casa da Ópera, um edifício sem atrativos exteriores, mas cujo interior é limpo e conta com excelentes acomodações. O espetáculo a que assisti nessa casa era bastante bom e superou as minhas expectativas.

O mercado encontra-se no extremo norte do quarteirão que se estende ao longo da praia. Essa localização é bastante conveniente tanto para os barcos que trazem frutas e legumes da praia oposta ao ancoradouro quanto para os navios pesqueiros. As pessoas empregadas nas vendas são quase todas negras. São escravos que nas suas horas livres ainda fiam algodão e fazem chapéus de palha. Esses indivíduos, a bem da verdade, são os responsáveis por todo o trabalho manual realizado na cidade. Aqueles que têm senhores bons dispõem de um número de dias para se divertirem — coisa que, estou certo, fazem de maneira superior.

Quando o calor abranda, os negros reúnem-se nos campos, situados nas vizinhanças da cidade, e aí organizam festas dançantes — divertimento que apreciam muitíssimo. A música é produzida por uma espécie de flauta e por tambores de variados tamanhos — instrumentos que eles próprios fabricam. Todas as noites, ao retornarem para a casa após o trabalho, fazem-no dançando. Essa gente, embora seja chamada negra e considerada escrava, diverte-se de uma maneira mais plena do que a maioria das pessoas pobres do Reino Unido, sobretudo porque a bebedeira aqui é considerada um crime bastante grave.

Não há nada de elogiável na força militar do Rio de Janeiro ou na maneira como ela foi conduzida antes da chegada do príncipe regente; estou certo, no entanto, de que Sua Alteza Real rapidamente corrigirá esse estado de coisas.

Os habitantes, naquilo que se refere aos hábitos e costumes, são generosos, hospitaleiros e extremamente amáveis com os estrangeiros. A propósito dessa amabilidade, vivi uma situação digna de nota. Eu passava em frente a uma casa quando ouvi o som de uma banda de música. Como a curiosidade de um estrangeiro é aqui, mais do que em qualquer outra parte do mundo, facilmente perdoada, resolvi imiscuir-me na residência e averiguar quais eram as razões da algazarra. Utilizando o meu uniforme de regimento como *passaporte*, entrei e deparei com um numeroso grupo de pessoas, de ambos os sexos, sentado junto a uma mesa fartamente servida de vinhos e de doces. Na cabeceira dessa mesa, no interior de uma caixa de vidro, havia uma pequena imagem. Convidaram-me logo a participar dos festejos — o que incluía um bom vinho, servido gratuitamente —, que celebravam Santa Ana, cuja imagem eu havia observado. Despedi-me dos convivas, impressionado

OUTRAS VISÕES DO RIO DE JANEIRO COLONIAL

com tão calorosa recepção. Durante toda a minha permanência no Rio de Janeiro não encontrei senão esse gênero de acolhimento. O temperamento dos habitantes é tal que muitas vezes eles competem em amabilidades para com o estrangeiro, colocando suas casas e cavalos a serviço da causa britânica.

A maioria das casas é de pedra e, em geral, bem-construída. Os edifícios são imponentes e espaçosos, e as ruas, regulares. As residências pobres são de madeira, com janelas de treliças, o que permite a livre circulação do ar e torna os vidros dispensáveis. O comércio de ouro, prata e pedraria (topázios, águas-marinhas, cristais, ametistas e diamantes) é excelente. Quanto aos artesãos, são engenhosos e inteligentes, mas não como os europeus.

Na traseira da cidade estende-se uma imensa montanha, onde foi instalado um edifício. Este, à primeira vista, pareceu-me uma poderosa fortaleza. Ao aproximar-me, porém, constatei tratar-se de uma prisão do Estado, totalmente desprovida de canhões. Isso muito me espantou, pois o lugar domina tanto o porto quanto a cidade. Próximo a essa prisão está a igreja de São Sebastião, igreja matriz da cidade. A vista que se tem dessa montanha ultrapassa qualquer descrição, constituindo um manancial inesgotável de inspiração para o gênio de um artista.

O Rio de Janeiro está repleto de conventos, todos instalados em edifícios nobres. As igrejas são grandiosas e, depois do desembarque de Sua Alteza Real, vêm recebendo ainda mais melhoramentos. O comércio também progrediu muito depois que a cidade se tornou residência real. Durante a minha estada, um número significativo de grossos comerciantes ingleses, incentivados pela proteção e indulgência do príncipe regente, bem como pela sua grandeza de sentimentos e disposições humanas — evidenciadas na delicadeza com que trata os britânicos —, estava se fixando na cidade.

As barbearias são aqui bastante singulares. O símbolo dessas lojas é uma bacia, e o profissional que aí trabalha acumula três profissões: dentista, cirurgião e barbeiro. O desempenho dessa última atividade é assaz curioso: a pessoa a ser barbeada é fixada numa cadeira e a bacia, cuja extremidade é cortada para esse fim, é encaixada na sua garganta; o cliente fica como que guilhotinado contra a cadeira. Depois dessa operação, a barba é umedecida com água quente e o barbeiro esfrega-a diversas vezes com uma barra de sabão; só então ela é habilmente removida.

O funeral das pessoas pobres merece alguns comentários. Geralmente essas pessoas são enterradas sem caixão e em traje de monge. Quando, por um descuido, o defunto não dispõe de tal traje, os parentes podem facilmente adquiri-lo de algum pai espiritual, que, por conta desse lucrativo negócio, tem sempre muitos deles sobressalentes. Os hábitos velhos são preferidos aos novos, pois é suposto estarem impregnados de maior santidade. A virgem é enterrada com o seu corpo vestido por um hábito carmelita branco e adornada com uma grinalda de murta em volta da testa e com um ramo nas mãos.

Para comodidade dos habitantes, a cidade é servida por numerosos chafarizes. Um, em especial, situado entre o quarteirão do palácio e o mar, destaca-se. É aí que os navios fazem a aguada — um tubo de lã conduz a água da fonte até os botes. Do lado norte, há uma ilha, chamada Ilha das Cobras, onde foi instalada uma prisão. O acesso a essa ilha é proibido, e sua importância para a cidade é bastante grande. A alfândega vive ainda sua infância, o que, estou certo, causará muitos transtornos aos comerciantes ingleses.

Certa feita, atendendo ao delicado convite do senhor Francisco Philegoso, jantei com ele num convento. Demonstrando calorosa hospitalidade, esse senhor e seus irmãos organizaram um jantar digno dos antigos repastos ingleses: cerca de 40 pratos (servidos um de cada vez), doces e frutas deliciosos e, como uma das iguarias principais, um enorme leitão assado, recheado com muitas ervas aromáticas. Uma grande quantidade de vinhos acompanhava a refeição, todos muito bons dentro dos seus respectivos gêneros. Depois de retirada a mesa, a bebedeira, a conversação e a música prolongaram-se. Deixei o grupo em hora avançada, quase a desmaiar e debaixo de um coro de

Outras visões do Rio de Janeiro colonial

protestos para que ficasse, bem como de amigáveis e sinceros convites para que repetisse a visita.

Os ingleses têm aberto muitos cafés no Rio de Janeiro, uma novidade que, tenho certeza, será bem-acolhida. De fato, desde março de 1808, toda a cidade vem passando por transformações e recebendo melhorias. Em frente ao palácio real, na costa leste da baía, há duas vilas habitadas por agricultores e artesãos: São Domingos e Rio Grande. A região que circunda a cidade conta com um grande número de deliciosas chácaras. A travessia da baía é extremamente agradável: às 11 horas da manhã desfruta-se, na ida, de uma brisa marítima e, na volta, de um vento terral.

Tive oportunidade de percorrer um bom número de milhas no interior do país. A região é extremamente agradável, mas a maior parte das terras, malgrado sua grande fertilidade, é inculta. Os habitantes mostraram-se, na sua generalidade, hospitaleiros e generosos.

As mulheres desse país, em minha opinião, são bem graciosas. Muitas são bonitas e, apesar de magras e pequenas, têm o corpo benfeito e parecem sutilmente convidar ao amor. De talhe elegante, tais damas caminham com um ar *jauntée* extremamente sedutor.

O vestuário mais comum das mulheres do Rio de Janeiro é preto e quente. Nenhum refinamento moderno poderia acrescentar graça e beleza a um traje tão antiquado. A popularidade da anágua de cetim preto, ricamente guarnecida e ornada com um laço, dá uma ideia do gosto local. Muito popular igualmente é o manto de cetim preto, que, aparentemente, cai ao acaso sobre os ombros, mas que, na verdade, é arranjado com o bom gosto de que as senhoras locais são dotadas.

É, contudo, imperdoável que tais mulheres, criadas para proporcionar as mais delicadas sensações à nossa natureza, não tenham a mente cultivada e que, com as vantagens que a natureza lhes proporcionou, sejam privadas, em razão de um resto de ciúme à italiana que ainda paira sobre as mentes dos homens, do exercício daqueles dotes que as minhas formosas concidadãs possuem em tão alto grau. Tais dotes rendem-lhes, intelectual e pessoalmente, glória, orgulho e elogios do mundo.

Os véus, muito usados aqui, ao ocultarem o rosto, despertam ainda mais interesse pela beleza das mulheres. Eles são fixados no penteado e caem graciosamente sobre as costas. A cor morena das mulheres do Rio de Janeiro deve-se, sobretudo, ao fato de elas ficarem demasiado expostas aos raios solares. Na infância, no entanto, elas são tão claras quanto as europeias. Uma pessoa que desconheça os costumes locais é levada a supor que as mulheres daqui são licenciosas, pois sua ingenuidade nata é muito menos reprimida do que nas nações onde há mais vida social.

SYDNEY SMITH

No dia 18 de maio chegou, ao Rio de Janeiro, sir Sydney Smith, a bordo da nau capitânia, que vinha acompanhada pelo *Agamemnon*, comandada pelo capitão Jonas Rose. O almirante foi recebido pelos oficiais com mostras de grande contentamento. Sua Alteza Real, o príncipe regente, também demonstrou estar satisfeito com sua presença.

No dia 24 de maio foi ordenado ao comandante em chefe do *London* que lançasse mão de todos os meios disponíveis no sentido de preparar a embarcação para receber a família real, que tinha sido convidada para um jantar comemorativo do aniversário de Sua Majestade britânica — convite que tinham já gentilmente aceitado. Todos os canhões que estavam no meio do convés, sobre a cabine superior e no tombadilho superior foram removidos. As cabines foram decoradas com as cores da Inglaterra, de Portugal e da Espanha e com pinturas dos nossos grandes heróis navais. Em homenagem aos visitantes reais, o convés foi coberto com bandeiras francesas.

A mesa real foi colocada em frente à cabine superior, e as mesas dos nobres que acompanhavam a família real dispostas ao longo dos dois lados do tombadilho superior. Foi estendida, do mastro grande ao mastro de proa, uma plataforma, e a balaustrada foi enfeitada com as cores da Inglaterra, de Portugal e da Espanha. Abaixo e ao centro, armou-se uma mesa com

OUTRAS VISÕES DO RIO DE JANEIRO COLONIAL

160 lugares. Os toldos, colocados em toda a extensão do navio, estavam enfeitados com insígnias inglesas e portuguesas entrelaçadas, insígnias cujas bordas foram festoadas com bandeirolas de diferentes cores. Nas laterais da embarcação, sobre o tombadilho superior, foram postos estandartes reais da Inglaterra e, logo em frente, sobre a mesa, as armas de Sua Majestade britânica. Sobre o tombadilho de popa ergueu-se uma marquise para recepcionar a corte dos ilustres visitantes. Em suma, não se mediram esforços no sentido de dar uma aparência suntuosa à embarcação.

No dia 4 de junho, a bandeira da Inglaterra foi hasteada juntamente com a da Espanha. Às 2 horas, o regente e sua família embarcaram sob a saudação real dos navios e baterias. Logo que Sua Alteza alcançou o nosso navio, enquanto era recebido com as mais sinceras demonstrações de respeito, a bandeira portuguesa foi hasteada na proa. O monarca observou que o convés estava coberto com as cores da bandeira francesa, o que foi confirmado pelo almirante. Sua Alteza, então, demonstrando o quanto se sentia grato aos navios aliados britânicos, comentou que estava em débito com seu fiel aliado e com os seus bravos súditos, que lhe tinham possibilitado pisotear os seus inimigos.

Às 4 horas, os membros da família real ocuparam os seus lugares à mesa. O almirante supervisionava tudo e somente se sentou quando Sua Alteza o convidou, colocando-se à sua direita, ao lado do senhor Hill, encarregado dos negócios britânicos. A nobreza tomou os seus lugares de acordo com o seu grau de importância. Aos oficiais da marinha britânica coube a tarefa de servir a família real.

Em frente à mesa foi colocada a memorável bandeira que o príncipe tinha hasteada no *Príncipe Real*, navio de que se servira quando foi compelido a deixar seu país natal. As armas de Portugal e da Espanha foram suspensas sobre os convidados reais, e todos os oficiais, portugueses e ingleses, tomaram os seus assentos. A alegria do monarca e de sua família, nessa ocasião, foi indescritível, e por instantes eles pareceram se esquecer dos muitos infortúnios por que tinham passado.

Nessa festiva data foram propostos vários brindes, brindes que convido o leitor a acompanhar com atenção, pois dizem mais sobre os sentimentos de gratidão dos nossos reais convidados do que todas as descrições que poderia fazer. Sua Alteza o príncipe regente, o príncipe do Brasil e a princesa, separadamente, brindaram: *Ao rei da Grã-Bretanha, que tenha vida longa!* O infante da Espanha seguiu-lhes: *Prosperidade para os ingleses, que pelejaram pela causa da minha família.* E, por fim, a infanta: *Possa o nosso pai e sua família sempre conservar a estima de todos esses oficiais de Sua Majestade britânica.*

Tais vivas foram retribuídos com reais saudações. Ao pôr do sol, Sua Alteza pediu que o estandarte real, que estava hasteado a bordo do *London*, fosse trazido até ele. Uma vez atendido o pedido, Sua Alteza pediu que o estandarte fosse colocado sobre o convés e, em seguida, dirigiu-se ao almirante da seguinte maneira:

> *Almirante, a honra que, neste dia, os oficiais britânicos concederam a mim e a minha família vai muito além das minhas expectativas, pois, há muito pouco tempo encontrava-me diante de um quadro sombrio, cercado por meus inimigos. Para preservar-me deles e manter a minha neutralidade, vi-me constrangido a fechar os meus portos aos navios britânicos; tudo isso para satisfazer as exorbitantes exigências do imperador francês. A despeito, contudo, de toda essa minha complacência, não consegui evitar que meu país fosse invadido.*

> *A atitude extrema de romper a duradoura aliança entre a corte de minha mãe e aquela de Sua Majestade britânica foi, para mim, motivo do mais profundo pesar. As artimanhas de Bonaparte, no entanto, obrigaram-me a tal, pois, como supus pela sua pérfida conduta, o imperador francês invadiria o meu reino em caso de recusa. Da parte da Grã-Bretanha nada tinha a temer, na medida em que a honra dessa nação é inquestionável.*

> *Foi através de um despacho do almirante que tomei conhecimento de que a França havia invadido parte do meu país. Foi somente então que percebi ter sido vítima de uma traição. É, pois, ao senhor almirante que eu e minha família devemos a nossa liberdade. É ao senhor, igualmente, que minha mãe deve a sua coroa e a sua dignidade. Estamos, neste dia, a bordo do* London *para celebrar o aniversário de Sua Majestade britânica. E neste dia tive a honra e a alegria de ver o meu estandarte tremulando ao lado do estandarte da Inglaterra. Ele agora está estendido no convés, e aproveito a oportunidade para agradecer ao senhor e a todos os oficiais ingleses pelos serviços que prestaram a mim, à minha família e aos meus leais súditos.*
>
> *Como demonstração da minha gratidão, gostaria que o senhor aceitasse este estandarte. Daqui para a frente, use as armas de minha casa entrelaçadas com as da sua. Isso lembrará à posteridade os seus incansáveis esforços para evitar que caíssemos nas armadilhas de Bonaparte e caminhássemos para a destruição.*

Seguiu-se a esse discurso uma salva de tiros de canhão, disparados pelos navios de Sua Majestade. Foi deveras comovente observar, enquanto Sua Alteza Real discursava, os rostos do príncipe, da princesa e do infante de Espanha. A grandiosidade da festa — talvez a mais magnífica organizada a bordo de um navio britânico — não conseguiu evitar que ao longo do discurso os convidados reais rememorassem a série de calamidades por que tinham passado e a perda dos seus domínios ancestrais. O almirante buscou alegrá-los novamente propondo um brinde: *Prosperidade para Sua Alteza Real e para seus domínios.* O brinde foi amavelmente recebido pelos visitantes reais.

Às 8 horas da noite os ilustríssimos convidados deixaram o navio. O almirante, os capitães e os oficiais foram, então, convidados para acompanhá-los à ópera. Em homenagem à ocasião, alguns camarotes tinham sido especialmente preparados para receber os convidados ingleses. Durante o espetáculo, entre o prelúdio e a ópera, teve lugar um discurso, com o seguinte conteúdo:

O dia de hoje trouxe-nos muita alegria. Nosso soberano, cordialmente, juntou-se às comemorações do aniversário de Jorge III, soberano das Ilhas Britânicas, pai de seu povo e protetor da Casa de Bragança. Que a sua bandeira possa sempre tremular triunfante sobre as cabeças de seus inimigos.

As leis da Inglaterra são corretas, e seu soberano governa com justiça e humanidade. Todas as classes de oprimidos procuram-no, pois conhecem de sua justiça e sabem que, aos seus pés, encontrarão socorro. Aqueles, no entanto, que advogam causas vis e desprezíveis temem ser destruídos por suas armas e vacilam diante de um bretão. Dom João, príncipe regente, desfruta de liberdade graças à benevolência dessas armas. Deus permita que nada neste mundo destrua tal poder e que os dois soberanos vivam em paz e amizade para todo o sempre. Deus permita, também, que o indesejável poder do usurpador logo conheça o seu fim, e que os países molestados por ele encontrem, unidos, a vingança.

Infeliz Espanha! Vossa fúria em nada resultou. O país foi roubado de seu soberano e este, juntamente com sua família, foi arrancado dos seus leais súditos e condenado a uma ignóbil prisão. Diante de tal quadro, a Providência só pode pender para um lado.

Dom Carlos, príncipe da Espanha, que a Providência permita que Sua Alteza retorne ao seu país natal e, sob a proteção da Grã-Bretanha, retome o trono de seus ancestrais! A amigável relação com a Inglaterra garantirá a prosperidade do seu país: o seu comércio florescerá, as suas armas, em terra e em mar, recobrarão o seu poder de outrora, e os bravos espanhóis recuperarão sua antiga dignidade.

> *Ilustre princesa,[35] descendente de uma longa linhagem de soberanos espanhóis, e ilustres descendentes da Casa de Bragança, possam vocês sempre aprender com a venerável casa real de Brunswick!*
>
> *E agora, nesta gloriosa tarde de 4 de junho, dia de grande alegria e de gratidão, dia em que nosso real senhor e sua família nos honram com suas ilustres presenças, esperamos que a nossa apresentação possa ser coroada de sucesso, sucesso semelhante ao obtido pelas armas britânicas, que até agora protegeram e preservaram o nosso soberano.*

É bastante razoável supor que o bom acolhimento que teve o almirante Sydney Smith, quando veio ocupar seu importante cargo junto à corte do Brasil, não se deveu à defesa dos interesses britânicos, mas sim ao fato de ele ter salvo e transportado em segurança para o Brasil a dinastia portuguesa. Mais tarde, quando lorde Strangford chegou ao Rio de Janeiro para auxiliar o almirante na libertação da família de Bragança das garras dos franceses, rapidamente se tornou claro que, entre os brasileiros, os interesses britânicos seriam diligentemente levados em consideração e a influência inglesa passaria a ser predominante.

EDIÇÃO UTILIZADA

O relato de Thomas O'Neill foi editado pela primeira vez em 1809, em Londres, e reeditado no ano seguinte, na mesma localidade. Utilizamos a edição de 1809. Quanto às memórias de sir Sydney Smith, redigidas por Edward Howard, a única edição existente data de 1839.

---

[35] A consorte do príncipe regente. (*N. do A.*)

O'Neill, Thomas. *A Concise and Accurate Account of the Proceedings of the Squadron Under the Command of Admiral Sir William Sydney Smith*. Londres: R. Edwards Crane Courte, 1809, p. 45-64.

Howard, Edward. *Memoirs of Admiral Sir Sydney Smith*. Londres: Richard Bentley, 1839, vol. II, p. 27-35.

BIBLIOGRAFIA

Lima, Oliveira. *Dom João VI no Brasil*. Rio de Janeiro: Topbooks, 1998.

Lord Russel of Liverpool. *Knight of the Sword; the Life and Letters of Admiral Sir William Sidney Smith*. Londres: V. Gollancz, 1964.

Pocock, Tom. *A Thirst for Glory: the Life of Admiral Sir Sydney Smith*. Londres: Aurum, 1996.

Impressões do Rio de Janeiro

As descrições do Rio de Janeiro que se seguem saíram de livros escritos por indivíduos que jamais passaram pelo porto carioca. São obras de divulgação que no seu tempo ofereceram uma visão geral do Novo Mundo, obras que, hoje, nos dão um excelente panorama do que a Europa culta dos séculos XVII e XVIII conhecia do distante e exótico continente americano.

A primeira delas retiramos da conhecida Histoire de la Nouvelle France, escrita pelo advogado, literato e viajante francês Marc Lescarbot (1570-1629). A obra, publicada em 1609, dois anos depois de Lescarbot ter retornado de uma viagem a Nova França (Canadá), é uma bem-articulada peça de propaganda em prol da colonização francesa do Novo Mundo. A primeira parte da Histoire..., voltada para a exposição dos feitos franceses no continente americano, aborda a aventura de um velho conhecido dos cariocas, o cavaleiro de Malta, Nicolas Durand de Villegagnon. O fragmento que selecionamos (o texto prossegue dando conta das querelas religiosas descritas por Thevet e Lery) narra a preparação e a viagem da frota do cavaleiro de Malta ao Brasil. Lescarbot extraiu-o, em grande parte, de uma carta publicada por um conterrâneo seu em 1553.[36]

---

[36] Nicolas Barré.

A segunda descrição saiu da não menos famosa Histoire du Nouveau Monde, *escrita em 1625 pelo então diretor da Companhia das Índias Ocidentais, Joannes Laet (1593-1649). Laet, que tinha à sua disposição os preciosos arquivos da Companhia, compôs uma obra com objetivos muito precisos, a saber: promover um levantamento dos recursos do continente americano e tornar mais fácil a instalação de colônias nessas plagas. No referente ao Rio de Janeiro, o livro reproduz informações contidas nas narrativas de dois viajantes que passaram pelo local: Jean de Lery (1556)[37] e Dierick Ruiters (1618). O texto de Laet foi, posteriormente, reproduzido* ipsis litteris *no volume 12 do* Le Grand Atlas, *publicado em 1663 por Jean Blaeu (1598-1673) — famoso editor holandês, cuja família, por mais de 40 anos, esteve à frente de uma das mais importantes editoras de mapas de toda a Europa.*

A última descrição saiu de um dos grandes êxitos editoriais do século XVIII, a Histoire philosophique et politique des établissemans et du commerce des européens dans les deux Indes, *publicada em 1770 pelo abade iluminista Guillaume Thomas François Raynal (1713-1796), ou simplesmente abade Raynal. A obra, uma abrangente análise do sistema colonial europeu segundo a perspectiva do pensamento ilustrado, teve considerável influência sobre as elites intelectuais do continente americano, constando, inclusive, na biblioteca de alguns Inconfidentes. O fragmento sobre o Rio de Janeiro, inserido no livro 9º, foi, em larga medida, retirado pelo abade dos relatos de viagem de René Courte de la Blanchardière, Nicolas Louis de la Caille e M. de la Flotte.[38]*

---

[37] *Viagem à terra do Brasil.* Belo Horizonte. Editora Itatiaia; São Paulo: Ed. da Universidade de São Paulo, 1980.

[38] Sobre esses viajantes, ver *Visões do Rio de Janeiro colonial. Antologia de textos (1531-1800)*, p. 118-143.

MARC LESCARBOT

No ano de 1555 o senhor de Villegagnon, cavaleiro de Malta, depois de sofrer certas contrariedades na Bretanha, enfadou-se da França e passou a anunciar, em diferentes ocasiões, que desejava deixar o país e estabelecer-se num lugar isolado, distante das preocupações que roubam a vida daqueles que se envolvem nos negócios do mundo. Os seus olhos e as suas intenções cedo se voltaram para as terras do Brasil, terras que ainda não tinham sido ocupadas por nenhum povo cristão e que poderiam, sem invadir o que descobrira e ocupara a Espanha, abrigar uma colônia francesa.

Cônscio de que tal projeto só poderia ser levado a bom termo com o consentimento, incentivo e apoio do almirante da França, cargo então ocupado pelo senhor Gaspard Coligny — um homem imbuído dos princípios da religião dita reformada —, o senhor de Villegagnon, não sei se por fingimento, declarou que professava tal religião ao senhor almirante, a muitos gentis-homens e a outras tantas pessoas. Declarou, também, que há muito alimentava o desejo de retirar-se para um país longínquo, onde pudesse servir livremente a Deus, segundo os preceitos do Evangelho reformado, e construir um abrigo seguro para todos os perseguidos — de fato, nesse tempo, a perseguição aos heréticos em todo o reino da França era grande, e muitos deles (independentemente do sexo e da importância), por editos do rei e ordens do Parlamento, estavam sendo queimados vivos e tendo os bens confiscados. O almirante, uma vez conhecedor dessas intenções, dirigiu-se ao rei Henrique II, com quem mantinha boas relações, e explicou-lhe o empreendimento, fazendo-o ver que, se Villegagnon, homem de muita experiência e qualidade, levasse adiante sua viagem, a França muito teria a lucrar. O rei, bem como aqueles que estavam ao seu serviço — fáceis de serem persuadidos —, concordou com a proposta do almirante e deu ao senhor de Villegagnon dois belos navios, armados com artilharia, e mais 10 mil francos para sua viagem. Dessa viagem tive de omitir até agora as particularidades, pois não encontrava notícias dela. Porém, quando o meu editor finalizava a parte relativa à Flórida, um de meus amigos ofereceu-me fartas informações sobre a travessia, extraídas de uma carta enviada da França Antártica por um dos homens de Villegagnon. O teor dessa missiva é o seguinte.[39]

No ano do senhor de 1555, no dia 12 de julho, o senhor de Villegagnon, depois de ter adquirido e organizado tudo o que lhe parecia necessário para a sua empresa e de ter reunido muitos gentis-homens, operários e marinheiros dispostos a acompanhá-lo, terminou de equipar, com artilharia e provisões, dois belos navios cedidos pelo rei Henrique II, de 200 toneladas cada — as peças de artilharia deveriam ser utilizadas não somente para proteger o comboio, como também para serem instaladas, posteriormente, em terra. Acompanhava as duas embarcações uma urca, destinada a levar os víveres e outras coisas necessárias à empresa.

Às 3 horas da tarde do referido dia, estando tudo pronto, fizemos vela da cidade de Havre de la Grâce, em cujo porto havíamos embarcado. Quando da partida, o mar estava excelente, pois soprava um vento nordeste, muito próprio para a navegação, vento que teria rapidamente nos permitido ganhar o caminho para a terra ocidental, se tivesse durado. A partir do dia seguinte, porém, o vento virou para sudoeste, soprando diretamente contra nós, o que nos estorvou enormemente e acabou por nos obrigar a arribar na Inglaterra, nomeadamente em Blanquet. Lançamos âncora nesse lugar, na esperança de que o vento diminuísse de intensidade, mas foi em vão. Tivemos de, a duras penas, retornar à França e arribar no porto de Dieppe. A tormenta lançou no interior da embarcação em que viajava o senhor de Villegagnon uma tal quantidade de água que em menos de meia hora retiramos das sentinas de 800 a 900 bastões de água, o que dá uns 400 baldes — coisa incomum de acontecer com navios que estão saindo de um porto.

---

[39] Aqui começa o fragmento retirado da carta de Nicolas Barré.

Por todos esses reveses, entramos com grande dificuldade no porto de Dieppe, porto que contava somente com 3 braças de água, quando os nossos navios demandavam 2,5. Para piorar ainda mais a situação, o mar, em razão do vento que soprava, estava muito agitado. Felizmente, os naturais de Dieppe, seguindo os seus honrados e louváveis costumes, acorreram em grande número para puxar as amarras e os cabos, o que nos permitiu, no dia 17 do referido mês, entrar no porto. Depois de ancorados, muitos de nossos gentis-homens, satisfeitos por terem visto o mar, seguiram o velho provérbio: Mare vidit et fugit. Também muitos soldados, operários e artesãos descontentes seguiram o mesmo caminho. Permanecemos ancorados por cerca de três semanas, aguardando um vento propício e querenando a embarcação. Quando o vento passou a soprar de noroeste, vento que nos beneficiou mesmo depois de sairmos do porto, esperávamos poder deixar a costa e ganhar o alto-mar. Fomos, porém, mais uma vez, impelidos para trás pela violência de um novo vento contrário e vimo-nos obrigados a voltar para terra, dessa vez para Havre, de onde tínhamos partido. Aí permanecemos até meados de agosto. Enquanto aguardávamos, cada qual procurou recompor-se da melhor maneira para ganhar o mar pela terceira vez. Graças à bondade e clemência de Deus, que apaziguou a fúria dos céus e do mar contra nós, no dia 13 o tempo mostrou-se tal como pedimos em nossas preces. No dia 14, ao constatarmos a alteração e verificarmos que o vento poderia ser duradouro, embarcamos e fizemos vela.

O vento favoreceu-nos de tal modo que, por ele impulsionados, passamos o Canal da Mancha (um estreito entre a Inglaterra e a Bretanha), o Golfo da Biscaia, a Espanha, Portugal, o Cabo de São Vicente, o Estreito de Gibraltar (chamado Colunas de Hércules), as Ilhas da Madeira e as sete Ilhas Afortunadas, também conhecidas como Canárias. Numa dessas ilhas vislumbramos ao longe o pico de Tenerife — Monte Alas, como denominavam os antigos. Este mar que ora navegamos é conhecido pelos cosmógrafos como Atlântico.

O dito monte é muitíssimo elevado e pode ser visto a 25 léguas de distância. No domingo, 20 dias depois da nossa terceira partida, aproximamo-nos de Tenerife, a cerca de um tiro de canhão. De Havre de la Grâce até aqui, a 28° ao norte da linha tórrida, percorremos 1.500 léguas.

Pelo que pude apurar, essa ilha produz açúcar em grande quantidade e muitos bons vinhos. O lugar, como viemos a saber, é habitado por espanhóis. Pensamos em lançar âncora e pedir um pouco de água doce e refrescos a uma bela fortaleza, situada ao pé de uma montanha, mas os seus ocupantes desfraldaram uma bandeira vermelha e dispararam dois ou três tiros de colubrina, um dos quais feriu o vice-almirante de nossa companhia. Tudo isso teve lugar às 11 ou 12 horas da manhã; o ar estava parado e fazia um calor impiedoso. Convinha-nos responder ao ataque, e de fato disparamos vários tiros de canhão, tiros que danificaram e destruíram muitas casas, além de obrigarem as mulheres e crianças a se retirarem para o campo. Se nossos barcos tivessem saído dos navios, creio que teríamos feito um Brasil aqui mesmo nessa bela ilha. Em todo o incidente, feriu-se somente um de nossos canhoneiros; ele morreu dez dias mais tarde.

Constatamos, por fim, que não poderíamos fazer mais do que ficar ali trocando tiros com a fortaleza, e resolvemos nos retirar para o mar. Aproximamo-nos, então, da Barbaria, na costa da África. O vento favoreceu-nos e passamos o rio Loyre (na Barbaria), o Promontório Branco, situado sob o Trópico de Câncer, e avistamos, no oitavo dia do dito mês, o Promontório da Etiópia, onde o calor começou a fazer-se sentir. De Tenerife a esse promontório a distância é de 300 léguas.

O calor extremo causou uma febre pestilenta no navio em que viajava o senhor de Villegagnon, pois a única água que havia para beber, água a que os homens eram obrigados a recorrer, estava tão malcheirosa e suja que dava pena. Essa febre foi extremamente contagiosa e perniciosa, derrubando 90 das 100 pessoas que estavam

OUTRAS VISÕES DO RIO DE JANEIRO COLONIAL

a bordo. Dos que caíram doentes, cinco morreram, coisa lamentável, que muito nos abateu. O senhor de Villegagnon foi convencido a retirar-se para a embarcação do vice-almirante, onde todos estavam bem-dispostos e frescos. O Promontório da Etiópia fica a 14º abaixo da zona tórrida e é habitado por mouros. Nessa altura, perdemos o bom vento que nos acompanhava e enfrentamos seis dias de calma e bonança. Todas as tardes, todavia, ao cair do sol, o vento soprava com as mais impetuosas e violentas rajadas e chovia tão copiosamente que aqueles que se encontravam desabrigados rapidamente, em razão da força dos ventos, ficavam cobertos por grandes feridas. Durante esses dias, não nos atrevemos a dar muito da grande vela do Papefust. *O Senhor, porém, veio em nosso socorro e mandou um vento de sudeste, contrário à posição em que estávamos, muito a oeste. Esse vento, refrescante o suficiente para agir positivamente sobre os nossos corpos e espíritos, impulsionou-nos para a costa da Guiné. Aproximamo-nos, então, da zona tórrida, a qual, ao contrário do que diziam os antigos, pareceu-nos bastante temperada, de tal modo que os homens que estavam vestidos não precisaram de se despir e os que estavam despidos não careceram de se cobrir.*

Atravessamos o centro do mundo no dia 10 de outubro, na altura das ilhas de Santiago, que estão à direita do equinócio, próximas à terra do Manicongo. Ainda que esse não fosse o melhor caminho, julgamos por bem obedecer ao vento, que nos era contrário. E assim o fizemos, percorrendo, de um total de mil a 1.400 léguas, cerca de 300 quase que em linha reta. Se tivéssemos a intenção de dobrar o Cabo da Boa Esperança, situado 37º abaixo da linha, nas Índias Orientais, teríamos de qualquer modo de dirigirmo-nos para o Brasil, primeiro para 5º norte do dito equador, depois para 5º sudoeste.

Encontramos tamanha quantidade de peixes no caminho que por vezes parecia que navegávamos em seco sobre eles. Identificamos as seguintes espécies: marsuínos, golfinhos, baleias, douradas, albacoras, bonitos-pintados e peixes-voadores. Vimos muitos desses últimos voando em bando, como fazem os estorninhos em nosso país. Nessa altura da travessia, a água que havia, escasseou, restando somente a água malcheirosa e infecta que se acumulara pelos cantos do navio. Para bebê-la tínhamos que fechar os olhos e tapar o nariz. Encontrávamo-nos, assim, hesitantes e quase sem esperanças de alcançar o Brasil — distante ainda cerca de 900 a mil léguas —, quando o Senhor Deus enviou-nos um vento de sudoeste que nos fez meter a proa para oeste, direção que desejávamos tomar. Impulsionados por esse bom vento, fomos dar, no dia 20 de outubro, numa bela ilha que as cartas marítimas denominam Ascensão. Ao avistarmos essa ilha, elevada cerca de 8,5°, todos se alegraram, pois agora sabíamos onde estávamos e a que distância nos encontrávamos das terras da América. Aproximamo-nos cerca de uma grande légua dessa ilha, e todos experimentaram um grande prazer em vê-la, pois a terra firme ainda distava 500 léguas. Seguimos nosso caminho, aproveitando um vento favorável, e depois de navegarmos algumas noites e dias, a 3 de novembro, num domingo, avistamos a Índia Ocidental, a quarta parte do mundo, dita América, em honra daquele que a descobriu no ano de 1493.

É dispensável relatar a alegria que tomou conta de todos e como cada um rendeu graças ao Senhor por termos sobrevivido à miséria em que nos encontrávamos e ao tempo que permanecemos no mar. O lugar onde chegamos, situado a 20° da linha, é chamado pelos selvagens de Pararbe e é habitado por portugueses e por uma nação que vive em constante estado de guerra com aquela da qual somos aliados. Desse lugar, navegamos mais 3°, o equivalente a 80 léguas, até o Trópico de Capricórnio. No dia 10 de novembro chegamos ao rio Guanabara, que mais parece um lago. O local encontra-se exatamente sob o Trópico de Capricórnio. Pusemos o pé em terra cantando louvores e ações de graças ao Senhor. No lugar, encontramos de 500

OUTRAS VISÕES DO RIO DE JANEIRO COLONIAL

a 600 selvagens, todos nus e armados de arcos e flechas. Esses nativos disseram-nos, na sua língua, que éramos bem-vindos, ofereceram-nos alguns presentes e aclamaram-nos como aqueles que iriam defendê-los dos portugueses e de outros dos seus inimigos capitais.

A baía é bela e fácil de fixar na memória, pois sua entrada é estreita e fechada de ambos os lados por duas altas montanhas. No meio da dita entrada (que tem cerca de meia légua), há uma rocha, com mais ou menos 100 pés de comprimento e 60 de largura, sobre a qual o senhor Villegagnon, prevenindo-se contra os inimigos, construiu um forte de madeira e instalou sua artilharia. O rio referido é tão espaçoso que todos os navios do mundo poderiam aí ancorar com segurança; sua superfície é cheia de belas ilhas, todas cobertas de verdes bosques. Em uma dessas ilhas, situada em frente ao forte, foi colocado o restante dos homens e da artilharia. Optou-se por instalá-los nesse espaço porque temia-se que, caso fossem transferidos para a terra, os selvagens empreendessem um ataque contra os homens e roubassem as mercadorias.

Eis o relato do que ocorreu durante a primeira viagem dos franceses à terra do Brasil. Aponto nessa empresa um grande equívoco, seja da parte do senhor de Villegagnon, seja da parte daqueles que o enviaram. De que serve ir conquistar uma região se não temos a intenção de ocupá-la inteiramente? E, para possuí-la, não é necessário fixar-se em terra e cultivá-la decentemente? Como é possível estabelecer-se num lugar sem nada para garantir a sobrevivência? Enfim, no referente àqueles que comandaram a empresa, se não estavam realmente seguros de poderem guiar e controlar os colonos, era loucura aventurar-se e arriscar-se a tantos perigos. Há prisões para todos na França, não é necessário buscá-las em lugar tão remoto.

JOANNES DE LAET E JEAN BLAEU

O segundo governo do Brasil, o do Rio de Janeiro, retirou seu nome de um rio homônimo, descoberto por João Dias Solis, que o situou na altura de 22°20' em direção ao polo antártico.

Os franceses estabeleceram uma colônia nessa região e chamaram tanto a baía quanto o rio de Guanabara. Esse empreendimento teve início em novembro de 1555, quando dois navios, comandados por Villegagnon, arribaram no local. O governador francês mandou construir, na embocadura da baía, uma fortaleza de madeira, com cerca de meia légua de largura, protegida, de um lado e do outro, por altíssimas montanhas. Essa fortificação, onde foram colocados os canhões encarregados de defender a entrada da baía, foi instalada sobre um rochedo longo, de 100 pés de comprimento por 60 de largura.

O referido rio, no seu interior, é amplo e salpicado com muitas ilhas verdejantes. Numa delas, não muito distante da fortaleza, Villegagnon desembarcou sua gente, os víveres e o restante das suas armas e munições de guerra. O comandante temia instalar-se em terra, pois os selvagens eram muitos e os seus homens, poucos. A ilha escolhida tinha 600 pés de comprimento por 100 de largura — distanciando-se do continente cerca de 100 léguas de cada lado — e era desprovida de água doce.

A segunda frota francesa, na qual havia muitos sectários da religião reformada, religião que Villegagnon dizia professar, partiu da França em novembro de 1556, sob o comando do senhor Bois le Comte. Em março de 1557, depois de uma enfadonha travessia, a frota ancorou no porto do Rio de Janeiro. Jean de Lery descreveu essa segunda expedição como André de Thevet descrevera a primeira. Villegagnon, que nessa época ainda não se mostrara um farsante, havia mandado construir, sobre um rochedo, uma fortaleza que batizara com o nome de Coligny, em homenagem ao almirante da França.

A baía, segundo os franceses, situa-se a 23° do polo sul e é assim descrita por Lery:

OUTRAS VISÕES DO RIO DE JANEIRO COLONIAL

Passarei ao largo, diz ele, do que outros escreveram acerca dessa baía; quanto a mim, afirmo que ela adentra na terra uns 24 mil passos e, em alguns lugares, chega a alcançar 14 ou 16 mil passos de largura. Embora as montanhas que a circundam não sejam tão altas quanto as que encontramos ao redor do lago de Genebra, pode-se dizer que há muita parecença entre os dois lugares.

A embocadura dessa baía é bastante perigosa. Logo que deixam o mar, as embarcações são obrigadas a costear três ilhas desertas, ficando expostas a uma eventual colisão com os rochedos da redondeza; ultrapassadas tais ilhas, entra-se num estreito que não tem mais do que 300 passos de largura. Do lado direito de quem entra, há um rochedo de elevada estatura, em forma de pirâmide, que parece, quando visto de longe, talhado artificialmente. Em virtude de sua forma arredondada e de sua semelhança com uma torre, apelidamo-lo de manteigueira. *Um pouco mais para dentro da baía há um outro rochedo, muito achatado, com 120 passos de circunferência, que denominamos* rato. *Villegagnon, ao chegar, pensou em fortificar o local, porém, depois de ter desembarcado móveis e bagagens, a água expulsou-o dali.*

A ilha que ocupamos, situada a 2 mil passos do referido rochedo, estava deserta antes da chegada de Villegagnon. Com cerca de mil passos de circunferência, ela tem uma largura seis vezes superior ao seu comprimento e é toda rodeada por rochedos, o que impede que os navios se aproximem a menos de um tiro de canhão. Tal peculiaridade faz dela um lugar naturalmente seguro, que só pode ser alcançado em barquetas vindas do lado oposto ao mar, isto é, do lado do porto. Se tivesse sido mantido com cuidado, o local dificilmente poderia ser tomado. Os portugueses, no entanto, depois da nossa partida, aproveitando-se da incúria daqueles que aí deixamos, conquistaram-no.

Sobre um pequeno morro que domina toda essa ilha, Villegagnon construiu uma casa, e o auditório foi erguido sobre um rochedo de 50 ou 60 pés de altura, localizado no meio da ilha. Na parte plana foram levantadas as casas destinadas a abrigar os cerca de 80 homens da expedição (aí incluídos os familiares de Villegagnon). Excetuando o auditório, que foi construído com madeira, e alguns baluartes, revestidos com alvenaria, todas as outras construções não passavam de toscos casebres de pau e palha, erguidos à maneira dos americanos.

A 2 mil passos de distância da fortaleza há uma bela e fértil ilha habitada pelos tupinambás que, devido ao seu avantajado tamanho, foi por nós apelidada de Grande. Visitávamos, frequentemente, a morada desses nossos aliados para obter farinha e outros artigos de que necessitávamos. No interior da baía há ainda uma série de ilhas inabitadas — em torno das quais são apanhadas excelentes ostras — e muita fartura de peixes, sobretudo salmonetes e golfinhos. Nela deságuam dois rios, ambos vindos do interior da região.

Tal era, segundo Lery, o estado desse lugar quando os franceses foram daí expulsos pelos portugueses, comandados por Estácio de Sá. Perdeu-se, então, uma excelente oportunidade de explorar uma região extremamente rica.

Villegagnon, ciente de que os portugueses estavam prestes a atacar e certo de que não receberia qualquer reforço da França, retornou à Europa, deixando na sua fortaleza uns poucos homens, os quais se renderam aos inimigos. A maior parte deles foi morta; somente uns poucos conseguiram fugir, passando a viver entre os selvagens. Essas coisas tiveram lugar no ano de 1558.

Os portugueses, após terem expulsado os franceses, fundaram, à altura de 23°50' do polo austral, uma cidade do lado sul da embocadura e batizaram-na de São Sebastião. Essa cidade, como observaram alguns franceses, localiza-se a cerca de 2 léguas do mar, à margem de uma baía meio redonda, sobre um terreno plano, cercado de ambos os lados por montanhas. A sua disposição é tal que dificilmente se pode percorrê-la de comprido em meia hora, mas de largura não se contam mais do que dez ou 12 casas.

Em 1618, as ruas ainda não eram pavimentadas e a cidade não contava nem com portas, nem com cercas fortificadas, nem com muralhas. A defesa contra os inimigos era feita por quatro castelos: o primeiro encontrava-se na costa ocidental da embocadura da baía, sobre o declive de um elevado rochedo; o segundo numa ilha, separada do lado ocidental da cidade por um pequeno estreito — essa ilha, do lado sudoeste, tem a forma de um cone; o terceiro também se achava sobre um rochedo, localizado ao lado da cidade, na margem sudoeste da baía; o quarto estava situado do lado noroeste da cidade.

O restante da urbe estava dividido em três partes: a parte denominada alta abrigava a igreja principal e o *Colégio dos Padres da Companhia*; a parte baixa, formada por um grande vale, era chamada de *bairro de Santo Antônio*; a terceira parte abrangia a faixa costeira, estendendo-se do castelo situado mais para o interior da terra ao Convento de São Benedito.

Havia alguns engenhos de açúcar nas imediações da cidade, mas os principais produtos comercializados pela burguesia eram o algodão, o pau-brasil, alguns víveres e umas tantas outras coisas necessárias à sobrevivência, coisas que abundam no lugar.

Nesta cidade do Rio de Janeiro o rei de Portugal, dom Sebastião, como fizera em outras partes do Brasil, fundou um Colégio Jesuíta. Essa instituição abriga, em geral, 50 jesuítas, se incluirmos aqueles religiosos que estão de passagem pela residência. No estabelecimento são ensinadas a teologia moral e a língua latina, até a primeira classe, e a arte de ler e escrever, às crianças menores. Além desses serviços que prestam aos portugueses, os jesuítas mantêm duas grandes aldeias de *brasileiros*, onde, sob os seus cuidados, estão 2 mil homens ou mais, que os religiosos procuram converter e batizar.

Conta-se que em 1580, estando ausentes o governador e muitos dos seus subordinados, a cidade foi infrutiferamente atacada por três navios franceses, repletos de homens. Até a presente data, pelo que se sabe, essa urbe não viveu nenhuma grande catástrofe.

GUILLAUME THOMAS FRANÇOIS RAYNAL

O governo do Rio de Janeiro abrange a quase totalidade da longa costa que vai do rio Doce ao rio Grande de São Pedro, a qual é limitada, no interior, por uma cadeia de montanhas que se estende de Una a Minas Gerais. Tal governo absorveu as capitanias do Espírito Santo, de Cabo Frio e da Paraíba do Sul, capitanias criadas em épocas diferentes, que experimentaram diversas formas de domínio pela Coroa.

Durante muito tempo a agricultura desenvolveu-se pouco nessa vasta e bela província. Hoje, no entanto, ela vem adquirindo importância crescente. A cultura do tabaco não apresentou grandes melhoras, mas a da cana-de-açúcar, de dez anos para cá, cresceu muito, sobretudo nas planícies de Goitacases. A cultura do índigo também se expandiu, contando a província com 12 modernas plantações. Os últimos navios provenientes do porto do Rio de Janeiro trouxeram ainda uma razoável quantidade de café. Os distritos do sul da colônia fornecem muito couro, alguma farinha e boas carnes salgadas.

Há, na região, cerca de 14 ou 15 espécies de madeira de tintura e cerca de quatro ou cinco tipos de borracha que não tardarão a ser mais bem-aproveitadas. Descobriram-se na Bahia, há mais ou menos 20 anos, duas plantas, denominadas curuatá e tucum, cujas fibras podem ser aproveitadas no fabrico de velas e na cordoaria. Na região do Rio de Janeiro, porém, por um feliz acaso, cresce profusamente um arbusto bem mais adequado a esses fins. Esse arbusto pode ser encontrado nas cores branca, amarela e violeta, sendo os do primeiro tipo os melhores.

Não faltam braços para o trabalho, pois a província conta com 46.271 brancos, 32.126 índios e 54.091 negros. A riqueza gerada por esses homens converge para a cidade do Rio de Janeiro, outrora somente capital da província, hoje capital de todo o Brasil e local de residência do vice-rei.

Essa cidade possui um dos mais belos portos do mundo, um porto estreito na embocadura, mas de dimensões consideravelmente alargadas no seu interior. Navios de grandes dimensões podem facilmente alcançar

OUTRAS VISÕES DO RIO DE JANEIRO COLONIAL

o lugar de ancoragem, aproveitando um vento marítimo regular e moderado, que sopra desde o final da manhã até o anoitecer. O porto é, em suma, vasto, seguro e cômodo, contando com um excelente fundo de vasa e 5 ou 6 braças de água no geral.

Foi Dias Solis, em 1525, que descobriu esse local. Em 1555, conduzido por Villegagnon, um grupo de protestantes franceses, perseguidos em sua pátria, construiu, sobre uma das ilhas da baía, uma feitoria insignificante. Tal feitoria era formada por 15 ou 20 cabanas, feitas de galhos de árvore e cobertas de erva, à maneira dos nativos. A frágil muralha, erguida para receber alguns canhões, recebeu o nome de forte Coligny. Três anos mais tarde essa fortificação foi destruída por Estácio de Sá, que lançou sobre o continente, num solo fértil, sob um belo céu e ao pé de muitas montanhas dispostas em anfiteatro, os fundamentos de uma cidade que, depois da descoberta das minas nas suas imediações, se tornou célebre.

O Rio de Janeiro é o grande entreposto das riquezas que escoam do Brasil para Portugal. É também o porto que recebe as mais portentosas frotas destinadas a abastecer esta parte do Novo Mundo. Independentemente das riquezas que devem render essa circulação contínua, o governo local consome 3 milhões de libras e desfruta de muitas vantagens quando o Ministério de Lisboa julga conveniente à sua política mandar construir vasos de guerra no estaleiro da cidade.

Numa urbe onde os negócios são tão consideráveis e em contínua expansão, a população tende a crescer cada vez mais. A maioria dos cidadãos mora em casas de dois andares, construídas de pedra ou tijolo, cobertas com uma bonita telha e ornadas com sacadas circundadas por gelosias. É nessas sacadas que, todas as tardes, as mulheres, sós ou acompanhadas de seus escravos, se deixam entrever; é daí que elas jogam flores sobre os homens que desejam distinguir com seus favores, ou seja, aqueles com quem desejam manter um relacionamento mais íntimo.

As ruas são largas e, em geral, retas. Ao fim de cada uma delas está colocado um pequeno oratório — uma espécie de nicho dourado, coberto por um vidro transparente, que abriga a imagem de um santo magnificamente vestido —, em frente ao qual o povo entoa cânticos ao entardecer. Exceto um grande aqueduto, que traz água das montanhas vizinhas, e uma Casa da Moeda, a cidade não conta com nenhum edifício público digno de atenção. As igrejas são todas sombrias, baixas e sobrecarregadas de ornamentos de mau gosto.

Os costumes dos habitantes do Rio de Janeiro são os mesmos dos habitantes da Bahia e de todo o país: são os mesmos roubos, as mesmas traições, as mesmas vinganças, os mesmos excessos de todos os gêneros e sempre a mesma impunidade. Dizem, e bem, que o ouro representa todas as riquezas, mas esse metal representa também toda a felicidade e toda a tristeza, quase todos os vícios e quase todas as virtudes; pois, qual é a boa ou a má ação que não se pode cometer quando se dispõe dele? Causa, assim, espanto que tudo se faça para obter um objeto de tal gênero, objeto que, uma vez obtido, se transforma na origem dos mais vis abusos — abusos que crescem na exata medida em que abunda o funesto metal.

A posição em que se acha localizada a cidade do Rio de Janeiro (22°20' de latitude austral), bastante afastada do Velho Mundo, levou a pensar que fortificações medíocres seriam suficientes para defendê-la. A tentação de empreender um ataque aumenta, todavia, na proporção em que aumentam as riquezas, sendo, portanto, recomendável multiplicar as obras de defesa. Estas eram consideráveis quando, em 1711, Duguay-Trouin, com uma audácia e uma competência que vieram trazer ainda mais glória à sua ilustrada figura, tomou o local. As fortificações construídas depois dessa invasão francesa não tornaram a cidade mais protegida. Ela ainda pode ser atacada por outros lados, onde o desembarque é plenamente possível. Se o ouro penetra nas torres de bronze através de portas de ferro, o ferro derruba, ainda mais facilmente, as portas que protegem o ouro e o diamante.

EDIÇÕES UTILIZADAS

A obra de Lescarbot, como referimos, veio a público no ano de 1609, em Paris. Nessa mesma cidade a obra foi reeditada, com acréscimos e correções, em 1611, 1618 e, mais tardiamente, em 1866. Em 1907, sob os auspícios da Champlain Society, de Toronto, a *Histoire* foi traduzida para o inglês. Utilizamos a edição francesa de 1866 (que incorporou as alterações feitas em 1611 e 1618), sem dispensar consultas às notas de W. L. Grant para a edição inglesa.

No referente à obra de Joannes Laet, a primeira edição conhecida foi publicada em 1625, por Isaack Elzevier, em holandês, sendo reeditada cinco anos mais tarde. Em 1633, a obra foi traduzida para o latim e, em 1640, para o francês. Utilizamos a edição francesa.

Quanto à afamada obra do abade Raynal, a primeira edição veio a público em Amsterdã no ano de 1770. Desse ano a 1780, quando o livro sofreu substantivas alterações e ganhou um caráter ainda mais polêmico, saíram pelo menos 17 edições; de 1780 a 1787 foram mais 17. Hans Wolpe estima que, se contabilizadas as edições piratas, o número de edições do lançamento do livro ao final do século XVIII atinja a casa dos 70. A obra foi ainda traduzida para várias línguas (inglês, alemão, espanhol), inclusive para o português (somente o livro 9º, referente ao Brasil). Utilizamos, para esta tradução, a edição de 1780.

LESCARBOT, Marc. *Histoire de la Nouvelle France*. Paris: Libraire Tross, 1866, vol. 1, 2º livro, p. 136-145.

LAET, Joannes de. *Histoire du Nouveau Monde*. Leyde: Bonauenture & Abraham Elseuiers, 1640, p. 517-520.

BLAEU, Jean. *Le Grand Atlas. Douzième volume de la geographie blaviane*. Amsterdã: Jean Blaeu, 1667, vol. 12, p. 252-254.

RAYNAL, Guillaume Thomas François. *Histoire philosophique et politique des établissemens et du commerce des européens dans les deux Indes*. Genebra: Jean-Leonard Pellet, 1780, p. 224-227.

BIBLIOGRAFIA

FEUGÈRE, Anatole. *Un précurseur de la révolution. L'abbé Raynal (1713-1796)*. Angoulème: Imprimerie Ouvrière, 1922.

GOSS, John. *Blaeu's: The Grand Atlas of the 17th Century World*. Introdução e seleção dos mapas por John Goss. Nova York: Rizzoli, 1991.

LESCARBOT, Marc. *History of New France by Marc Lescarbot*. Tradução, notas e apêndices por W. L. Grant e introdução por H. P. Biggar. Toronto: The Champlain Society, 1907-14.

LÜSEBRINK, Hans-Jürgen; STRGNELL, Anthony. *L'histoire des deux Indes: écriture et polygraphie*. Oxford: Voltaire Foundation, 1995.

_____; Hans-Jürgen; TIETZ, Manfred (ed.). *Lectures de Raynal: l'histoire des deux Indes en Europe et en Amérique au XVIIIe siècle: actes du colloque de Wolfenbüttel*. Oxford: The Voltaire Foundation at the Taylor Institution, 1991.

RAYNAL, Guillaume Thomas François. *O estabelecimento dos portugueses no Brasil*. Prefácio de Berenice Cavalcante. Rio de Janeiro: Arquivo Nacional; Brasília: Editora Universidade de Brasília, 1998.

_____. *A revolução na América*. Prefácio de Luciano Raposo de Almeida Figueiredo e Oswaldo Munteal Filho. Rio de Janeiro: Arquivo Nacional, 1993.

WOLPE, Hans. *Raynal et as machine de guerre: l'histoire des deux Indes et ses perfectionnements*. Stanford: Standart University Press, 1957.

Bibliografia geral

Australian Dictionary of Biography. Melbourne: Melbourne University Press; Londres: Cambridge University Press 1996, 12 vols.

BERENGER, M. *Collection de tous les voyages faits autour du monde par les différentes nations de l'Europe*. Lousanne: J. Pierre Heubach & Comp. Et à Genève: François Dupart, 9 vols., 1788.

BERGER, Paulo. *Bibliografia do Rio de Janeiro de viajantes e autores estrangeiros (1531-1900)*. Rio de Janeiro: Livraria São José, 1964.

Biographie universelle ancienne et moderne. Nouvelle édition, publiée sous la direction de M. Louis Gabriel Michaud. Paris: Madame C. Desplaces; Leipzig: Libraire de F. A. Brockaus, 1854-1865, 45 vols.

BRIDGES, R. C.; HAIR, P. E. H. *Compassing the Vast Globe of the Earth. Studies in the History of Hakluyt Society 1846-1996. With a Complete List of the Society's Publication*. Londres: The Hakluyt Society, 1996.

BRITISH MUSEUM. *General Catalog of Printed Books*. Londres: William Clowes and Sons Limited, 48 vols., 1931.

CARVALHO, Alfredo de. *Biblioteca exótica brasileira*. Rio de Janeiro: Empresa Gráfica Editora; Paulo Pongetti & Cia., 3 vols., 1929-1930.

Catalogue Général des Livres Imprimés de la Bibliothèque Nationale. Paris: Imprimerie Nationale, 1925.

CHARTON, Édouard Thomas. *Voyageurs anciens et modernes*. Paris: aux Magasin Pittoresque, 4 vols., 1857-1863.

DELLAPORTE, Abbé. *Le voyageur français ou la connaissance de L'Ancien et du Nouveau Monde*. Paris: L. Cellot, 34 vols., 1768-1791.

Dictionary of National Biography. Londres: Smith, Elder, & Co., 1885-1901, 66 vols.

DUPONCHEL, August (org.). *Nouvelle bibliothèque des voyages anciens et modernes.* Paris: P. Duménil, 12 vols., 1841.

GARRAUX, A. L. *Bibliographie brésilienne. Catalogue des ouvrages français et latin relatifs au Brésil (1500-1898).* Paris: Ch. Chadenat-Jablonski, Vogt et Cie., 1898.

MACEDO, Roberto. *Apontamentos para uma bibliografia carioca.* Rio de Janeiro: Edição do Centro Carioca, 1943.

MALTE-BRUN, Conrad. *Annales des voyages, de la geographie et de l'histoire.* Paris: F. Buisson, 1809-1814.

MORAES, Rubens Borba. *Bibliografia brasiliana.* Rio de Janeiro: Colibris Editora Ltda., 2 vols., 1958.

The National Union Catalog. Pre-1956 Imprints. Mansell, 1977.

PREVOST, Abbé. *Histoire générale des voyages ou nouvelle collection de toutes les relations de voyages par mer et par terre.* Paris: Didot, 80 vols., 1751.

RODRIGUES, José Honório. *História da história do Brasil. Historiografia colonial.* 2ª ed., São Paulo: Companhia Editora Nacional, 1979.

TIELE, P. A. *Mémoire bibliographique sur les journaux des navigateurs neerlandais.* Amsterdã: M. Israel Publishing Departament, 1968.

Travaux de la commission pour l'histoires des grands voyages et des grandes décou-vertes. Paris: PUF, 1937.

Este livro foi impresso nas oficinas da
DISTRIBUIDORA RECORD DE SERVIÇOS DE IMPRENSA S.A.
Rua Argentina, 171 – Rio de Janeiro, RJ
para a
EDITORA JOSÉ OLYMPIO LTDA.
em fevereiro de 2013

*

81º aniversário desta Casa de livros, fundada em 29.11.1931